高等院校移动商务管理系列教材

移动商务导论

Introduction of Mobile Commerce

（第二版）

张润彤　程紫来◎主编

经济管理出版社
ECONOMY & MANAGEMENT PUBLISHING HOUSE

图书在版编目（CIP）数据

移动商务导论/张润彤，程紫来主编. —2 版. —北京：经济管理出版社，2017.1
ISBN 978-7-5096-4825-4

Ⅰ.①移…　Ⅱ.①张…　②程…　Ⅲ.①电子商务　Ⅳ.①F713.36

中国版本图书馆 CIP 数据核字（2016）第 316252 号

组稿编辑：勇　生
责任编辑：杨国强
责任印制：木　易
责任校对：超　凡

出版发行：经济管理出版社
　　　　　（北京市海淀区北蜂窝 8 号中雅大厦 A 座 11 层　100038）
网　　址：www. E-mp. com. cn
电　　话：(010) 51915602
印　　刷：玉田县昊达印刷有限公司
经　　销：新华书店
开　　本：720mm×1000mm/16
印　　张：18
字　　数：333 千字
版　　次：2017 年 4 月第 2 版　2017 年 4 月第 1 次印刷
书　　号：ISBN 978-7-5096-4825-4
定　　价：38.00 元

编 委 会

主　任：张世贤

副主任：杨世伟　勇　生

编委会委员（按照姓氏拼音字母排序）：

陈　飕　高　闯　洪　涛　吕廷杰　柳永坡　刘　丹

秦成德　沈志渔　王　琦　叶蜀君　勇　生　杨国平

杨学成　杨世伟　张世贤　张润彤　张　铎

专家指导委员会

主　任：杨培芳　中国信息经济学会理事长、教授级高级工程师，工业和信息
　　　　化部电信经济专家委员会秘书长，工业和信息化部电信研究院副总工
　　　　程师
副主任：杨学成　北京邮电大学经济管理学院副院长、教授
委　员（按照姓氏拼音字母排序）：
安　新　中国联通学院广东分院院长、培训交流中心主任
蔡亮华　北京邮电大学教授、高级工程师
陈　禹　中国信息经济学会名誉理事长，中国人民大学经济信息管理系主任、
　　　　教授
陈　飔　致远协同研究院副院长，北京大学信息化与信息管理研究中心研究员
陈国青　清华大学经济管理学院常务副院长、教授、博士生导师
陈力华　上海工程技术大学副校长、教授、博士生导师
陈鹏飞　北京嘉迪正信（北京）管理咨询有限公司总经理
陈玉龙　国家行政学院电子政务研究中心专家委员会专家委员，国家信息化专
　　　　家咨询委员会委员，国家信息中心研究员
董小英　北京大学光华管理学院管理科学与信息系统系副教授
方美琪　中国人民大学信息学院教授、博士生导师，经济科学实验室副主任
付虹蛟　中国人民大学信息学院副教授
龚炳铮　工业和信息化部电子六所（华北计算机系统工程研究所）研究员，教
　　　　授级高级工程师
郭东强　华侨大学教授
高步文　中国移动通信集团公司辽宁有限公司总经理
郭英翱　中国移动通信集团公司辽宁有限公司董事、副总经理
何　霞　中国信息经济学会副秘书长，工业和信息化部电信研究院政策与经济
　　　　研究所副总工程师，教授级高级工程师
洪　涛　北京工商大学经济学院贸易系主任、教授，商务部电子商务咨询专家

前言

随着移动互联网的深入渗透，我们的生活、工作和娱乐的移动化趋势越来越明显，移动商务成为不可阻挡的商业潮流。尤其是"互联网+"战略正在推动数字经济与实体经济的深度融合，"大众创业，万众创新"方兴未艾，我们有理由相信，移动商务终将成为商业活动的"新常态"。

在这样的背景下，有必要组织力量普及移动商务知识，理清移动商务管理的特点，形成移动商务管理的一整套理论体系。从2014年开始，经济管理出版社广泛组织业内专家学者，就移动商务管理领域的重点问题、关键问题进行了多次研讨，并实地调研了用人单位的人才需求，结合移动商务管理的特点，形成了一整套移动商务管理的能力素质模型，进而从人才需求出发，围绕能力素质模型构建了完整的知识树和课程体系，最终以这套丛书的形式展现给广大读者。

本套丛书有三个特点：一是课程知识覆盖全面，本套丛书涵盖了从移动商务技术到管理再到产业的各个方面，覆盖移动商务领域各个岗位能力需求；二是突出实践能力塑造，紧紧围绕相关岗位能力需求构建知识体系，有针对性地进行实践能力培养；三是案例丰富，通过精心挑选的特色案例帮助学员理解相关理论知识并启发学员思考。

希望通过本套丛书的出版，能够为所有对移动商务管理感兴趣的人士提供一份入门级的读物，帮助大家理解移动商务的大趋势，形成全新的思维方式，为迎接移动商务浪潮做好知识储备。

本套丛书还可以作为全国各个大、专院校的教材，尤其是电子商务、工商管理、计算机等专业的本科生和专科生，相信本套丛书将对上述专业的大学生掌握本专业的知识提供非常有利地帮助，并为未来的就业和择业打下坚实的基础。除此之外，我们也期待对移动商务感兴趣的广大实践人士能够阅读本套丛书，相信你们丰富的实践经验必能与本套丛书的知识体系产生共鸣，帮助实践人士更好地总结实践经验并提升自身的实践能力。这是一个全新的时代，希望本套丛书的出版能够为中国的移动商务发展贡献绵薄之力，期待移动商务更加蓬勃的发展！

目 录

第一章　移动商务的概念 ……………………………………………………… 1

　　第一节　移动商务的产生 …………………………………………………… 3

　　第二节　移动商务的内容 …………………………………………………… 7

　　第三节　移动商务的分类与层次 ………………………………………… 15

　　第四节　移动商务的价值链 ……………………………………………… 21

　　第五节　移动商务系统的机理 …………………………………………… 25

第二章　移动商务流程与运作模式 ………………………………………… 35

　　第一节　移动商务的运作模式与价值链分析 …………………………… 37

　　第二节　移动商务环境下的物流与供应链管理 ………………………… 46

　　第三节　移动商务中产业链成员的发展战略 …………………………… 51

　　第四节　I-Mode 模式给移动商务企业的启示 ………………………… 56

　　第五节　移动商务的典型应用 …………………………………………… 61

第三章　移动商务的网络通信平台 ………………………………………… 69

　　第一节　计算机网络通信技术与 Internet 技术 ……………………… 73

　　第二节　EDI 增值网络技术 ……………………………………………… 79

　　第三节　移动通信基础与移动计算机网络 ……………………………… 84

　　第四节　移动通信技术简介 ……………………………………………… 90

　　第五节　其他相关技术与应用 …………………………………………… 94

第四章　移动商务的安全及其相关技术 …………………………………… 105

　　第一节　移动商务的安全概述 …………………………………………… 106

　　第二节　移动网络的安全性 ……………………………………………… 111

　　第三节　移动商务安全技术 ……………………………………………… 117

　　第四节　移动支付形式和移动支付系统 ………………………………… 122

第五节　移动商务安全应用 …………………………………………… 128

第五章　移动商务的标准与法律保障 …………………………………… 137

第一节　移动商务标准化 ……………………………………………… 140
第二节　影响移动商务发展的法律问题 ……………………………… 145
第三节　移动商务中的消费者权益问题 ……………………………… 149
第四节　移动商务的立法环境与原则 ………………………………… 154
第五节　移动商务呼唤新法律 ………………………………………… 159

第六章　企业移动商务的创建和运行维护 ……………………………… 167

第一节　企业移动商务创建的影响因素和相关步骤 ………………… 171
第二节　企业移动商务创建的目的和前期评估 ……………………… 175
第三节　企业移动商务创建的准备 …………………………………… 180
第四节　企业移动商务的创建实施 …………………………………… 184
第五节　企业移动商务的运行和维护 ………………………………… 190

第七章　移动商务发展策略与现代企业管理 …………………………… 203

第一节　移动商务与企业资源管理 …………………………………… 206
第二节　移动商务与客户关系管理 …………………………………… 211
第三节　移动商务与新型组织发展 …………………………………… 216
第四节　移动商务营销 ………………………………………………… 220
第五节　移动商务发展策略 …………………………………………… 224

第八章　移动商务是社会发展的必然 …………………………………… 233

第一节　移动商务的优势和效益 ……………………………………… 235
第二节　移动商务发展的推动因素 …………………………………… 240
第三节　移动商务发展的制约因素 …………………………………… 244
第四节　发展移动商务应采取的对策 ………………………………… 249
第五节　移动商务市场预测分析与展望 ……………………………… 254

参考文献 ………………………………………………………………… 263

第一章

移动商务的概念

学习目的

知识要求 通过本章的学习，掌握：

● 移动商务的基本概念
● 移动商务的基本内容
● 移动商务的分类与流程
● 移动商务的价值链
● 移动商务的运作机理

技能要求 通过本章的学习，能够：

● 了解移动商务的基本概念
● 了解移动商务的基本内容
● 了解移动商务的分类与层次
● 熟悉移动商务的价值
● 理解移动商务的运作

学习指导

　　1. 本章内容包括：移动商务的产生；移动商务的内容；移动商务的分类与层次；移动商务的价值链；移动商务系统的机理。

　　2. 学习方法：结合案例了解移动商务的概念、基本内容、分类与流程、价值链以及运作机理。

　　3. 建议学时：6 学时。

引导案例

移动商务渐成生活必需品

近日，移动商务市场热闹非凡，电信运营商、第三方支付厂商、电子商务公司等频频亮出新动作，旨在向更广阔的移动电子商务市场迈进。京东商城发布 Android 平台客户端，加上已经上线的淘宝、凡客，这些现象表明移动互联网正在逐步成为生活的必需品。

一、京东等电子商务企业布局移动互联网

2011 年 3 月 10 日，京东商城发布了基于 Android 平台的手机客户端软件。此前，京东商城已经在 iPhone 手机发布了客户端，同时，Symbian 平台客户端以及基于 iPad 等手持移动终端的应用软件也将陆续登陆。

京东商城 Andriod 平台客户端兼容多种机型，支持 Android1.6 以上版本以及乐 Phone 手机。用户可以通过客户端实现下单、订单查询、商品搜索、晒单、产品评价等常用功能。客户端也会将客户常用地址、支付信息保存起来，实现一键下单"轻松购"。

自开放性的操作系统 Android 问世之后，其市场占有率不断攀升，大有赶超诺基亚 Symbian、苹果的 iTunes 和黑莓的 RIM 之势。在中国，Android 操作系统的市场占有率整体占比并不算高，但关注度和用户增长速度是最高的，京东商城 Android 版客户端正是基于这样的背景推出的。而早在不久前，B2C 巨头——凡客诚品和淘宝就已推出了各自的手机客户端和手机网站。

2011 年 2 月 23 日，中国联通与阿里巴巴签署战略合作协议。根据协议，双方将通过提升电子商务及移动互联网的信息化应用能力，共同打造移动互联网的商品交易和生活服务平台。不仅如此，凡客诚品日前也宣布手机客户端和手机凡客网正式上线，而京东商城已经或将要开通针对各个手机操作系统的客户端，谷歌也正自主开发有关移动支付的服务。这些都表明了市场已做好了充足的准备，以迎接移动电子商务的爆发。

二、移动商务"飞入寻常百姓家"

如今淘宝网的"没人上街不代表没人逛街"的这条广告语正在变成现实，而移动电子商务的发展更是让"逛街"突破时间和空间的限制。淘宝数据显示，目前，每天有超过 1000 万人登陆手机淘宝，单日最高访问用户数达到 1700 万，单日交易峰值达 3700 万元。2011 年，估计将有超过 1 亿手机网民使用手机淘宝购物平台进行比价、逛街、购物。

受益于手机支付的大力推广，以及淘宝等电子商务平台积极投入手机版网

页及客户端产品布局，移动电子商务用户移动交易量及活跃度不断攀升。艾瑞咨询研究发现，2010 年，手机电子商务在中国移动互联网的细分行业中增幅最大，估计 2011 年将超过手机游戏成为移动互联网市场第二大应用。手机淘宝于 2010 年底举办"疯抢"等让利营销活动，用户交易峰值过万，超过 eBay 于 12 月创造的移动销售每小时 9500 宗的交易峰值，凸显中国移动电子商务的发展前景和热度。

当前中国电子商务已进入快速成长期，消费者在网上的消费行为正从观望、试探逐步转向稳定、理性的主流人群，卖家也从初期的个人销售行为而越来越多地演变为企业化运作，开始向供应链的上游渗透。因此，网络零售生态圈吸引了物流企业、软件公司、金融机构、技术外包商、网络教育培训与人才服务机构等的参与。所有这些市场参与者通过互联网平台相互连接，相互促进与拉动，形成了具有群体竞争优势和规模效益的电子商务生态圈。

随着 3G 时代的到来，移动互联网与传统互联网平台之间的差距正在逐步缩小，整个行业正在从垄断走向开放，从传统的接入和通道等基础建设过渡到发展内容和追求应用，这将使得移动商务快速地走入百姓生活中。而一直处于徘徊状态的移动互联网将进入被重新定义的时代，也将借此而找到自己的盈利模式。

资料来源：通信信息报，2011-3-16.

➲ 问题：

1. 移动商务对企业提升竞争力有什么意义？
2. 移动商务如何能为整个社会创造价值？

第一节 移动商务的产生

随着计算机通信网络技术快速革新以及电子商务活动的日益丰富，人们再也不能满足固定的电子商务形式，越来越多的企业或个人因商务和职业的需要，希望能随时随地地进行商务活动。随着移动通信技术和移动手持设备的迅速成熟和普及，人们越来越多地利用个人手机或膝上电脑收发电子邮件、查阅新闻、股市行情、订购各种急需商品；商家可以进行移动中的咨询洽谈、遥测位置、广告宣传、提供移动娱乐服务、移动教育平台；等等。这些活动就是我们要讨论的移动商务。

一、移动商务的产生背景

近年来，电子商务和无线通信技术的发展已经给全球的商务活动带来巨大的影响，企业或个人可任意的在 Internet 上从事丰富的商务活动。然而，随着时间的发展和技术的进步，人们不再满足于传统的局限在有限空间里的信息存取方式，而希望将活动的地点延伸到广阔的地理区域。人们也不再满足于固定的信息存取模式，而希望随时随地查询数据，甚至在移动的过程中处理数据。他们更需要的是能够随时随地地获取商业信息并进行商务活动，以便能够在激烈竞争的一体化的全球经济活动中，更快地捕获商机。

如今，移动通信技术和移动终端的发展终于满足了人们的这种要求。移动商务以其灵活、简单、方便的特点正受到越来越多人的关注，人们迫切希望能够享受到移动商务带来的便利。

（一）移动通信技术的发展

移动数据通信和互联网技术的飞速发展为移动商务的发展提供了保障。相对于互联网的发展，移动通信领域是当前发展最快、应用最广和最前沿的通信领域之一，它的最终目标是实现任何人，可以在任何地点、任何时间与其他任何人进行任何方式的无线电通信。移动通信目前已从 20 世纪 80 年代的第一代模拟及频分多址通信技术（简称 1G），发展到 90 年代初时分多址的第二代数字移动通信技术（简称 2G），再到目前普遍应用的介于 2G 和 3G 之间的 2.5G，乃至目前的新技术——第三代数字移动通信技术（简称 3G）。这是促成移动商务飞速发展的主要因素。

（二）移动设备的发展和运用

随着移动通信和移动互联网的迅速发展和普及，移动通信设备无论从功能和种类，到数量和质量也同时得到了飞速的发展，从概念到实施只经历了很短的时间，而且正在以一种前所未有的速度在全球推进。从第一代 WAP 手机到第二代 GPRS 手机，再到第三代 3G 手机，以及各式各样的掌上通信工具，人类通信在互联网技术的推动下创造着一个又一个的应用新境界，而每一次跨越都对人们生活、思维习惯和社会规范产生着深远的影响。移动接入设备的发展为移动商务的运用提供了可能，这类设备具有一定的运算处理能力、网络连接能力和存储能力。由于体积小，携带方便而且集中了计算、编辑、多媒体和网络等多种功能，它不仅可用来管理个人信息、访问网络资源、收发 E-mail 等，甚至还可以通过无线通信方式与远程计算机进行交互控制。移动设备发展的趋势和潮流就是计算、通信、网络、存储、娱乐、电子商务等多功能的融合。

由于移动设备的便携性及移动通信技术的飞速发展，近年来，在电子商务中作为对台式计算机的补充，大多数人已经开始使用移动设备进行各种各样的贸易，从而提高工作效率，移动商务不仅能提供在互联网上的直接购物，还是一种全新的销售与促销渠道。通过移动商务，用户可随时随地用移动电话或 PDA 查找、选择及购买商品和服务。甚至有人预测，到 2016 年，"移动商务"将覆盖传统的"电子商务"。

二、移动商务的定义

电子商务是人类创造和应用电子工具与改造和发展商务活动相结合的产物。它产生的原动力是信息技术的进步和社会商业的发展。随着移动通信、数据通信和互联网的融合越来越紧密，整个世界正在快速地向移动信息社会演变，在商务领域，"移动商务"（M-Commerce）大大扩展了"电子商务"（E-Commerce）的应用范围和领域。

（一）电子商务的定义

一般而言，电子商务应包含以下五点含义：采用多种电子通信方式，特别是通过互联网；实现商品交易、服务交易（其中含人力资源、资金、信息服务等）；企业间的商务活动，也包含企业内部的商务活动（生产、经营、管理财务等）；涵盖交易的各个环节，如询价、报价、定货、结算及售后服务等；采用电子方式的形式，跨越时空、提高效率、节约成本是主要目的。

（二）移动商务的定义

从宏观角度来说，移动商务是继电子商务之后计算机网络的又一次创新，它通过 Internet 和移动通信技术的完美结合将电子商务推向更高的水平，它利用移动通信的各种终端将有线电子商务带给用户。

从微观角度来说，移动商务是指各种具有商业活动能力的实体利用网络和先进的移动通信技术进行的各项商务贸易活动。通过移动商务，用户可随时随地获取所需的服务、应用、信息和娱乐，他们可以在自己需要的时候，使用智能电话或 PDA（个人数字助理）、笔记本等通信终端查找、选择及购买商品和服务。

可见，电子商务将商务活动网络化与电子化，而移动商务是将固定通信网络的商务活动提升到移动网络。移动商务的主要特点是灵活、简单、方便。它能完全根据消费者的个性化需求和喜好定制，而设备的选择以及提供服务与信息的方式完全由用户自己控制。通过移动商务，用户可随时随地获取所需的服务、应用、信息和娱乐。

综合以上分析，我们可以将移动商务定义为：通过移动通信网络进行数据

5

传输并且利用移动终端开展各种商业经营活动的一种新型电子商务模式。移动商务是商务活动参与主体可以在任何时间、任何地点实时获取和采集商业信息的一类电子商务模式，移动商务活动以应用移动通信技术和使用移动终端进行信息交互为特性。由于移动通信的实时性，移动商务的用户可以通过移动通信在第一时间准确地与对象进行沟通，并与商务信息数据中心进行交互，使用户摆脱固定的设备和网络环境的束缚，最大限度地驰骋于自由的商务空间。

三、移动商务与电子商务的关系

（一）电子商务是移动商务的基础

移动商务是由电子商务的概念衍生出来的，是电子商务的表现形式之一。现在的电子商务以 PC（个人电脑）为主要界面，是"有线的电子商务"；而移动商务，则是通过手机、PDA 等这些可以装在口袋里的终端来完成商务活动的。几乎所有的无线互联以及有线互联企业都会进入移动商务，只有进入这个领域，才能将无线终端用户以及有线终端的网民这两个社会群体转变为消费的群体，从而为企业的生产带来实质的利益。

电子商务的发展为移动商务的研究和应用提供了丰富的经验，无论是市场开发还是发展环境，其都为移动商务的发展提供了一个很好的平台。近几年来，随着计算机与互联网的发展，电子商务，无论是作为一种交易方式、传播媒介还是企业组织的进化，都在广度与深度等各方面取得了前所未有的进展。然而，与此同时，电子商务发展的基础环境问题，尤其是电子商务的法律环境，也越来越引起了人们的关注。在法律环境上，我们需要建立完善的贸易自由化下对国内产业的保障机制，制定完善的反倾销与反补贴法以及货物贸易与服务贸易市场的进口保障机制，增强贸易政策的透明度。完善技术法规、标准和评定程序，修改知识产权的法律法规，加强知识产权执法力度，放宽对外商投资的限制，与贸易有关的投资措施协议并轨，建立有效的利用争端解决机制；等等。在电子商务下的法律环境，仍然适合移动商务对法律的需要，这为移动商务的健康发展提供了法律保障。另外，也为移动商务重新建立新的商务模式节约了很多成本。像 B2B、B2C 等经典的商务模式不但适用于移动商务模式而且还可以加快移动商务的发展。

（二）移动商务是电子商务的未来

从积极的角度来看，移动商务的企业应用有着广泛的空间。移动商务是传统电子商务的扩展，它能利用最新的移动技术和各种各样的移动设备，从而派生出很多更有价值的商务模式。当电子商务的概念逐渐普及，企业部署电子商务的基础架构基本完成时，接下来的发展必然是移动商务。如图 1–1 所示，在整个互联经济的发展过程中，从最初的基于 Web 的简单应用（Web-Site），到电子交易系统的建立（E-Commerce），再到电子商务的完全成型（E-Business），最后到移动商务应用（M-Commerce），已经经历了四个阶段。可见，移动商务还属于互联网的范畴，属于电子商务发展的一个必然延伸。移动商务结合了移动通信的优势，有很大的发展空间。

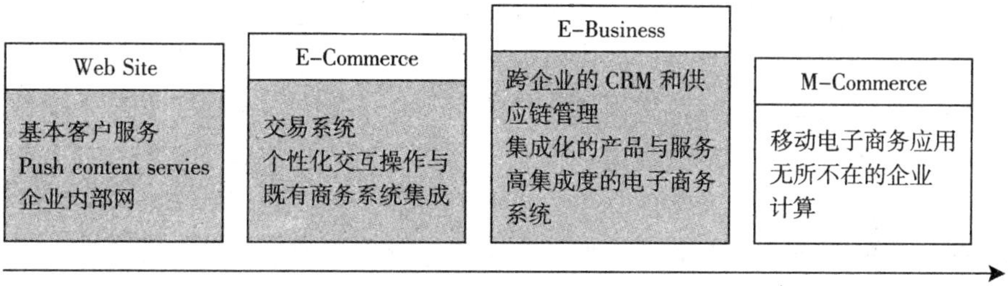

图 1-1　移动商务是发展的必然趋势

但目前，由于一些电子商务固有的老问题还没有解决，移动电子商务新业务发展必然是缓慢的和有限的。比如在电子商务方面，既有的"瓶颈"还没有解决。虽然现在的移动通信基础有了，但金融体制没有健全，支付问题难以解决；认证和信用体系更是一片空白，商业欺诈比比皆是。这些问题难以解决的话，针对个人的移动商务还是纸上谈兵。

尽管如此，从总的发展趋势上看，移动商务是电子商务的未来。2005 年，就已有 25% 的数据业务通过移动通信设备来传输，到了 2006 年，移动商务市值就已经达到了 250 亿美元。在中国，目前已经有超过 4.5 亿手机用户和数目众多的 PDA，这些移动终端构成了移动商务巨大的潜在市场。据统计，2010 年中国移动电子商务市场交易规模已经达到 26 亿元，同比增长率达到 370%，并预计，2012 年该数据将达到 380 亿元。这些都显示了，移动商务是电子商务的未来，是发展的必然趋势。

第二节　移动商务的内容

本节将通过讨论移动商务的内涵、功能和特点，来论述移动商务的具体内容和本质含义。

一、移动商务的内涵

（一）移动商务是人类社会发展的需求

按照马克思的观点，人类社会的划分标志不是看社会能生产什么，而是看社会拿什么来生产，即生产工具的制造和利用既是人类区别于其他动物的标志，又是人类社会各发展阶段的标志。从此角度看，今天的社会应该被称为电子信息社会，或称为信息时代。在信息时代里，信息技术的广泛应用已经渗透到人类社会、经济的各个领域。在经济全球一体化的今天，各个国家的商务实体需要随时随地地在全球范围内进行采购、订货、生产、配送、交易、结算等一系列的经济活动。所有的商流、信息流、资金流、物流等贸易要素都在全球范围内流动，那么进行商务活动主体也要具备流动性，而用电子商务方式来获取这些流动的信息已不能满足人们的要求，这就使得移动商务在此基础上发展起来。现在，美国、西欧、日本等发达国家在移动商务的研究和利用已具规模，而新兴的发展中国家这几年也开始注重移动商务的开发利用，否则，永远不会摆脱在经济上对发达国家的依赖。

（二）移动商务的关键是人的知识和技能

首先，移动商务是一个社会性的系统，而社会系统的中心是人；其次，移动商务系统实际上是由围绕商品交易的各方面代表和各方面利益的人所组成的关系网；最后，在移动商务活动中，虽然十分强调工具的作用，但归根结底起关键作用的仍然是人，因为工具的发明、制造、应用和效果的实现都是靠人来完成的。所以，强调人在移动商务中的决定性作用是必然的。也正因为人是移动商务的主宰者，进而有必要考察什么样的人才是合格的。很显然，移动商务是互联网技术、移动信息技术和商务活动的有机结合，所以，能够掌握移动商务理论与技术的人才必然是掌握互联网技术、现代化移动信息技术和商务理论与实务的复合型人才。而一个国家或地区能否培养出大批这样的复合型人才，就成为该国、该地区发展电子商务的最关键因素。

（三）移动商务的工具是系列化、系统化、高效稳定的电子工具

重点研究的移动电子工具不是泛泛而谈的一般性的电子工具，而是能跟上信息时代发展步伐的、系统化的移动电子工具。系列化强调的移动电子工具应包括商品的需求咨询、商品订货、商品买卖、商品配送、贷款结算、商品售后服务等，伴随着商品生产、流通、分配、交换、消费甚至再生产的全过程的移动通信工具，如移动电话、膝上电脑、PDA、商务通等，这些移动商务工具可以完成电子商务的所有商务程序，且更具高效率、低成本的特性。从系统化上讲，商品的需求、生产、交换要构成一个有机的整体，形成了一个庞大的系

统，同时，为了防止"市场失灵"，还要将政府对商品生产、交换的调控引入该系统，而达到此目的的移动电子工具主要有：移动局域网（MLAN）、移动城市网（MCAN）和移动广域网（MWAN）。而它必然是将移动通信网、计算机网络和信息网结合，实现纵横结合、宏微结合、反应灵敏、安全可靠、跨越空间的移动电子网络，以利于大到国家间，小到零售商与顾客间的方便、可靠的移动商务活动。

二、移动商务的应用

移动商务是通过移动网络为用户提供灵活、安全、快速的商务服务。它能完全根据消费者的个性化需求和喜好定制，设备的选择以及提供服务与信息的方式也完全由用户自己控制。通过移动商务，用户可随时随地获取所需的服务、应用、信息和娱乐。他们可以在自己方便的时候，使用智能电话或 PDA查找、选择及购买商品和服务。移动商务的应用领域非常广泛，主要包括移动金融服务、移动网上商品交易、广告宣传、移动娱乐、信息提供服务、遥测服务、咨询洽谈、移动库存管理、移动商务重构、超前服务管理、交易管理、移动网上商品交易、内容提供服务等。

（一）移动金融应用（MFA）

移动金融应用是移动商务应用中最为重要的一种，它又可包含若干应用：移动银行、经纪人业务、股票交易、移动资金转移业务和移动小额支付业务等。移动金融应用将移动终端从单纯的通信工具变为了一种商务工具。

在移动金融应用中，最有前景的移动金融应用模式是小额支付业务（如图1-2 所示）。移动终端通过无线网络与自动售货机通信，以完成交易过程。小额支付可以通过多种途径实施。一种是用户可以拨打一个固定号码，由此产生的话费与购买的商品价格相当，这种方式已经由一家芬兰公司 SON—ERA 在销售可口可乐和百事可乐的自动售货机上使用；另一种是通过向银行、服务提供商或信用卡公司购买一个预付费号码，通过无线局域网技术完成支付过程。为了支持这种交易，移动服务提供商将会与银行竞争，并可能会最终取代银行、自动取款机和信用卡。

（二）移动网上商品交易

移动网上商品交易主要是指企业和客户利用各种移动通信终端在移动Internet 上进行商品预订购和电子货款支付。企业的移动 Internet 订购系统通常都是在商品介绍的页面上提供十分友好的订购提示信息和订购交互表格，当客户填完订购单时，系统回复确认信息单表示收悉。移动商务的客户订购信息采用加密的方式，使客户和商家的商业信息不会被泄露。

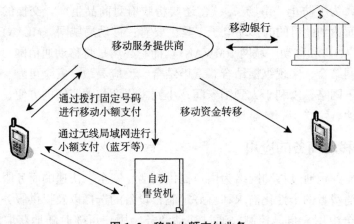

图1-2 移动小额支付业务

电子货款的支付也是移动商务交易过程中的重要环节，客户和商家之间可采用电子账户、电子钱包、电子支票和电子现金等多种电子支付方式在移动互联网上进行支付，采用这种支付方式为商务交易节省了成本。同时，目前的移动互联网技术已经能够很好地保证商务信息的传输安全性。

（三）广告宣传

与传统各种广告形式相比，移动商务提供的广告成本最为低廉，并且为客户带来更为丰富的商务信息；与电子商务提供的广告形式相比，移动商务主要体现了灵活、安全和快速的特点。这种广告形式通常可以采取短信（SMS）或是彩信（MMS）等形式送达用户。移动广告的出现，改变了商业广告的传统形态，极大地提高了广告的效率性和针对性。

由于移动广告可以基于用户偏好信息和用户当前所处的位置，非常有针对性地进行广告投送，这就为广告投送的个性化提供了一个极好的平台。移动运营商对用户的偏好信息的收集可以是基于早期用户的访问信息，也可以是基于用户购买习惯的积累。

广告信息可以被商家甚至是用户预先确定选择投送到某一特定区域，如到达某一超市500米范围内的所有用户将收到该超市目前的促销信息，或者是发送给用户500米范围内的所有酒店信息；也可以根据商家的要求按照移动用户的兴趣和个性特征来投送广告，如给经常购买啤酒的人发送促销的啤酒广告（如图1-3所示）。被投送的广告信息会随着无线基础设施带宽的增加，如内容丰富的广告形式，包括声音、图片和视频片断。运营商可以考虑采用push和pull技术基于单个用户或某一类用户进行投送。

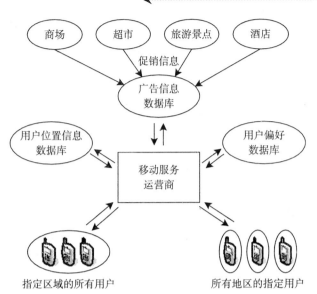

图 1-3   移动广告应用

（四）信息提供服务

这方面的功能是利用无线信道的分发特性来提供数字内容，其中包括新闻信息浏览、即时查询天气、体育比赛比分、票务信息、市场价格等动态信息以及目录服务。

（五）移动娱乐

随着社会的发展，越来越多的人处在移动之中。人们不仅需要在移动中办公，还需要在移动中娱乐。目前，这方面的需求可能是拉动移动商务应用普及最为可能的因素。越来越多的人会选择在移动环境中进行娱乐休闲。移动娱乐内容涵盖多个方面，包括图铃下载、视频点播、移动电视、星象占卜、虚拟服务、音乐下载、在线游戏等。

（六）遥测服务

移动商务提供的遥测服务系统是移动商务的重要组成部分及发展的一个重要方向，它是通过 GSM 网络对产品进行遥测。遥测服务系统通过 GSM 模块连接整个 GSM 网络，再通过 GSM 网络进行信息的传递。整个系统具有高可靠性、高稳定性的特点，提供点对点、短消息协议的遥测服务，更好地体现 GSM 网络的优点，并给出了实际测试及运行结果。 移动商务的遥测服务系统是移动通信网络及计算机技术发展到一定程度的产物，是整个移动商务中的重要一环。其主要应用于对一定范围内的产品进行远程参数设置和信息采集，同时实现在主站对采集得到的数据进行分析统计。目前实现移动商务遥测系统的版本很多，基于的媒介亦有很多，比如基于移动通信局域网、公共移动电话网、专用的移动通信网或是无线接入网。我们提出的遥测服务系统是基于目前应用广泛的 GSM 网络，采用短消息及点对点的方式传输数据。

（七）咨询洽谈

移动商务可以使企业借助实时的电子邮件（E-mail）、新闻组（News Group）和讨论组（Chat Group）来了解市场和商务信息、洽谈交易事务，如有进一步的需求，还可以引用移动网上的白板会议（Whiteboard Conference）、电子公告板（BBS）来交流即时的信息。在移动网上的咨询和洽谈能超越人们面对面的商务洽谈限制，提供多种方便的异地即时交谈形式。

（八）移动库存管理（MIM）

移动库存管理主要应用于对商品、服务和人员的跟踪，以便供应商能够确定送货时间，由此改善用户服务，并增强商家的竞争力。例如，就滚动盘存而言，多台送货车满载大量货物，当商店需要某些物品时，它能通过货车内微波装置（芯片）发出的无线电信号，调控附近装有这些物品的运货车辆，实现实时供货，从而降低供货商和销售商的库存量和成本，并大大缩短商品的送达时间。移动盘存管理的成功取决于成本、无线设施的可靠性和用户使用新技术的能力。这是一种典型的 B2B 移动商务应用，潜在的用户包括航运公司、配件厂商、其他大宗物资运输公司等。

（九）移动商务重构

很多公司的客服人员在走访客户的时候遵循以下流程：访问客户并记录下客户的要求，返回公司调阅客户档案查看并输入客户的要求，调整服务或报价方案，再次走访客户。如果方案还没有得到客户认可，就需要重复上述过程。这既耽误客户的宝贵时间，也可能会由于运作效率低下而失去客户。移动商务重构应用的过程类似于 BPR，可以通过对移动终端的应用，提供高效率的服务，提升企业的价值。在上述流程中，客服人员可以在走访客户时使用移动终端，联结企业服务器调阅客户的详细资料和以往的购买记录，将客户的要求实时发回公司并调整方案，这将大大提高客服人员的工作效率，提升企业的竞争力。当然，为了保证企业的商业机密，使用安全链接技术是十分必要的。

（十）超前服务管理

这一管理功能是通过各种应用程序收集用户的需求信息，然后通知商家提供服务。例如，某种应用程序可以收集汽车部件老化的信息，即汽车上的智能传感器能连续跟踪部件的磨损和破裂信息，并通过无线电、微波或卫星系统把该信息送给供应商，从而使供应商为用户提供即时服务。同时，汽车制造商还可以利用这些信息改进汽车设计和制造技术，从而提供超前服务管理，即当部

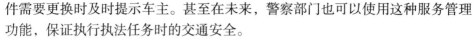

件需要更换时及时提示车主。甚至在未来，警察部门也可以使用这种服务管理功能，保证执行执法任务时的交通安全。

（十一）交易管理

移动商务的交易管理系统可以借助移动互联网快速、准确地收集大量数据信息，利用计算机系统强大的信息处理能力，针对与移动互联网上交易活动相关的人、物财、客户及本企业内部事务等各方面进行及时、科学、合理的协调和管理。

三、移动商务的特点

移动商务的主要特点是灵活、简单、方便。移动商务不仅能提供在互联网上的直接购物，还是一种全新的销售与促销渠道，它全面支持移动互联网业务，可实现电信、信息、媒体和娱乐服务的电子支付。移动商务能完全根据消费者的个性化需求和喜好定制，设备的选择以及提供服务与信息的方式完全由用户自己控制。通过移动商务，用户可随时随地获取所需的服务、应用、信息和娱乐，不受时间和空间的限制，这从本质上完善了商务活动。用户还可以在自己方便的时候，使用智能电话或 PDA 查找、选择及购买商品和各种服务。采购可以即时完成，商业决策也可以马上实施。服务付费可以通过多种方式进行，可直接转入银行、用户电话账单，或者实时在专用预付账户上借记，以满足不同需求。对于企业而言，这种方式更是提高了工作效率，降低了成本，扩大了市场，这必将产生更多的社会效益和经济效益。

移动商务是能够为人们生活带来变革的业务，与传统电子商务相比，它具有明显优势，主要表现在以下几个方面：

（一）不受时空限制

同传统的电子商务相比，移动商务的一个最大优势就是移动用户可随时随地获取所需的服务、应用、信息和娱乐。移动电话天生的特性就是便于人们携带，可随时与人们相伴，而且只要用户开机，一般都可以享受 24 小时的全天服务。这将使得用户更有效地利用空余时间间隙来从事商业活动。他们可以在自己方便的时候，使用智能电话或 PDA 查找、选择及购买商品和服务，更可以在旅行途中利用可上网的移动设备来从事商业交互活动，如商务洽谈、下订单等。虽然当前移动通信网的接入速率还比较低，费用也比固定网高，但随着下一代移动通信系统的推出和移动通信市场竞争结果，这些因素的影响将逐渐淡化。

同时，移动商务不受时空限制也体现在接入的便利性。电子商务系统的接入，首先必然受着地理位置的限制。然而，移动商务的接入方式更具便利性，它可使人们免受日常烦琐事务的困扰。例如，消费者在排队或陷于交通阻塞时，可以进行网上娱乐或通过移动商务来处理一些日常事务。由于接入的便利性带给了消费者舒适的体验，这将使得顾客更加忠诚。因此，移动商务中的通信设施是传送便利的关键应用。

（二）更好的个性化服务

由于移动电话具有比 PC 机更高的贯穿力，因此移动商务的生产者可以更好地发挥主动性，以为不同顾客提供定制化的服务。例如，依赖于包含大量活跃客户和潜在客户信息的数据库，从而开展具有个性化的短信息服务活动。此数据库需要包含客户的个人信息，如喜爱的体育活动、喜欢听的歌曲、生日信息、社会地位、收入状况、前期购买行为等。

此外，利用无线服务提供商提供的人口统计信息和基于移动用户当前位置的信息，商家可以通过其具有个性化的短信息服务活动进行更有针对性的广告宣传，从而满足客户的需求。总之，移动商务为个性化服务的提供创造了很好的条件。

（三）可识别性

与 PC 机的匿名接入不同的是，移动电话利用内置的 ID 来支持安全交易。移动设备通常由单独的个体使用，这使得商家基于个体的目标营销更易实现。并且，通过 GPS 技术，服务提供商可以十分准确地识别用户。随着时间和地理位置的变更而进行语言、视频的变换，移动提供了为不同的细分市场发送个性化信息的机会。

并且，正是由于移动商务中用户的可识别性，才使得移动商务比 Internet 上的电子商务更具安全性。由于移动电话已经具备了非常强大的内置认证特征，因此比 Internet 更适合于电子商贸。手机所用的 SIM 卡对于移动商务中就像身份证对于社会生活一样，因为 SIM 卡上存储着用户的全部信息，可以唯一地确定一个用户的身份，对于电子商务来说，这就有了认证安全的基础。

（四）信息的获取将更为及时

在固定网络的电子商务中，用户只有在向发系统发出请求时，系统才会根据要求而反馈一些数据信息。这无形中为用户获取信息附加了一些潜在的前提条件，如具备网络环境，要有时间、有意愿地主动索取信息。这必然导致信息不能完全及时地获取。

而在移动商务中，移动用户可实现随时随地访问信息，这本身就意味着信息获取的及时性。更需要强调的是，同传统的电子商务系统相比，用户终端更加具有专用性。从运营商的角度看，用户终端本身就可以作为用户身份的代表。因此，商务信息可以直接发送给用户终端，这进一步增强了移动用户获取信息的及时性。

(五) 基于位置的服务

移动通信网能获取和提供移动终端的位置信息，与位置相关的商务应用成为移动商务领域中的一个重要组成部分。不管移动电话到哪里，GPS都可以识别电话的所在地，从而为用户提供相应的个性化服务，这给移动商务带来有线电子商务无可比拟的优势。利用这项技术，移动商务提供商将能够更好地与某一特定地理位置上的用户进行信息的交互。

(六) 支付更加方便快捷

在移动商务中，用户可以通过移动终端访问网站、从事商务活动，服务付费可通过多种方式进行，如可直接转入银行、用户电话账单或者实时在专用预付账户上借记，以满足不同需求。

从移动商务的特点来看，移动商务非常适合大众化的应用。移动商务不仅仅能提供在互联网上的直接购物，还是一种全新的销售与促销渠道。它全面支持移动互联网业务，可实现电信、信息、媒体和娱乐服务的电子支付。不仅如此，移动商务不同于目前的销售方式，它能完全根据消费者的个性化需求和喜好定制，用户随时随地都可以使用这些服务。设备的选择以及提供服务与信息的方式完全由用户自己控制。互联网与移动技术的结合为服务提供商创造了新的机会，使之能够根据客户的位置和个性提供服务，从而建立和加强其客户关系。

15

第三节　移动商务的分类与层次

移动商务可以从服务类型、商务形式、采用的支付系统等不同的角度进行分类，并可以按照移动商务交易的信息网络范围的不同而分为三个不同的层次。

一、按服务类型分类

移动商务可提供的服务分为三个方面。

(一) 推式服务 (Push)

传统Internet的浏览是一种自助餐形式，容易造成浪费，虽然各取所需，但最后剩下许多。移动商务的推式服务就是客房式服务，根据用户的爱好，把所需的各种服务，如新闻、天气预报、彩票、股市、旅游、招聘等信息送到你

的房间，这就避免了浪费。这是一种个性化的信息服务。

（二）拉式服务（Pull）

这类似于传统的信息服务，如查询电话号码、旅游信息、航班、影院时间安排、火车时刻表、产品信息等。

（三）交互式服务

这是移动商务能提供的最常用的服务方式，包括：即兴购物；使用"无线电子钱包"等具有安全支付功能的移动设备在商店或自动售货机上购物；预订机票、车票或入场券并能在票价优惠或航班取消时立即得到通知，也可支付票费或在旅行途中临时更改航班或车次；随时随地在网上进行安全的个人财务管理，通过移动终端核查账户、支付账单、转账以及接收付款通知；游戏或娱乐；信息查询；等等。

二、按商务形式分类

按商务形式来划分，移动电商务可分为 B2C（Business to Consumer）、B2B（Business to Business）、G2C（Government to Consumer）、G2B（Government to Business）、A2A（Any to Any）、P2P（Peer to Peer）等多种形式。从目前的国际移动商务的市场来看，B2C 业务与 B2B 业务仍占据着主导地位，在全球移动商务的销售额中所占比例高达 80%以上。然而，从移动商务的发展未来分析，B2C 业务与 B2B 业务发展趋于平稳，A2A 业务与 P2P 业务作为移动商务的新型业务应在未来的移动商务市场上占有一席之地。

（一）B2C

B2C 业务是指企业对消费者的业务，又称直接通过移动通讯终端对用户市场销售，相当于商业电子化的零售业务。主要包括：有形商品的电子订货和付款，无形商品和服务产品的销售。其特点是能迅速吸引公众和媒体的注意。

（二）B2B

B2B 业务是指企业与企业之间通过移动互联网进行数据交换、传递，开展丰富的商业贸易活动。它主要包括企业与其供应商之间的采购形为协调，物料计划人员与仓储、物流公司间的业务协调，销售机构与其产品批发商、零售商之间的协调，为合作伙伴与大宗客户提供服务等。其特点是具有很好的稳定性，并能够迅速为企业带来利润和回报。

（三）C2C

C2C 的移动商务是个人对个人的商务形式。C2C 这个模式的特点是消费者与消费者之间的讨价还价。例如，移动手机拍卖、全球性竞价交易网站，每天可以通过 SMS 形式提供数种商品供移动用户和网上用户竞价，可拥有上万注册用户。C2C 模式的成功来源于它准确的市场定位。运营商可根据中国国情，建起一个拍卖交易移动网络，让消费者通过 SMS 自由交易或在该网站上议价。网站可以多客户类型、多交易形式、多拍卖品类型，以英式拍卖、集体竞价、标价求购等方式运营，通过提供交易平台和相关服务收取交易金。

（四）G2G

G2G 是上下级政府、不同地方政府、不同政府部门之间的电子政务。G2G 主要包括以下内容：

（1）电子法规政策系统。对所有政府部门和工作人员提供相关的现行有效的各项法律、法规、规章、行政命令和政策规范，使所有政府机关和工作人员真正做到有法可依，有法必依。

（2）电子公文系统。在保证信息安全的前提下在政府上下级、部门之间传送有关的政府公文，如报告、请示、批复、公告、通知、通报等，使政务信息十分快捷地在政府间和政府内流转，提高政府公文处理速度。

（3）电子司法档案系统。在政府司法机关之间共享司法信息，如公安机关的刑事犯罪记录，审判机关的审判案例，检察机关检察案例等，通过共享信息改善司法工作效率和提高司法人员综合能力。

（4）电子财政管理系统。向各级国家权力机关、审计部门和相关机构提供分级、分部门历年的政府财政预算及其执行情况，包括从明细到汇总的财政收入、开支、拨付款数据以及相关的文字说明和图表，便于有关领导和部门及时掌握和监控财政状况。

（五）G2B

G2B 是指政府通过电子网络系统进行电子采购与招标，精简管理业务流程，快捷迅速地为企业提供各种信息服务。G2B 主要包括：

（1）电子采购与招标。通过网络公布政府采购与招标信息，为企业特别是中小企业参与政府采购提供必要的帮助，向他们提供政府采购的有关政策和程序，使政府采购成为阳光作业，减少徇私舞弊和"暗箱操作"，降低企业的交易成本，节约政府采购支出。

（2）电子税务。使企业通过政府税务网络系统，在家里或企业办公室就能完成税务登记、税务申报、税款划拨、查询税收公报、了解税收政策等业务，既方便了企业，也减少了政府的开支。

（3）电子证照办理。企业通过互联网申请办理各种证件和执照，缩短办证周期，减轻企业负担，如企业营业执照的申请、受理、审核、发放、年检、登记项目变更、核销，统计证、土地和房产证、建筑许可证、环境评估报告等证件、执照和审批事项的办理。

（4）信息咨询服务。政府将拥有的各种数据库信息对企业开放，方便企业利用。如法律法规规章政策数据库，政府经济白皮书，国际贸易统计资料等信息。

（5）中小企业电子服务。政府利用宏观管理优势和集合优势，为提高中小企业国际竞争力和知名度提供各种帮助。包括为中小企业提供统一政府网站入口，帮助中小企业同电子商务供应商争取有利的、能够负担的电子商务应用解决方案等。

（六）G2C

G2C 是指政府通过电子网络系统为公民提供的各种服务。G2C 主要包括：

（1）教育培训服务。建立全国性的教育平台，并资助所有的学校和图书馆接入互联网和政府教育平台；政府出资购买教育资源，然后对学校和学生提供；重点加强对信息技术能力的教育和培训，以适应信息时代的挑战。

（2）就业服务。通过电话、互联网或其他媒体向公民提供工作机会和就业培训，促进就业。如开设网上人才市场或劳动市场，提供与就业有关的工作职位缺口数据库和求职数据库信息；在就业管理劳动部门所在地或其他公共场所建立网站入口，为没有计算机的公民提供接入互联网寻找工作职位的机会；为求职者提供网上就业培训，就业形势分析，指导就业方向。

（3）电子医疗服务。通过政府网站提供医疗保险政策信息、医药信息，执业医生信息，为公民提供全面的医疗服务，公民可通过网络查询自己的医疗保险个人账户余额和当地公共医疗账户的情况；查询国家新审批的药品的成分、功效、试验数据、使用方法及其他详细数据，提高自我保健的能力；查询当地医院的级别和执业医生的资格情况，选择合适的医生和医院。

（4）社会保险网络服务。通过电子网络建立覆盖地区甚至国家的社会保险网络，使公民通过网络及时全面地了解自己的养老、失业、工伤、医疗等社会保险账户的明细情况，有利于加深社会保障体系的建立和普及；通过网络公布的最低收入家庭补助，增加透明度；通过网络直接办理有关的社会保险理赔手续。

三、按采用的支付系统分类

移动商务一个基本的问题就是如何通过现有的移动通信网络、数据加密、PKI-CA 系统、防火墙技术、各种交易协议（如 SET）、客户端浏览技术和软件等，使得客户和商家透明地进行安全交易。其中，支付系统的可靠性和安全性是整个移动商务框架的基础和保障。按照支付系统的不同移动商务可分为以下几种：

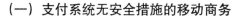
（一）支付系统无安全措施的移动商务

支付系统无安全措施模型是用户从商家订货、通过信用卡付款的模型，信用卡信息通过手机、PDA 等移动通信终端传送到移动互联网上，但无安全措施。在这种交易模型中，商家完全掌握用户的信用卡信息，信用卡信息在传递时无安全保障，所带来的风险由商家承担。这种模式的弊端是商家得到了用户的信用卡信息，这样商家就有义务去妥善保护用户的这些信息，否则用户的隐私权很容易遭到侵犯。事实上，有些商家并未履行这个义务，而是为了商业利益把信息透露给第三方。同时，信用卡信息的传递没有安全保障，这样就很容易被人截获或篡改。由此可见，这种模型是很不安全可靠的。

（二）通过第三方经纪人支付的移动商务

通过第三方经纪人支付模型是用户在移动互联网的网上经纪人处开设账号，网上经纪人持有用户账号和信用卡号。用户用账号从商家订货，商家将用户账号提供给经纪人，经纪人验证商家身份，给用户发 E-mail，要求用户确认购买和支付后，将信用卡信息传给银行，完成支付过程。用户在第三方付费系统服务器上开设账户并使用这个账户付款，这种方法的交易成本很低，对小额交易很适用。使用这种模型，用户账户的开设不通过移动通信网络，信用卡信息不在开放的移动通信网络上传送，而是通过电子函件来确认用户身份，商家的自由度大、风险小。支付是通过双方都信任的第三方经纪人来完成，这种方式的关键在于第三方，交易双方都对它有较高的信任度，风险主要由它承担，保密等功能也由它实现。

（三）电子现金支付型的移动商务

电子现金支付模型是用户在现金服务器账户中预先存入现金，然后得到相应的电子现金，以此在电子商务领域中进行流通。电子现金的主要优点是匿名性和不可追踪性，缺点是需要一个大型数据库来存储用户的交易情况和电子现金的序列号，以防止重复消费。具体流程是用户在 E-Cash 发布银行开 E-Cash 账号并购买 E-Cash，然后从 E-Cash 银行取出一定数量的 E-Cash 存在移动通信终端上。用户从同意接收 E-Cash 的商家订货，使用 E-Cash 支付所购商品的费用。接收 E-Cash 的商家与 E-Cash 发放银行之间进行清算，E-Cash 银行将用户购买商品的钱支付给商家。这种模型的特点是适用于小额交易，电子现金与普通现金一样可以存、取和转让。

（四）支付系统使用简单加密型的移动商务

简单加密支付系统模型是现在比较常用的一种支付模式，用户只需在银行开设一个普通信用卡账户；在支付时，用户提供信用卡号码，但传输时要进行加密。采用的加密技术有 SHTTP、SSL 等。这种加密的信息只有业务提供商或第三方付费处理系统能够识别。由于用户进行网上购物时只需提供信用卡号，这种付费方式带给用户很多方便。但是，这种模型需要对信用卡等关键信息加密，使用对称或非对称加密技术，可能还要启用身份认证系统，以数字签名确认信息的真实性，需要业务服务器和服务软件的支持等这一系列的加密、授权、认证及相关信息传送，使交易成本提高，所以这种方式不适用于小额交易。这种模型的关键在于业务服务器，保证业务服务器和专用网络的安全就可以使整个系统处于比较安全的状态。由于商家不知道用户信用卡的信息，商家泄露用户隐私的可能性就被杜绝了。

（五）安全传输协议（SET，Security Electronic Transfer）型的移动商务

SET 是安全电子交易的简称，SET 模型是在开放的移动互联网上实现安全电子交易的国际协议和标准。SET 协议规定了交易各方进行安全交易的具体流程。SET 协议使用的主要技术包括：对称密钥加密、公开密钥加密、Hash 算法、数字签名以及公开密钥授权机制等。SET 通过使用公开密钥和对称密钥方式加密保证了数据的保密性，通过使用数字签名来确定数据是否被篡改，能够保证数据的一致性和完整性，并可以防止交易方抵赖。交易各方之间的信息传送都使用 SET 协议，以保证其安全性。电子钱包是 SET 在用户端的实现，电子商家是 SET 在商家端的实现，支付网关是银行金融系统和移动互联网之间的接口，负责完成来往数据在 SET 协议和现存银行卡交易系统协议之间的转换。目前，SET 已获得 IETF 标准的认可，是移动商务未来的发展方向。

四、移动商务的层次

从开展移动商务交易的信息网络范围来看，移动商务可分为三个层次，即本地移动商务、远程国内移动商务和全球电子商务。

（一）本地移动商务

本地移动商务通常是指利用本城市内或本地区内的移动通信网络实现的移动商务活动，移动商务交易的地域范围较小。本地移动商务系统是利用 M-Internet、M-Intranet 或专用移动通信网将下列系统联结在一起的网络系统。

（1）参加交易各方的移动商务信息系统，包括买方、卖方及其他各方的移动商务信息系统。

（2）银行金融机构移动电子信息系统。

（3）保险公司移动电子信息系统。

（4）商品检验移动电子信息系统。

（5）税务管理移动电子信息系统。

（6）货物运输移动电子信息系统。

（7）本地区 EDI 中心系统（实际上，本地区 EDI 中心系统联结各个信息系统的中心）。本地移动商务系统是开展有远程国内移动商务和全球移动商务的基础系统。

（二）远程国内移动商务

远程国内移动商务是指在本国范围内进行的移动通信网上商务交易活动，其交易的地域范围较大，对软硬件和技术要求较高，要求在全国范围内实现商业电子化、自动化，实现金融电子化，交易各方具备一定的移动商务知识、经济能力和技术能力，并具有一定的管理水平和能力等。

（三）全球电子商务

全球移动商务是指在全世界范围内进行的移动商务交易活动，参加移动商务交易各方通过移动通信网络进行贸易交流。它涉及有关交易各方的相关系统，如买方国家进出口公司系统、海关系统、银行金融系统、税务系统、运输系统、保险系统等。全球移动商务业务内容繁杂，数据来往频繁，要求移动商务系统严格、准确、安全、可靠，应制定出世界统一的移动商务标准和移动商务（贸易）协议，使全球移动商务得到顺利发展。

第四节　移动商务的价值链

价值链，就是指互相合作以满足市场需求的公司集合。一般情况下，价值链包含一个或几个基本的价值（产品或服务）供应商，还有很多其他为产品和服务增值的供应商，使得最终呈现给购买者的产品具备所有的价值。这些互不相同但又相互关联的生产经营活动构成了一个创造价值的动态过程，即价值链。这一小节就介绍移动商务的价值链。

一、　商品交易活动的演进

商品交易是人类生存和社会发展的重要内容，它从有人类历史开始发展至今，已经历了许多形态。无论在哪个时期，商务交易的目的都是相同的，只是随着科技的进步，实现交易的工具在不断更新演变，商务活动因此而显得更加高效、广泛且节约社会成本。从图 1-4 中我们可以清晰地看到交易工具的更新是怎样不断促进商务活动进步的。

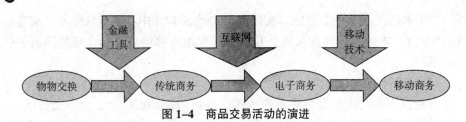

图 1-4　商品交易活动的演进

商品的交易活动就是物流、资金流和信息流的运动。在早期物物交换的时代，没有明显的信息流动，而物流与资金流是一体的。那时单纯的商务交易流程是：商品发现及考察、买卖双方讨价还价、买方支付、卖方交货、确定交易完成。然而随着社会的进步，社会分工高度细化，商务交易环境发生巨大变化，大量存在于买卖双方之间的中介机构顺势而生。他们为满足交易双方各种各样的需求而生：一方面使得交易更便捷地实现；另一方面也使得交易的实现过程由于多方的参与而更复杂。也就是说，商务交易原本只是买卖双方的事情，然而如今，一项交易的完成越来越多的依靠第三方的参与来实现。

商业信用使得物流与资金流彻底分离，交易双方公认的商业信用中介机构如银行等承担了交易的部分风险，促成了这种分离。因此，各方为避免可能出现的风险而使用各种手段获得全面、真实的信息，比如买卖双方的经营情况、品牌、价格、质量、支付能力等。

此外，信息技术的发展使信息流超越物流与资金流，成为各种交易得以实现的核心要素。并且随着信息获取技术的不断更新换代，信息流在商务交易中的作用更加凸显，因此有了电子商务的出现。

随着固定网络向移动网络的转变，商务活动又开始从互联网时代的电子商务迈进移动通信时代的移动商务。

二、　移动商务价值链的定义

"价值链"概念的提出者——哈佛大学商学院教授迈克尔·波特认为，每一个企业都是在设计、生产、销售、发送和辅助其产品的过程中进行种种活动的集合体。所有这些活动可以用一个价值链来表明。

如图 1-5 所示，在移动商务交易活动中，所有的价值链参与者都基于移动商务平台参与交易活动。从而，移动商务的价值链可以定义为由移动网络运营商、支付服务机构、物流公司、内容及服务应用提供商、移动终端制造商等共同打造的一个创造价值的动态过程。而图中的芯片制造商、软件提供商及设备提供商等，由于他们处在移动商务交易的后台，为交易实现提供软硬件的支持，但是他们不直接参与交易过程，因此，不在移动商务价值链的范畴内。

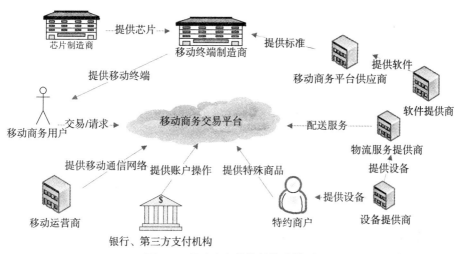

图 1-5　移动商务价值链构成模型

在此，需要注意的是，移动商务价值链不同于企业、行业价值链。企业价值链是企业通过一系列活动进行价值创造构成的，这些互不相同但又相互关联的生产经营活动构成了一个创造价值的动态过程。行业价值链是指一个特定的企业价值链所从属的行业内的更大的业务流。行业价值链可以帮助企业找到沿产品生命周期向前或向后发展的机会，从而提高企业的效率，改进产品的质量。而移动商务价值链使不同类型的企业打破行业界限，使同处一条价值链中的企业之间保持战略合作的关系，而不仅仅是一种简单的买卖关系。企业之间的竞争不再是企业单体之间的竞争，而是企业所处的价值链之间的竞争。以价值链为基础的生态系统必须借助于信息管理系统才能最终形成良性循环，集成信息流、资金流和物流，将供应商、制造商、协作厂家、分销商、用户全部纳入管理资源之中，使业务流程更加紧密地集成在一起，进而提高企业对用户的快速响应能力。

三、移动商务价值链的构成

（一）价值链构成要素

通过商品交易的演进，各种金融、科技工具转变为生产力而参与商务活动，行业分工因此更加细致与深入。这决定了越来越多不同行业的企业可以参与到商务交易活动中。商务交易的价值链上不再仅仅是买卖双方，而是更多的中介服务机构参与到商务的交易活动中，使得商务交易的价值链内容更加丰富。移动商务价值链上的各方基于移动商务交易平台实现整个商务交易。

从图 1-6 可以看到，在整个商务交易的实现过程中，掌握网络和客户资源的移动网络运营商处于价值链的核心，它将其他参与者链接起来实现整个商务交易流程。因此，移动商务的价值链由移动网络运营商、产品及服务供应商、内容及应用提供商、移动终端制造商、终端设备制造商、金融服务机构（支付结算系统）、物流公司等构成。在目前移动商务发展的进程中，移动商务交易平台的提供者不仅仅是移动网络运营商，甚至包括软件提供商、服务应用提供商等。

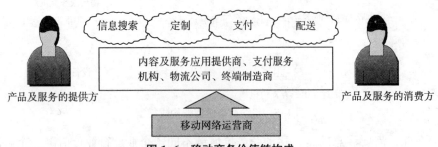

图 1-6　移动商务价值链构成

（二）价值链参与者的功能介绍

移动商务价值链上的各方通过移动商务应用平台相互联系、彼此制约地提供服务及产品，最终促成各种商务交易活动的完成。这些参与方以移动用户为中心，在一定的政府管制政策的限定下开展各种活动，以实现自己的商业价值。不同的参与方为了最大地获取自己的商业利益，在开展移动商务的过程中担当不同的商业角色。移动商务的价值链参与者功能的简单描述如下：

（1）移动网络运营商：为移动用户提供各种通信业务，实现对运营商网络（包括对其他运营商网络和互联网）的接入，也提供各种网络相关的业务，如位置信息、用户身份认证等。例如：中国移动、中国联通等。

（2）产品及服务供应商：提供移动应用和相关平台（如中间件、应用服务器等）。例如：上海灵通、TOM 等。

（3）内容提供商：提供相关的数据和信息产品（新闻、音乐、位置信息等），并通过移动网络实现分发。例如，通过新浪、网易等。

（4）终端设备制造商：提供移动终端设备。例如：诺基亚、爱立信、西门子等。

（5）支付方案提供商：为移动用户提供移动支付方法或移动支付平台等。例如：上海捷银、联动优势。

（6）物流公司：提供有形产品的物流配送。例如：中邮物流、中铁快运。

（7）政府管制部门：制定政策、规范竞争市场。

四、 移动商务价值链的交易环节

（一）产品及服务的生产环节

在移动商务中，产品及服务的生产环节不仅有原来的生产企业及传统服务提供者，更有为网络应用提供内容及服务的网络内容、服务提供商（ISP、ICP），他们是数字产品的制造者或二次加工者。

（二）产品及服务的定制环节

移动商务的交易模式改变了人们获取和选择信息的方式，使交易的对象不受时间及空间的限制而进行信息交换，并最终做出决策。在这一环节的参与者中，不但有产品服务制造商、消费者，还有为用户提供移动终端产品的制造企业。消费者可通过移动网络，依据需要及个人偏好，对所购买的产品或服务提出个性化的需求。制造企业通过对这些个性化需求的信息进行搜集，从而定制出符合个性化要求的个性化产品或服务方案。

（三）产品配送环节

电子商务是资金流、物流与信息流的统一，缺少任意一个就不能称为真正的电子商务，移动商务也是如此。因此，实物产品的配送也是移动商务活动的重要环节，该环节的重要参与者就是具有高度信息化的物流企业。

（四）支付环节

同物流在移动商务中的地位一样，资金流也是真正实现移动商务不可缺失的重要部分。要顺利解决移动支付的问题，仅仅依靠移动网络运营商是不够的，还要有传统的金融服务机构和新出现的第三方支付服务机构的参与。

第五节 移动商务系统的机理

移动商务系统是以一个服务器为中心的总线结构，它使各组件之间能以一个公共的接口相互连接，并可使各组件即插即用、无缝集成，从而为商务交易提供一个灵活、统一完整的应用服务平台。下面就对移动商务系统的网络平台、系统构成、子系统及系统的主要功能做一介绍。

一、移动商务系统的网络平台

互联网与移动通信技术的完美结合创造了移动商务。随着移动通信技术的发展，目前已有几种相当成熟的移动网络解决方案，并且还在持续改进和发展中。下面简单介绍几种目前主要的移动网络平台。

（一）无线应用协议（WAP）

WAP 是开展移动商务的核心技术之一，但在应用中，已被人们认识和接受为一种无线网络平台。通过 WAP，手机可以随时随地、方便快捷地接入互联网，真正实现不受时间和地域约束的移动商务。WAP 是一种通信协议，它的提出和发展是基于在移动中接入互联网的需要。WAP 提供了一套开放、统一的技术平台，用户使用移动设备很容易访问和获取以统一的内容格式表示的互联网或企业内部网信息和各种服务。它定义了一套软硬件的接口，可以使人们像使用 PC 机一样使用移动电话收发电子邮件以及浏览互联网。

（二）通用分组无线业务（GPRS）

传统的 GSM 网中，用户除通话以外最高只能以 9.6kb/s 的传输速率进行数据通信，如 Fax、E-mail、FTP 等，这种速率只能用于传送文本和静态图像，但无法满足传送动态视像的需求。GPRS 突破了 GSM 网只能提供电路交换的思维定式，将分组交换模式引入到 GSM 网络中。它通过仅仅增加相应的功能实体和对现有的基站系统进行部分改造来实现分组交换，从而提高资源的利用率。GPRS 能快速建立连接，适用于频繁传送小数据量业务或非频繁传送大数据量业务。GPRS 是 2.5 代移动通信系统。由于 GPRS 是基于分组交换的，用户可以保持永远在线。

（三）第三代（3G）移动通信系统

经过 2.5G 发展到 3G 之后，无线通信产品将为人们提供速率高达 2Mb/s 的宽带多媒体业务，支持高质量的话音、分组数据、多媒体业务和多用户速率通信，这将彻底改变人们的通信和生活方式。3G 作为宽带移动通信，将手机变为集语音、图像、数据传输等诸多应用于一体的未来通信终端。这将进一步促进全方位的移动商务得以实现和广泛开展，如实时视频播放。

3G 技术的共同特点：频谱利用率高、覆盖范围广、稳定性能好、可以适应现代全球无缝覆盖的通信要求；实现优越的无线通话质量；提供多媒体通信功能；结合全球卫星定位系统定位；高速移动状态下的高数据传输率，满足移动状态下的上网要求；等等。

第三代移动通信系统最吸引人的地方并不在于语音质量与通信稳定性的提高，而是数据传输速率的大幅提升，这将大大促进移动多媒体业务的发展。高速无线网络介入，不仅可以随时随地地通信，更可以直接用手机进行交易、支付、遥控、信息浏览和娱乐。

（四）第四代（4G）移动通信系统

就在 3G 通信技术正处于酝酿之中时，更高的技术应用已经在实验室进行研发。因此在人们期待第三代移动通信系统所带来的优质服务的同时，第四代移动通信系统的最新技术也在实验室悄然进行当中。那么到底什么是 4G 通信呢？

到 2009 年为止，人们还无法对 4G 通信进行精确的定义，有人说 4G 通信的概念来自其他无线服务的技术，从无线应用协定、全球袖珍型无线服务到 3G；有人说 4G 通信是一个超越 2010 年以外的研究主题，4G 通信是系统中的系统，可利用各种不同的无线技术。不管人们对 4G 通信怎样进行定义，有一点人们能够肯定的是，4G 通信可能是一个比 3G 通信更完美的新无线世界，它可创造出许多消费者难以想象的应用。4G 最大的数据传输速率超过 100Mbit/s，这个速率是移动电话数据传输速率的 1 万倍，也是 3G 移动电话速率的 50 倍。4G 手机可以提供高性能的汇流媒体内容，并通过 ID 应用程序而成为个人身份鉴定设备。它也可以接受高分辨率的电影和电视节目，从而成为合并广播和通信的新基础设施中的一个纽带。此外，4G 的无线即时连接等某些服务费用会比 3G 便宜。还有，4G 有望集成不同模式的无线通信——从无线局域网和蓝牙等室内网络、蜂窝信号、广播电视到卫星通信，移动用户可以自由地从一个标准漫游到另一个标准。

4G 通信技术是继第三代以后的又一次无线通信技术演进，其开发更加具有明确的目标性：提高移动装置无线访问互联网的速度——据 3G 市场分三个阶段走的发展计划，3G 的多媒体服务在 10 年后进入第三个发展阶段，此时覆盖全球的 3G 网络已经基本建成，全球 25%以上人口使用第三代移动通信系统。在发达国家，3G 服务的普及率更超过 60%，那么这时就需要有更新一代的系统来进一步提升服务质量。

二、移动商务系统的构成

移动商务系统采用三层应用框架：客户层、移动商务应用服务器层和商务信息数据服务器层。总体系统结构如图 1-7 所示。

支持基本的移动商务服务正常工作的构造模块有：软件组件、设备的组织过程、网络、公司服务器等。

（一）客户端软件

大多数类型 PDA 都可从网上下载浏览器软件。移动浏览器由诺基亚、Openwave、爱立信等公司开发。这些移动浏览器软件具有不同的图形用户界面，可满足个性化的要求。除了上述移动浏览器之外，掌上型移动浏览器、PocketPC 用的 PocketIE、RIM 用的 AvantGo 等也都非常流行，这些浏览器大多数仅运行简单的位图（WBMP）。

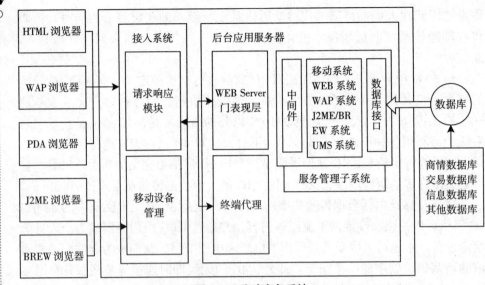

图 1-7 移动商务系统

(二) 客户端服务设置

目前，消费者要接受移动商务需要一个较长的时间过程，其中一个主要原因就是设置新 WAP 电话非常麻烦，非常耗时。要连接 WAP 网关，用户需要设置太多的参数。另外，在用户好不容易建立无线连接之后，还需要按照一定的方式输入许多其他参数，如手机与服务器的握手等后，才能真正建立连接。因此，为了吸引用户，无线分组业务应该尽量简化用户每次上网时的操作。同时，可以利用空中接口支援服务器 (Over-the-air-provisioning server) 帮助用户配置他们的手机，以便尽快访问特定的网站。但是现在的一些网络，如 Palm、Net、PocketPC 等与 CDPD (Cellular Digital Packet Data，蜂窝数字分组数据) 进行了集成，这些网络将使手机与网络的连接大大简化，目前正在寻求在公司或企业市场上的应用。

(三) 网络

在移动的网络上，移动商务数据从内容服务器传送到 GSM 网络，然后 GSM 负责把移动商务数据传送给移动设备。只要网络是联通的，服务提供商就无须担心无线网络的问题。有些时候，如果数据通过短信息业务 (SMS) 传送，服务提供商就需要通过 SMS 网关进行网络访问。这个过程中，涉及的部件通常有基站 (BS)、归属位置寄存器 (HLR)、移动交换中心 (MSC)、访问位置寄存器 (VLR) 以及计费和收费系统。其中，MSC 是公共交换电话网络 (PSTN) 的一个访问点；VLR 用于临时存放用户信息，以便管理漫游用户的请求。在欧洲，GSM 非常庞大，但是，在美国，CDPD、Mobitex、CDMA、DataTAC 等网络更常见一些。

（四）服务器软件组件

移动软件服务通常都是基于一定版本的 HTML 或者 XML。HTML 仅仅处理数据的显示问题，而不处理数据本身的内容，也就是说 HTML 只是在图形环境下分配文本、图像和按钮的排布方式。XML 功能较强且更加流行，它不仅能够显示、解释信息，还允许信息提供商定义信息的外观及其功能属性。例如，如果信息将传送到一个无线屏幕上，那么，通过 XML 就可以删除信息中的所有图像。

三、移动商务系统的子系统

整个移动商务的服务系统根据业务功能划分为若干个子系统，分别为 Web 商情服务子系统、WAP 商情子系统、J2WE&BREW 交易子系统、UMS 统一信息服务子系统、移动门户子系统以及服务系统管理子系统等。下面对其中的主要子系统做一简单介绍：

（一）Web 商情服务子系统

Web 商情服务子系统是移动商务服务平台的一个主要部分，实现了移动终端调用远程 Web Service 提供的商情服务的功能。Web 商情服务子系统主要由移动终端、Web 服务平台和商情服务器组成，移动终端通过 HTTP 协议与 Web 服务平台建立连接，随后 Web 服务器与外部商情服务器采用 Socket 连接进行信息交流。

（二）J2WE&BREW 交易子系统

J2WE&BREW 交易子系统主要实现了在 J2WE 手机和 BREW 手机上浏览查询商务信息及委托下单进行交易的功能。J2WE&BREW 交易子系统采用了 C/S 结构，功能模块主要由 KJava/BREW 移动终端应用和商务信息查询及交易服务两部分组成。

（三）WAP 商情子系统

WAP 商情子系统是移动商务信息服务平台的一部分，实现了 WAP 手机和浏览网页的功能，该部分使用 Java 语言编写，用 ECS（Element Construction Set）开发编写 WAP 页面。WAP 商情子系统由 WAP 手机、服务平台和商情服务器组成。

（四）服务管理子系统

移动商务服务平台中系统的功能以应用服务器的服务形式提供，因此，如何动态的部署一般（Deploy）和反部署（Undeploy）应用，也是系统的需要解决的问题。在移动商务系统中，采用 Tomcat 的动态加载和管理部件方法，实现系统的配置和管理。

四、移动商务系统的主要功能

移动商务系统的主要功能如下：

(一) 无线信息查询功能

有线网络时代，E-mail 和短信服务可以说已经变成日常生活的必要组成部分。短信息服务在移动商务领域是一种最受欢迎的功能服务。很多商务人员在行程中用笔记本上网就是为了查看 E-mail。移动设备之间的信息传递在欧洲 (GSM 电话使用 SMS 服务) 和美国 (用能够无线上网的移动通信终端) 已经很普及了。欧洲的数字无线网络标准从一开始就包含短信息的服务功能，这项标准就是现在知名的 GSM (Global System for Mobile Communication)。移动商务系统都会以文本的方式将信息传到 E-mail 接受者的手机上，用户的移动邮箱也可以使用其他的 POP 账号接收 E-mail，PDA 用户可通过无线调制解调器发送或接收 E-mail、运行 IM。

(二) 无线网络接入功能

目前，各大公司已逐渐参与进了无线网络的竞争，其中，大多数公司属于无线应用服务提供商或 WASP，这些公司的职能与有线网络中的 ISP 有点类似。例如，GoAmerica 就是这样的一家服务提供商。对于 PDA 用户，无线网络接入功能可以帮助用户做到 PDA 与桌面计算机的信息同步，从而使两台设备上的信息能够同时更新。这样，在用户离开办公室之前，就能够自动地把最新、最喜欢的网站内容、工作文件、合同及日程安排传送到用户的 PDA 上。对于公司来说，无线网络接入功能可以直接从用户指定的数据库，而不仅仅是目标网站获取数据，并实现数据同步。

(三) 语音提示服务功能

移动商务做得好坏，关键的一条是它对人的一些自然行为处理的怎么样。为了把语音控制功能带入网络，使网络具有语音导航功能，并使网络界面具有语音识别功能，AT&T、Lucent、Motorola、IBM 等公司制定了 VoiceXML 标准。具有语音功能的导航的网络直接面向大众市场，移动电话式 PDA 用户无须任何专用或技巧，便可直接访问这种网络。Kelsey 集团统计，2005 年，仅在北美洲，就大约有 4500 万的手机用户使用具有语音提示功能的网络端口。Retrieve 就是一家可向用户提供语音接入的电子商务公司。该公司每月向用户提供一次服务，公司用户可拨号登录到公司的网站，利用手机便可读取他们的 E-mail。Mapquest.com 提供有语音驱动的导向服务更加直观。

（四）系统设置与管理功能

Web 应用与服务器管理功能，提供系统的开启和停止，重启等功能，查询当前已有的 Web 服务的列表和服务状态信息；Web 服务注册管理功能，提供注册服务，查询服务和删除服务等功能；移动终端信息管理功能，根据 http 中的 User-Agent 得到相关的硬件信息，如屏幕长、宽，支持颜色、浏览器、型号支持的图片格式等各种信息。

 **本章案例**

移动商务助"金鹰"翱翔

山东省临沂市金鹰总店成立于 1992 年 3 月 1 日，位于解放路中段路南 118 号，经营面积 1.2 万平方米，是一家集家电、车辆经营于一体的专业化零售商场。商场把世界先进的家电经营模式与本地化管理模式相结合，科学规划、合理布局，汇聚了国内外家电主流品牌的所有名优新品。商场内优雅的购物环境，清新的营销氛围，温馨的亲情服务，让顾客在购物中体验到久违的真诚，改变了以往商场的形象，令人耳目一新。历年来，商场坚持"顾客没有错，顾客永远是对的"服务宗旨，诚信经营，开拓创新，取得了良好的社会效益和经济效益，更使家电购物至此真正成为一种休闲与享受。

如何为顾客提供贴心的服务，一直是金鹰总店不懈的追求。为此，总店注册了移动网址"金鹰总店"，将移动营销引入到商场的日常工作中来。在 2007 年元旦前夕，金鹰总店利用中国移动商务网短信业务群发短信 10 万条，推出元旦大酬宾活动，推广买冰箱送彩电等活动。活动期间客户络绎不绝，好多顾客都是因为收到了总店关于这次促销的消息而专程赶来，可以说短信群发为金鹰总店的元旦营销起了决定性作用，总店销售额创下历史同期的新高。

通过短信群发尝到了移动商务的甜头后，金鹰总店又相继使用了移动商务的其他相关产品。利用移动商务强大的后台会员管理平台，只要所有手机、小灵通用户只要发送信息就可以成为金鹰总店的会员，享受金鹰的打折优惠服务；所有的手机、小灵通用户也可以通过移动商务的留言功能把自己的意见和建议发送到金鹰总店，金鹰总店可以根据后台保存的留言号码进行抽奖，回馈中奖的热心顾客。传统的比较烦琐的会员管理、留言管理就这样被移动商务所替代。

同时，引进移动商务这种全新的管理方式，在提高金鹰总店销售额的同时，还大大提高了金鹰的知名度。

资料来源：http://www.chinaydsw.cn，2010-6-19.

问题讨论：

1. 谈谈移动商务兴起的原因。

2. 对比传统的商务，移动商务有哪些特点？

本章小结

移动商务是各种具有商业活动能力和需求的实体（各种形式的企业、政府机构、个人消费者等）本着跨越时空限制、提高商务活动效率及节约商务活动成本的原则，在电子商务的基础上利用计算机通信网络、移动通信技术和其他数字通信技术等电子方式实现商品和服务交易的一种贸易形式。

移动商务是通过移动网络为用户提供灵活、安全、快速的商务服务。它能完全根据消费者的个性化需求和喜好定制，设备的选择以及提供服务与信息的方式也完全由用户自己控制。通过移动商务，用户可随时随地获取所需的服务、应用、信息和娱乐。他们可以在自己方便的时候，使用智能电话或PDA查找、选择及购买商品和服务。移动商务的应用领域非常广泛，主要包括移动金融服务、移动网上商品交易、广告宣传、移动娱乐、信息提供服务、遥测服务、咨询洽谈、移动库存管理、移动商务重构、超前服务管理、交易管理、内容提供服务等。

移动商务可以从服务类型、商务形式、采用的支付系统等不同的角度进行分类，并可以按照移动商务交易的信息网络范围不同而分为三个不同的层次。

在移动商务交易活动中，所有的价值链参与者都基于移动商务平台而参与交易活动。从而，移动商务的价值链可以定义为由移动网络运营商、支付服务机构、物流公司、内容及服务应用提供商、移动终端制造商等共同打造的一个创造价值的动态过程。

移动商务系统是以一个服务器为中心的总线结构，它使各组件之间能以一个公共的接口相互连接，并可使各组件即插即用、无缝集成，从而为商务交易提供一个灵活、统一、完整的应用服务平台。

本章复习题

1. 简要阐述移动商务概念。

2. 论述移动商务与电子商务的关系。

3. 简要阐述移动商务的内涵。

4. 列举移动商务的功能。

5. 列举移动商务的主要特点。

6. 请就一种分类方式阐述移动商务的分类以及各类别的特点。

7. 简述移动商务的运作流程。

8. 移动商务系统平台有哪些主要组成部分？

9. 简述移动商务系统的网络结构。

10. 简单列举影响移动商务的关键因素。

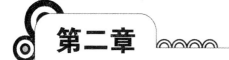

第二章

移动商务流程与运作模式

学习目的

知识要求 通过本章的学习，掌握：

● 传统商务的流程与运作模式
● 移动商务的运作模式与价值链
● 移动商务环境下的物流与供应链管理
● 移动商务中产业链成员的发展
● I-Mode 模式

技能要求 通过本章的学习，能够：

● 了解传统商务的流程与运作模式
● 理解移动商务的商业盈利模式及价值链
● 理解移动商务环境下的物流分类与供应链管理
● 了解移动商务中产业链成员的发展战略
● 理解 I-Mode 的运作、广告模式

学习指导

1. 本章内容包括：传统商务的流程与运作模式；移动商务的运作模式与价值链分析；移动商务环境下的物流与供应链管理；移动商务中产业链成员的发展战略；I-Mode 模式给移动商务企业的启示等。

2. 学习方法：独立思考，抓住重点；与同学讨论移动商务中的商业、盈利模式及其价值增值作用；能够运用所学的知识对移动商务环境下的物流进行分类；讨论 I-Mode 的运作、广告模式等。

3. 建议学时：6 学时。

 **引导案例**

湖南移动商务业务发展迅速

随着互联网电子支付的发展，中国移动手机支付业务依托湖南省全网手机支付平台，其业务发展非常迅速，目前用户规模已近 3000 万，月交易金额超过 4 亿元。湖南省作为国家移动电子商务试点示范省，移动电子商务发展在全国处于领先。

用户规模及交易额增长迅速，使手机支付业务发展进入快车道。截至 2011 年 3 月 31 日，全国 31 个省、市、自治区，手机支付注册用户已达 2894 万，实现月交易金额 4.5 亿元。2010 年全年累计实现交易额 33.6 亿元，2011 年估计可实现交易额 100 亿元。已接入包括盛大、京东、凡客在内的优质互联网商户 1600 余家，本地手机钱包商户 11104 家。到 2011 年 3 月底，湖南省内累计发展手机支付注册用户 529 万，月活跃用户 66 万，各项关键指标继续稳居全国第一。

手机公用事业缴费项目数量和覆盖程度进入行业领先水平。通过与光大银行等相关机构合作，截至 2011 年 3 月底，中国移动手机支付业务在全国共计拓展了 184 个公用事业缴费项目，内容涵盖水、电、煤、有线电视、通信宽带费、公交充值 6 大类缴费业务，业务范围覆盖包括上海、长沙在内的全国 42 个大中城市，缴费项目数量和覆盖程度行业排名第三（仅次于支付宝、财付通）。湖南省内 14 个市、州的手机支付用户均可使用手机缴纳电费，还可定制短信账单提醒或委托批扣。此外，长沙、湘潭、衡阳的水务和益阳的有线电视等也已顺利接入中国移动手机支付平台。

完成了面向全国的手机支付平台体系架构搭建，手机支付网站流量进入行业前三。截至 2010 年 10 月底，除西藏、宁夏等少数省份和自治区外，湖南省全网手机支付中心平台已经接入了 28 个省市、自治区平台，自此支撑全国手机支付业务发展的"中心+省"两级平台架构已经基本打造完成。目前，系统已具备支撑全国 1 亿用户的处理能力。手机支付业务网站月访问人次达到 427 万，网站全年页面浏览数达到 2.02 亿，累计访问人次 1880 万次，访问量在支付行业内仅次于支付宝、腾讯财付通，排名第三。在国内著名搜索引擎百度上搜索"手机支付"和"手机钱包"关键字结果排名中，手机支付业务网站均位居第一。

初步建立了手机钱包业务的产品体系。一是积极融入金融标准，重点做好13.56M贴片卡产品研发。制定了《手机钱包贴片卡技术方案》等10本20多万字的技术方案与规范，并通过中国移动集团公司评审成为了全国标准。二是探索"双模式"，即在手机钱包、公交一卡通、企业一卡通采取脱机交易的同时，开发了红包联机支付、移动VIP身份识别、话费积分消费等联机应用，形成了《移动VIP身份识别业务技术方案》和《话费积分业务技术方案》，并通过中国移动集团公司评审后下发各省落地执行。三是开发了手机支付账户为公交账户充值产品，形成了《中国移动手机支付公交IC卡充值方案》，目前已在长沙得到应用。

2010年以来，湖南移动先后与工商、农业、中国、建设、交通、招商、浦发、光大、民生、中信、兴业、上海等多家国内主流的商业银行以及银联签署了业务框架合作协议，开展了网银直连充值、卡通绑定、信用卡充值等业务合作，与工商、浦发等银行建立了银企直联系统，实现了手机支付业务交易规模结算的自动化，商户结算频次提高到T+1，并提高了T+0结算能力。同时，与国内各主流商业银行建立了紧密的合作关系。

资料来源：湖南省经济和信息化委员会，电子商务专业实践网，http://www.zk365.com，2011-05-06.

➡ 问题：

1. 湖南省移动商务包含了哪些盈利模式？
2. 湖南省移动商务促进了省内哪些产业链成员的发展？

37

第一节　移动商务的运作模式与价值链分析

移动通信技术的发展带动了移动商务的发展，传统的B2B、B2C电子商务也开始由固定的IP网络拓展到无线网络。而基于无线网络的服务更加及时方便，随时随地可用，为电子商务公司提供了新的商机。不同企业为了充分利用无线网络达到最佳的商业效果，必然会根据自身的经营特点，在传统商务以及电子商务的基础上，采用不同的移动商务的运作模式，制定适合自身发展的移动商务战略，利用适合的商业模式实现移动商务交易。

一、传统商务的流程与运作模式

（一）传统商务的流程

商业企业中的百货商场作为一种较为成熟的业态形式，在中国已得到了广泛的发展并还将继续存在下去。我们以百货商场为例来分析传统商务流程，如图 2-1 所示。

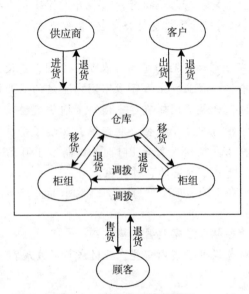

图 2-1　百货商场商务流程

商场进货，即商场资金的投入、商品的增加。商场从供应商处进货，首先要在科学核算的基础上，确认自身需求，拟定商品进货数量、品种和结构，向供应商发出询价单，在反馈的报价单的基础上与供应商进行洽谈，签订进货合同，发出订货单。然后，供应商在备好货后发出通知，商场经与订货单档案核对无误准备收货。当货到后，如果货单不一致，则还要与供应商洽谈做补货或退货处理。最后，要与供货商发来的对账单进行核对，无误后确认。

连锁超市是中国近年来出现且发展非常迅速的另一种商务形式，并正在形成积极的发展趋势。由于同属于零售业，它的业务流程与百货商场有一定的共同点，也有特殊性，主要在于它一般不采取多级管理，而是采用由配送中心统一商品进货，集中式管理。商品由配送中心统一采购，办理进货或退货手续，填写相应单据。各超市所需商品由配送中心统一配送，送货时填写配货单，有些商品需要直接从厂商处送往各销售单位的可填写直配单,各销售单位向配送中心退货时要填写配货退货单。商品批发销售只能由配送中心进行,由配送中心与客户企业办理批发出货或退货手续,如图 2-2 所示。

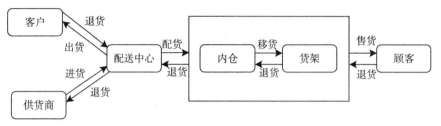

图 2-2　连锁超市商务流程

(二) 传统商务的运作模式

传统的商务运作过程包括生产过程、流通过程、消费过程;相应地,国民经济也包括生产领域、流通领域和消费领域。在流通领域中,专门从事商品流通经营活动和服务性活动的特殊企业即为商业企业。它通过商品买卖活动,把商品从生产领域送到消费领域,从而实现商品的价值,满足社会生产和人民生活的需要,并获得利润。

二、电子商务的流程及运作模式

(一) 电子商务的流程

电子商务的流程与传统方式一样,通常也包括以下三个阶段:电子商务的前期准备、电子商务的中间流程和电子商务的后期运作。

1. 电子商务的前期准备

这一阶段主要是指参加交易各方在签约前的准备活动,以保证电子商务能正常进行。一般情况下,买方根据自己要买的商品,准备购货款,制订购货计划,进行货源市场调查分析,了解各个卖方国家的贸易政策,反复修改进货计划,确定和审批购货计划。再按计划确定购买商品的种类、数量、规格、价格、购货地点和交易方式等,尤其要利用互联网和各种贸易网络寻找自己满意的商品和商家。

卖方根据自己所供产品的情况,确定产品目标市场的定位,制订营销组合计划。如召开商品新闻发布会,制作广告进行宣传,全面进行市场调查分析,制定各种销售策略和销售方式。此外,还要了解各个买方国家的贸易政策,利用互联网和商务网络发布商品广告,寻找贸易伙伴和交易机会,扩大贸易范围和商品所占市场的份额。

电子商务前期准备工作还很多，涉及其他参加交易各方，如中介方、银行金融机构、信用卡公司、海关系统、商检系统、保险公司、税务系统、运输公司，它们也都为进行电子商务交易做好准备。

2. 电子商务的中间流程

（1）商务洽谈和签约阶段：这一阶段主要是指交易双方对所有交易细节通过互联网沟通的方式进行商务谈判，将双方磋商的商务谈判结果以法律认可的文件形式确定下来，即以书面文件形式和电子文件形式签订贸易合同，并在数字签名后生效，使法律文件具备法律效力。

（2）办理交易手续阶段：这一阶段主要是指买卖双方签订合同后到合同开始履行之前办理各种手续的过程。买卖双方要利用 EDI 与有关各方如中介方、银行金融机构、信用卡公司等进行各种电子票据和电子单证的交换，直到办理完可以将所购商品从卖方按合同规定开始向买方发货的一切手续为止。

3. 电子商务的后期运作

这一阶段是从买卖双方办完所有各种手续之后开始，卖方要备货、组货，同时进行报关、保险、取证、信用等，然后商品交付给运输公司包装、起运、发货，买卖双方可以通过电子商务服务器跟踪发出的货物，银行和金融机构也会按照合同处理双方收付款，进行结算，出具相应的银行单据等，直到买方收到自己所购商品，也就完成了整个交易过程。

（二）电子商务的运作模式

当互联网在商业上成功地应用、无数企业纷纷购置设备和软件与互联网联结、许多高技术企业投入大量资金建立网站大做广告时，电子商务的运作模式引起了人们的关注与重视，因为它是网络企业生存和发展的核心。电子商务运作模式可以从不同角度划分，根据其参与者的性质不同，可以将其分为几种基本模式：B2B、B2C、G2B、G2C 等。

B2B 是目前发展最快的电子商务模式。从全球电子商务发展的实践和潮流来看，B2B 业务占据绝对的主导地位，在全球电子商务销售额中，B2B 业务份额高达 80%~90%。B2B 运作模式即企业与企业之间通过专用网络或互联网进行数据信息的交换、传输，开展贸易活动的商务模式。它包括企业与其供应商之间采购事务的协调、物料计划人员与仓储及运输公司之间的业务协调、销售机构与其产品批发商和零售商之间的协调、为合作伙伴及大宗客户提供的服务等。

B2C 是人们最熟悉的一种类型。尽管迄今为止其交易额远远低于 B2B，但它是一种极具发展潜力的模式，未来将会有快速发展。B2C 运作模式即企业和消费者利用互联网直接参与经济活动的形式，即企业通过互联网为消费者提供一个新型的购物环境——网上商店，消费者通过网络在网上购物、支付。

G2B 与 G2C 是政府尝试利用 Internet 与企业及消费者进行商务活动的一种方式，是电子商务的新发展。G2B 指政府部门与企业之间通过网络进行各项商务活动，G2C 是指政府通过电子网络系统为消费者提供各种服务。

三、移动商务的商业模式

移动商务是一个涉及社会方方面面的系统工程，它涉及客户、企业商家、认证中心、配送中心、金融机构、监管机构等通过网络而组织在一起的要素。我们可以按照参与交易的主体类型的不同，而将移动商务的商业模式分成几类，从而明确一个企业的市场定位和盈利目标，以及为了满足目标顾客主体需要所采取的一系列的、整体的战略规划。书中所讲的各种商业模式所在的移动商务上的分类层次与其定义均在第一章中有所介绍，因此本节更注重从商业运作及营利点的角度加以分析。

（一）企业与消费者交易模式

1. B2B 模式

B2B 模式使得供求企业以及协作企业之间利用网络交换信息，传递各种票据，支付货款，从而使电子化、移动化在企业商务过程中大行其道。它可以视为移动商务时代企业的生存平台。企业由此可以降低经营成本，提高经营管理水平和效率，进而获取更大的利润。人们普遍认为 B2B 是企业发展的机遇，是未来移动商务的模式。

2. B2C 模式

B2C 模式与其他模式不同在于它直接面对最终消费者。移动娱乐、移动银行、移动缴费等移动应用服务为人们的生活提供了方便和快捷。以数目巨大的消费者为核心的移动商务平台，B2C 面临着来自安全认证、移动支付、配送与售后服务等方面的"瓶颈"限制。

3. C2C 模式

C2C 的移动商务是个人对个人的商务形式。C2C 这个模式的特点是消费者与消费者之间的讨价还价。例如，移动手机拍卖、全球性竞价交易网站，每天可以通过 SMS 形式提供数种商品供移动用户和网上用户竞价，可拥有上万注册用户。C2C 模式的成功来源于它准确的市场定位。

（二）移动电子政务

根据近年来国际电子政务的发展和中国电子政务的实践，目前，移动电子政务的主要模式也有 G2G 模式、G2B 模式和 G2C 模式。

1. G2G

G2G 模式是移动电子政务的基本模式，政府的工作并非征税一项，从国防、外交、公安、海关、统计到邮电、铁路、航空等国有经济部门，管理内容庞杂，靠手工或固定网络根本不能适应经济发展的要求。因此，近年来由于计算机网络的建立，使得政府工作部门提高了工作效率、降低开支、减轻社会负担。这些网络化的办公系统结合移动终端的普及使用，使得政府的工作可以日益满足公民需要。

2. G2B

政府在移动电子政务方面有双重角色：一是移动商务的使用者，进行购买活动，属商业行为；二是移动商务的宏观管理者，对移动商务的发展起着扶持和规范的作用。在发达国家，发展移动商务主要是依靠私营企业参与和投资，政府只起引导作用。在发展中国家，则更需要政府的直接参与和帮助。与发达国家相比，发展中国家企业规模偏小，信息技术落后，资金不足或资金动员能力弱，因而政府的参与有助于引进和推广先进技术，提供一部分信息基础设施建设基金。

3. G2C

G2C 这类移动电子政务活动目前还不够完善，但应用前景广阔。居民的身份登记，统计和户籍管理以及征收个人所得税和其他契税、发放养老金、失业救济和其他社会福利是政府部门与社会公众个人日常关系的主要内容随着中国社会保障体制的逐步完善和税制改革，政府和个人之间的直接经济往来会增加，这方面业务的电子化、网络化和移动化也可以提高政府部门的办事效率，增加国民福利。

四、移动商务盈利模式

在移动商务世界里，随着市场的成熟，网络标准和技术将会进一步降低盈利壁垒，竞争机会也就会越来越激烈。银行、商家和内容提供商如果能够判断顾客需要什么服务和产品，盈利机会就会越来越多。对运营商来说，一些应用可以提高网络的使用率，由此获得利润，在这种情况下，运营商有时会与该应用提供商分享收益。目前，在移动商务开展中，获得成功的几种典型盈利模式是：

（一）"I-Mode" 的盈利模式

"I-MODE"（Information-mode）是由日本 NTT DoCoMo 于 1999 年 2 月推行的移动 Internet 商业模式。"I-Mode" 提供无线数据传输服务，是一项基于 PDCP 的手机增值服务。该业务开展方式是由社会各界力量多方合作，共同向用户提供服务，其中运营商向用户按使用量收取网络使用费，内容提供商、应用开发商等则根据不同的服务内容向用户收取信息服务费（通常由运营商代收信息服务费，内容提供商、应用开发商等向运营商支付一定比例的佣金）。

（二）"卖三次"的盈利模式

"卖三次"实际上是亿美软通的一个商业模式，也叫亿美模式。移动通信的高效率、随时性以及牢固的对位关系可以实现"更高效的管理、更便捷的沟通和更精准的营销。"这也是亿美软通公司"卖三次"的盈利模式赖以成立的基础。

传统的一些软件企业，一般来讲是"卖一次"，即将软件交付后，收取软件的费用。以后项目升级的时候，再收取一定的升级费用。但是这对中国来讲，很难实现。升级，一般来讲，促销的手段是靠免费升级。

1. "一卖软件"

盈利模式中的软件销售，事实上是技术直接实现价值。要将企业的应用系统与个人的手机相连，这个软件不像"短信群发器"那么简单，而是类似于应用软件。

2. "二卖短信咨费"

该模式第二个营利点是与移动通信运营商的短信费用分成。基于短信的业务模式使企业必须与移动通信运营商的合作，在这一点上，企业的地位是移动运营商的SP。SP面临着来自运营商的政策风险，对于提供大量短信群发的企业来说尤为如此。如何确保系统不被用于从事不良信息的大规模发布，不出现用户骚扰、对用户收费等违规行为，规避被运营商停止SP资格的风险，对亿美软通公司来说十分重要。

3. "三卖移动商务服务"

基于信息系统的移动化和稳定的SP资质，为客户提供诸如移动搜索、移动支付等商务服务则是"卖短信"的最高境界，这些服务标志着一家SP从集团短信提供商提升到了移动商务层面。与用户沟通渠道的改变，将会影响甚至改变一些企业的商业模式，而这些新的模式在一个行业中的推广，对于亿美软通公司这样的服务提供者，才是最大的市场机会所在。

（三）"挣三次"的盈利模式

1. "三合一"整合

高维公司在近6年的移动商务开拓中，逐步在IT业界形成了独特的"三合一"的高维模式，三合一是指高维将"企业应用"、"Internet"和"移动增值"有效地进行整合，打造成了目前业界独特的"高维模式"。

2. "挣三次"盈利模式

高维公司对企业应用、互联网和移动增值三大业务方向的盈利模式进行了深度分析，形成了高维独特的"挣三次"盈利模式，并为所有的企业客户所接受：

挣第一次：软件收入。由于 EMO 产品无论从技术架构还是功能设计上，是目前市场上绝大部分群发类短信产品无法比拟的，而且在解决方案上体现管理价值，因此企业愿意支付费用购买产品和实施服务。

挣第二次：服务收入。由于企业通过高维的全网短信网关接入移动运营商平台，企业和高维之间的短信中心处于 7×24 小时的连接状态，企业短信应用涉及成千上万的手机用户，而且 EMO 软件产品的升级和技术支持也很重要，因此长期运营服务的好坏是企业关注的重点，而且愿意支付适当的长期服务费用。

挣第三次：短信收入。企业采用预充值方式向高维购买短信，高维和移动运营商进行利润分成，这一点与传统 SP 的盈利模式雷同。随着企业客户数的不断增加，以及每个企业的短信发送量的不断增长，将给高维带来长期持续盈利的商业模式，这也是移动增值业务的巨大魅力。

五、移动商务的价值链分析

移动商务的真正价值不在于技术，而是在于为企业、客户提供快速、便捷的信息服务，应用于内部办公、外部服务、信息发布及定向宣传等。移动商务已经占领并正在进军的行业包括娱乐、新闻、旅游、零售、金融、保险、房地产、汽车等。在可预见的未来，无线移动商务应用将会普及人类工作生活中的各个领域，实现电信、信息、媒体和娱乐服务的互通互联，形成电子支付与网上交易密切合作的 IT 产业联盟价值链。

（一）移动商务价值产生的方式

同传统的移动通信价值链比较，很明显，更多的参与者加入到了移动商务的价值链中。应用平台供应商、内容提供和集成商和移动门户供应商都是新的参与者。而以前以语音通信作为收入的主要来源也将转换到按照移动商务提供的内容上来。最终用户将按照所享受到的服务来支付费用。图 2-3 比较清楚地展示了移动商务的发展方向：信息由简单的语音到复杂的交互式交流；应用由简单的信息交流到复杂的商务应用。当然，最终其创造的商业价值也在不断地提高。

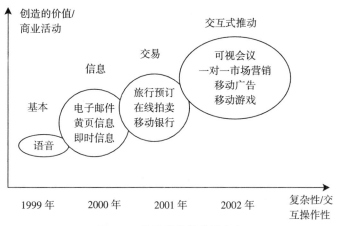

图 2-3　移动商务的发展方向

（二）移动商务价值链

价值链理论认为，现代企业可以看作是为了满足客户需求而建立起来的一系列有序作业的集合体。各种作业之间实际上形成了一个始于供应商，经过企业内部，最后为客户提供产品的作业链。而这些作业又伴随着价值的产生和成本的消耗，从而形成了一个价值链。公司内部的价值链通过采购又与供货商的价值链发生联系，直到最初的原材料供应商；同时通过销售以及售后服务作业与客户价值链发生联系，直到最终客户，由此形成了产业价值链。

与有线 Internet 用有限和通用的内容及服务关系把客户锁定在价值链的末端相比，今天的无线 Internet 的供应——驱动价值链将提供更开放、更个性化的模式，以及确立类似内容提供和集成商，移动门户供应商，移动网络运营商之间更扩散的关系。而这些参与者都将在移动商务产生的收入上分一杯羹。

相对于以前以提供传统语音业务为主的移动业务价值链，移动商务中的市场价值将由以前的传输转移到内容，由以前的运营商转移到内容供应商。据 KPMG 公司预计，移动商务 25% 的收入将分配给信息传输方面，而 75% 收入将提供给内容提供和集成商，并在移动门户供应商和移动服务商间分配。

在此还要强调的一点就是，负责支付的机构将在此价值链中作为一个重要角色而发挥推动移动商务的作用。尽管移动商务的主导支付方式还未决定，但银行因其是传统的支付机构而被认为是自然的支付机构。当然，由于运营上已经确立了向移动用户收费的体制，银行将会与运营商一起担任起移动商务的收费职责。

图 2-4 是移动商务的价值链示意。

45

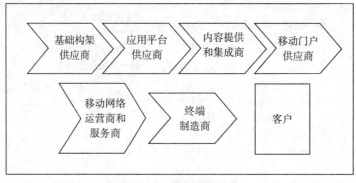

图 2-4 移动商务价值链

第二节 移动商务环境下的物流与供应链管理

随着移动商务的蓬勃发展，物流的重要性对移动商务活动的重要性日益显著。企业的物流与供应链管理对企业发展十分重要，尤其是在移动商务环境下，对供应链的要求也提高到了一个新的层次。第三方物流的发展将促进电子商务时代物流向移动商务时代物流的转变，同时也将推进移动商务向前发展。因此，加强物流与供应链管理的现代化建设，使其适应移动商务的要求，将直接推动和保证移动商务活动的健康发展。

一、移动商务中的物流

移动商务中的任何一笔交易都包括几种基本的"流"，即信息流、资金流和实物流。由此可见，物流是移动商务的重要组成部分。然而，物流在这其中是最为特殊的一种，即物质实际的流动过程，物流与移动商务存在着特殊的关系。

从移动商务的实际流程中，我们可以看到，移动商务集信息流、实物流、资金流于一身，是整个贸易交易的过程。物流是移动商务的组成部分，缺少了现代化的物流系统，移动商务过程就不完整，移动商务的发展将会受到巨大的制约。

二、移动商务与第三方物流

移动商务的优势之一就是能大大简化业务流程，降低企业运作成本。而移动商务下，企业成本优势的建立和保持必须以可靠和高效的物流运作为保证，这也是现代企业在竞争中取胜的关键。专业化的第三方物流的发展，已成为目前世界各国和大型跨国公司所关注、探讨和实践的热点。

（一）第三方物流的概念和内涵

第三方物流（Third-Party Logistics）通常又称为契约物流或物流联盟，是指从生产到销售的整个流通过程中进行服务的第三方，它本身不拥有商品，而是通过签订合同协定或结成合作联盟，在特定的时间段内按照特定的价格向客户提供个性化的物流代理服务。其具体内容包括商品运输、储存配送以及其他附加的增值服务等。它以现代信息技术为基础，实现信息和实物的快速、准确的协调和传递，提高仓库管理、装卸、运输、采购订货以及配送发运的自动化水平。

（二）第三方物流与移动商务

1. 移动商务中第三方物流的新特点

移动商务的发展，给全球物流业带来新的变化，使现代第三方物流具备了一系列新的特点：

其一是信息化。移动商务时代的第三方物流，是建立在现代移动通信技术基础上的，信息技术实现了数据的快速、准确传递，提高了仓储管理、装卸运输、采购、订货、配送发运、订单处理的自动化水平，使订货、包装、保管运输、流通加工实现一体化，企业可以更方便地适应信息协调和合作有可能在短时间内迅速完成。

其二是联盟化。第三方物流更加强调在供应链上的诸点之间"优势互补、利益共享"的共生关系。也就是说，移动商务环境下一个企业的迅速发展只靠自身的资源，其力量远远是不够的。因此，企业必须迅速寻找战略合作伙伴，通过联盟的方式形成竞争优势。第三方物流企业与第三方物流企业之间，第三方物流企业与客户之间，第三方物流企业与相关企业之间，必将形成重要的战略伙伴关系。第三方物流与客户企业的命运紧密相连，共生共存，共同发展。

其三是个性化。个性化是为了实现"以顾客为中心"，是在生产领域最初提出来的，但真正做到能根据消费者需求的变化来灵活调节生产工艺，没有配套的个性化的物流系统是不可能达到目的的。

2. 移动商务中第三方物流的作用

移动商务是在 Internet 开放的网络环境下，基于移动通信设备应用方式，实现商户之间的移动交易（B2B），消费者移动购物（B2C），即移动支付的一种新的商业运作模式，代表了现代物流的发展方向。

移动商务这种新经济形态，是由网络经济和现代物流共同创造出来的，是两者一体化的产物。如果要表述移动商务的内涵，我们可以提出以下公式：

移动商务=移动信息传递+移动交易+移动结算+配送

其简要流程为：首先，企业将商品信息通过网络展示给客户，客户可以随时随地通过移动通信设备访问网站，选择希望购买的商品，填写订单。其次，厂方通过订单与客户确认，告知收费方法，同时通过自己的应用系统组织货源。再次，客户通过移动结算交付货款，金融部门（或其他方式）通知买卖双方转移的结果。最后，厂方组织货物并发送到客户手中。整个过程如图 2-5 所示。

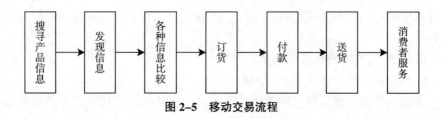

图 2-5 移动交易流程

通过分析以上流程，我们可以看到，移动商务是集信息流、资金流和物流为一身的移动交易过程。

3. 移动商务中第三方物流的发展

移动通信技术及其应用于电子商务领域的延伸即移动商务的发展，深刻地影响着第三方物流的发展进程。同时也为第三方物流带来了新的发展机遇。具体表现在：

（1）移动商务对配送要求的多样性和分散性为第三方物流整合系统内资源提供了内在的动力和外在的需求。移动商务的运作本身是没有时间和空间限制的，这打破了传统经营方式中地理范围的限制和电子商务中的时间限制。但是，移动商务为众多企业拓展市场的同时，也对企业的物流配送提出了全球化服务的要求。随着网络技术的发展，世界经济全球化的进程越来越快，中国加入 WTO 后，中国国内市场国际化和国际市场国内化的趋势将十分明显。能否为全球用户提供满意的网络服务将成为衡量中国物流企业国际竞争力的重要因素。物流配送的全球化要求中国物流企业对物流各系统的相关要素进行合理调整，选择最佳的物流配送模式，按照国际惯例来组织物流运作。同时，物流配送的全球化趋势也使得传统的生产企业不得不依靠专业的第三方物流企业提供物流配送服务，并且他们之间的关系变成了新型的战略伙伴关系。

（2）无线 Internet 的出现正改变着第三方物流产业的运营。第三方物流服务商有两种选择或者加入到移动交换中去，或者自己创立一个类似的服务。第三方物流平台由无线网络计算中心、物流信息中心通过数据库交换订单信息、出货信息和其他信息。无线网络计算中心涉及的 IT 应用主要有移动商店运作。同时，随着物流越来越依赖于移动通信工具来管理其仓储和库存活动，第三方物流服务商将在全球范围提供延伸的信息技术服务。现在许多第三方物流服务商开始与移动运营商结成同盟，以便为客户提供支持服务，同时提供"一站式"解决方案。

（3）移动商务的发展同时也拓展了第三方物流公司的业务发展渠道。第三方物流公司交易的是一种服务和信誉，随着人们认识的深入及移动商务的迫切需求，两者的战略关系越来越受到重视。第三方物流公司只有具备很好的物流信誉，才能更好地拓展此项业务渠道。

三、移动供应链管理

（一）移动供应链管理的概念

移动供应链管理（Mobile Supply Chain Management, MSCM）是移动商务的一部分，它基于供应链管理平台，利用移动通信技术、各种移动设备、计算机技术和互联网技术，对围绕提供某种共同产品或服务的相关企业的特定关键信息资源进行随时随地的管理，从而帮助企业实现整个渠道商业流程优化的一种新的供应链管理方式。

按照应用分类，移动供应链管理可以分为移动物流管理、移动供销管理、移动生产制造管理和移动库存管理。如图 2-6 所示。

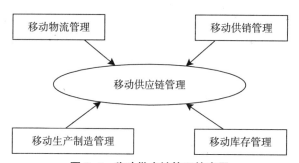

图 2-6　移动供应链管理的应用

通过移动供应链管理，二级供应商或二级经销商能够与核心企业进行实时的信息互动，加强核心企业对渠道的控制能力，缩短数量繁多而又分散极广的二级供销企业与核心企业、一级供销商的距离，使他们之间的联系更为紧密。另外，移动供应链管理还能够实现移动的订单管理。在库存管理中，通过利用移动设备或无线设备，使得对原材料和库存的管理能力大大提高。企业能够更好的追踪、分析、整合整个供应链上的库存，或更好地管理货物在供应链上从一个节点到另一个节点的转移。

（二）移动供应链的发展

移动供应链管理从概念的提出到实际的应用发生了较大的变化，这些变化是随着供应链管理理论的不断加深和移动技术的不断发展而产生的。在移动供应链发展的第一阶段，它仅仅在很小的局部范围内实施，移动供应链管理只能够处理简单的信息传递与交互。

不过，对于许多比较大的"纵向一体化"的企业，它们的工厂常常分布在地理上的各处，执行不同的功能。为了满足这些企业供应链管理的需要，移动供应链管理发展到其第二个阶段。这一阶段，移动供应链管理把收集的各工厂的数据信号通过 Internet 传递到总部，从而把分散在各地的工厂都与总部联系起来，实现企业内部供应链管理的整合。

第二阶段的移动供应链管理只能在一个企业内部使用，不能协调企业间的关系。因此，移动供应链管理发展到目前的"平台化"阶段，较好地解决了这个问题。此阶段，移动供应链管理具有不同于前阶段的两个重要要素：公用移动通信网络和移动供应链管理平台。两个要素都用以实现企业间信息的共享和交互，并都由第三方提供的，这大大降低了企业自建成本和维护的费用，加强了企业移动供应链管理系统的稳定性和安全性。这使移动供应链管理在移动供应链管理中得到广泛应用。这个阶段的移动供应链管理才是真正意义上的移动供应链管理。

在移动供应链管理未来发展的模式中，将主要在两方面取得更大的突破。一方面是人们手中使用的移动终端，其信息处理能力和便携性都将大大提高；另一方面是移动供应链管理的平台功能不断强大，能够渗透到供应链管理的各个层面。

（三）移动供应链管理模型

移动供应链管理的模式与传统的供应链管理模式不同。经典的供应链管理模式，以 SCOR（Soppy-Chain Openations Reference-model）模型为代表，描述了五个基本流程：计划（Plan）、采购（Source）、生产（Make）、发运（Deliver）和退货（Return）。此模型抽象了供应链流程的全过程。移动供应链管理模式则不同，它并不是供应链全过程的模式，而是各个利用移动供应链管理局部过程的抽象模式。

移动供应链管理的模式和移动商务的模式较为类似，但它们也有区别。移动供应链管理只是针对供应链管理的商务活动，它的专指性更强。并且，移动供应链管理模式还有包括实现跨企业信息互动的可能。

移动供应链管理模式分为三个层次：第一层为用户层，代表实际使用移动供应链管理的用户，包括直接使用移动终端的用户和使用供应链管理平台的企业；第二层为网路层，也可以称为通信层，是移动供应链信息流动的具体通道，包括移动终端、移动通信服务商、电信网络、集成运营商和 Internet 网络；第三层为系统平台层，包括供应链管理平台和移动供应链管理平台，它们共同实现移动供应链的具体功能并管理着整个移动供应链管理系统。

第三节　移动商务中产业链成员的发展战略

移动商务市场参与者有移动运营商、金融服务提供商、特约商户和内容服务商、内容整合和门户站点、移动终端提供商和 IT 行业等，这些参与者的共同驱动力在于相信移动商务市场能提高企业吸引客户的能力，以及长期的盈利前景。如图 2-7 所示。

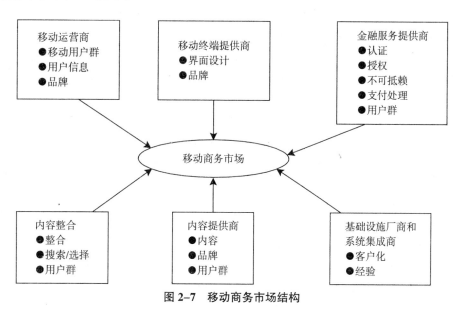

图 2-7　移动商务市场结构

移动商务市场的参与者呈现出既竞争又合作的态势。移动商务的成果，取决于传统与非传统参与者的一系列的合作与联盟，但是根据市场条件的不同，运营商与金融服务提供商也有可能采取谨慎态度。比如，对金融服务商来讲，尽管初期与运营商合作可以较快推出服务，但自身的批评会有所稀释，而且运营商有可能会逐渐架空金融服务商，所以在结盟时必须谨慎。总之，在移动商务活动中既有竞争也有合作，但合作是一个基本前提。在合作中，根据不同参与者的动机，所面临的障碍和在价值链中的定位不同，形成不同的市场战略。

一、移动运营商的战略

相对于其他的市场参与者来讲，在市场的早期，移动运营商最有可能在市场中占控制和主导的地位。移动运营商由于掌握着网络资源和客户群，能在很大程度上影响市场发展的方向。但移动运营商并不是一点顾虑也没有。移动运营商在未来五年内，面临多种多样复杂的选择。移动商务仅仅是其中一种增长途径，其他的还包括进一步扩展话音服务、提供移动办公应用等。进入提供信息和移动商务服务的市场的抉择不是很容易就能做出的，因为这些领域原来并不是蜂窝网络运营商的强项。但无论如何，移动运营商在移动商务方面都扮演着举足轻重的角色。移动运营商的品牌优势、用户信息、地理定位的信息、网络安全的机制、用户管理的机制等都对移动商务的市场有很大贡献。如何充分利用自己的优势，在商业模式、合作伙伴和特色服务等方面做文章，必须成为移动运营商长期的战略重点。所以，移动运营商必须采取以下措施：

（1）建立良好的客户服务体系，确保服务质量，同时为了扩大移动商务市场的整体规模，在提供终端和服务时要采取鼓励性的价格政策，提供多样性的无线数据服务以促进流量的提高。

（2）与内容提供商和金融服务商形成伙伴关系。因为移动商务市场上内容的重要性会越来越突出，而移动运营商通常都没有办法很快变成大型内容管理者或电子商务提供者；长远来看，内容和金融服务应该成为移动运营商的核心业务，而不仅仅是一项增值业务。

（3）建立自己的门户站点。与有线领域相比，无线领域中的门户站点显得更重要。而运营商在建立无线门户站点后，才会有其天生的优越性。

（4）为第三方提供服务集成和管理，以此获取收益。移动运营商利用在网络和用户管理方面的优势，可以提供个性化和组合的服务，利用已有的话单计费系统来提供电子商务支付服务，提供社区服务和基于定位的服务。

二、金融服务提供商的战略

对金融服务提供商来讲，移动商务既是机遇，又是挑战。金融服务提供商的服务，是移动商务必不可少的环节，所以有很多参与者需要同金融服务提供商结盟。但长期来讲，金融服务的边界会模糊，因为这些其他参与者也会逐渐实现某种金融服务的功能，如运营商可能有预付费服务等，这实际上是一种变相的储蓄服务。在中国，何时会出现这种局面，取决于金融管制的开放和金融市场的竞争。

金融服务提供商在移动商务市场上扮演三方面的角色：①提供内容。②为其他核心服务提供支付服务。③为交易提供安全认证。

所以在战略上金融服务提供商必须：

（1）与运营商形成伙伴关系，特别在支付方面。但金融服务提供商最好不要局限他们的顾客只使用一家运营商的移动金融服务。如果他们的顾客原来就使用别的运营商，更换后可能会有所不满。

（2）提供在移动平台上有用的服务。不是所有的金融服务都需要在手机上实现，有些应用比其他应用更适合于移动的特点，例如信用提示、查账和转账等。

（3）提供安全性保障。金融服务提供商最大的资产是消费者、商家和零售商对安全支付体系的信任。

（4）积极建立品牌。应该要注重对银行真正的资产（亦即服务和客户关系）建立品牌，而不要被移动终端的新形式所迷惑。

三、内容提供商的战略

尽管在目前，由于网络带宽和终端等方面的限制，还无法提供流媒体的信息，但这并不是说内容就可以是枯燥乏味的。用户往往会被那些既有价值和时效，又是个性化和面向地理定位的服务吸引，那么提供有这些特色的服务，不但可以使内容服务商在初期获得市场成功，而且可以为长期的成功打下良好的基础。

内容提供商必须做到以下关键点：

（1）认识到只需少量数据传输的简单应用就能成功，用户会比较接受这些应用，即便以前是没有这些需求的。

（2）谨慎地与移动运营商结盟。运营商一般能提供有效的市场通道，但内容提供商必须清醒地意识到自身的品牌有可能会被运营商品牌所淡化，所以即便与运营商合作也要尽可能避免排他性。

（3）与内容整合商建立伙伴关系，以便使自身内容能在内容整合商的门户站点上被访问到。在某些情况下，也可以同电信技术厂商和终端厂商建立合作关系。

（4）创建冲动型的应用。在早期，建立市场份额的机会有很多，趁此机会可以建立现成的购物市场以及其他产生盈利的业务。关键在于这些应用必须要有新意，能吸引用户。如在现实和虚拟世界中进行购物比价甚至交易服务，可能会吸引大量的用户。

（5）为将来的市场做准备。购物服务在目前还受支付体系的影响，其技术手段和提供商都较不明确，所以发展尚不充分。但长远来看，移动购物的环境会不断完善，移动电子钱包的出现，更将给含小额支付的内容市场带来新的生机。另外，随着技术的发展，视频多媒体的内容也会受到越来越多的年轻人的欢迎。

四、内容整合商的战略

许多内容整合和管理服务的参与者本身就是固定互联网上的门户站点。内容整合商由于拥有广泛的信息来源，并对提供个性化服务有经验，所以在移动商务市场中扮演重要的角色。目前已有一些门户站点提供 WAP 服务，但这些门户网站大都还处于起步阶段。关键问题在于用户终端和网络带宽方面的局限。在很多情况下，内容需要重新组织，随着终端和网络的演进，管理这些内容的成本也会较大。

内容整合商应该注意以下各个方面：

（1）吸引用户，注重网上社区的建设。只有客户忠诚度提高了，门户站点的品牌知名度才会提高，广告商才会愿意在该门户站点上投放广告。

（2）谨慎选择运营商合作伙伴。尽可能避免排他性的关系，在过强的合作伙伴面前失去自主性。通常运营商本身也会提供门户服务，他们可以在手机上预设自己的站点，只要这些站点有足够吸引人的内容，非运营商的门户站点会在竞争上处于劣势。

（3）与移动技术厂商形成战略合作伙伴关系。移动技术厂商掌握平台服务器和网关以及移动终端的关键技术，可以为内容整合商提供技术上的咨询，并且可以帮助把内容整合商的服务进行打包推向市场。

（4）认识到门户站点的关键的差别化措施是个性化，而且个性化是一项关键的长期目标。门户站点必须现在就开始注意积累有用的客户信息，并且在数据库和数据挖掘方面下工夫。

五、系统集成商的战略

系统集成商在移动商务市场的早期就是实际的获利者。因为他们在改造网络中创造了价值。在这一时期，系统集成商有机会参与行业标准的制定而获得长期竞争优势。然而，同时也暴露出一些问题，如项目实施缺乏长远规划、重战术而轻战略，标准化、模块化较差等。移动商务项目的实施需要从组织整体的战略目标出发，而不能仅仅关注短期的业务目标。

系统集成商必须着重注意两点：

（1）与企业应用集成工具软件（EAI）厂商建立伙伴关系，因为这些厂商对集成一系列的系统有特定的专长和技术，而且使用模块化和系统化的方法。有了好的中间件工具的帮助，系统集成商可以避免系统开发时点对点拼凑的弊端。

（2）扩展竞争能力，努力满足市场需求。系统集成商需要获得无线网络、安全性和应用管理的专业知识，以提供完全的解决方案。在某些情况下，合作和并购也是提高系统集成商专业技能水平的可行办法。

六、设备和智能卡厂商的战略

移动商务使不同的设备厂商融合在一起。这些来自不同领域的厂商对该市场都有独特的贡献，但没有哪家厂商可以统揽所有方面，所以合作就成为市场战略的主题。在移动商务环境中，需要用到 SIM 卡，而且 WIM、USIM 等更高级的技术都是以智能卡的技术为前提。所以，智能卡市场现在呈现欣欣向荣的景象，参与者众多，竞争激烈。各种方向的标准化工作也正在如火如荼地开展。在这种状况下，设备和智能卡厂商必须：

（1）重塑自身，增加附加值，扩展到增值服务和新的智能卡应用技术领域中，因为光提供硬件已无法适应未来的市场。

（2）关注"使用方便"这一要领。许多人不愿意使用手机的某些功能，因为这些功能显得太复杂。在这一方面，永远有改善的余地。特别在手机浏览器上的开发，对移动商务的推广有至关重要的意义。

（3）把终端和应用做得更有趣。用户需要看到，不用原来的工具而使用移动商务应用和服务的具体优点。把这些东西做得更吸引人是很重要的一个环节。可以考虑的方式有手机的屏幕保护、照片、动画等。随着处理器、内存和显示屏幕的性价比不断提高，这一方面的可能性会越来越大。

（4）内嵌蓝牙。第三代的移动网络的数据传输和处理速度会更快，提供的多媒体应用也更多。用户更需要各种终端，包括电脑、手机、PDA 和各种智能设备能互联互通。蓝牙技术使这些成为可能，所以有广阔的市场空间。

七、软件厂商的战略

软件厂商在很多方面都得益于移动商务。软件厂商有三类：应用管理系统提供商、支付系统提供商和安全组件提供商。这三类厂商都有各自的机遇和挑战。

应用管理系统源自于智能卡的功能管理。很多在智能卡上的元素、变量和配置，在移动商务中可以演变为应用管理系统。

支付系统提供商有多种解决方案提供给运营商和银行。其一是直接把账单加在话单里；其二是信用卡。

安全组件供应商毫无疑问在移动商务中是不可或缺的参与者，而且可以肯定 PKI 密钥体系会在移动商务中发挥重大作用，但需要明确：谁颁发密钥、密钥有没有可能在不同场合得到复用，以及如何使安全操作和密钥管理对用户透明等。

第四节　I-Mode 模式给移动商务企业的启示

一、NTT DoCoMo 的发家史

1992 年 DoCoMo 从它的母公司日本 NTT 脱离了出来，演绎了这场 I-Mode 的移动通信模式革命。虽然当时的 NTT 是日本市场上最大的电信公司，对市场高度垄断，经营模式十分呆滞、死板，但是大部分员工还是不愿意离开它而去新的 DoCoMo 公司上班。因此 DoCoMo 的前领导人决心与传统决裂，从头开始，他从其他公司招募了许多新的员工，并决定要创立一种新的移动通信模式——I-Mode，英文含义就是：我的模式。从这个名字或者可以窥视出 DoCoMo 要创造个人通信新特色的决心。1999 年，I-Mode 模式应运而生。

二、I-Mode 成功原因分析

综观"I-Mode"的发展，其成功因素主要有以下几点：

（一）内容

对于 DoCoMo 来说，内容有着重要的意义。NTT DoCoMo 服务中心提供的不是一般的用户服务，NTT DoCoMo 指定内容供应商的网站并提供具有竞争力和吸引力的方案。用户通过移动电话每天都能看到全世界各个著名公司的图表和品牌名称，还可以玩迪士尼的游戏，或者了解 CNN 的最新新闻标题等。

"I-Mode"占有日本移动互联网市场 70% 的份额，优势之一在于它为客户提供丰富的内容。从内容角度来讲，"I-Mode"网站可分为两种基本类型：官方网站和非官方网站。每一个"I-Mode"移动电话上的菜单里都自动存储了官

方网站的网址，这些网站都是经过 DoCoMo 公司许可建立的，受公司的控制和监管。非官方网站则没有出现在移动电话的菜单里，但是可以输入 URL 访问这些网站，或者用电子邮件把网站的网址传送到手机上。最初，"I-Mode"指定内容供应网站（即官方网站）就达到了 501 个，非官方网站 10000 个。为成为有限的指定网站和享受 NTT DoCoMo 对官方网站的特别政策，内容供应商之间的竞争激烈；NTT DoCoMo 严格的审核程序，它能挑选出特别有吸引力的内容，从而吸引了更多的用户。

（二）标准

"I-Mode"系统的标准，是 DoCoMo 主导的主流系统设备制造商、终端制造商、内容提供商共同指定的并被广泛接受的标准。这一标准涉及很多方面，有系统设备、终端设计，还有统一开放的"I-Mode"技术平台等。在当时，主流的 WAP 技术还没有得以商业运用，也没有其他的技术可供选择的背景下，DoCoMo 大胆地使用了基于 HTML 的技术，研究新业务的收益点，探索无线商务应用新的商业模式。一方面，"I-Mode"的浏览器采用简化的 HTML 语言即为 iHTML 作为网页编程语言，内容提供商可以使用 iHTML 直接创建适用于"I-Mode"的服务站点；另一方面，因为 iHTML 对于 HTML 来说，只是在很少的部分进行改动，所以对于已经存在的大量 HTML 格式的互联网网站，可轻易地转换为"I-Mode"格式，这样，加入到"I-Mode"应用的网站也就越来越多了。"I-Mode"手机使用 iHTML 微型浏览器，只要输入网址或安装"I-Mode"搜索装置，然后按一下手机上专供"I-Mode"使用的按钮，即可实现上网，用户通过结合使用 4 个按钮（向前指针、向后指针、选择、倒退/停止），就可以完成一系列基本操作，使用十分方便。

由于"I-Mode"平台的技术标准是开放的，任何内容提供商都可提供与"I-Mode"兼容的网站，DoCoMo 公司把这样的网站分为两类：一类是属于正式合作伙伴的官方网站，列在 DoCoMo 的 I-Menu 列表中，DoCoMo 可以代收信息费；另一类是自愿支持的非官方网站，通过"I-Mode"手机输入网址即可访问，NTT DoCoMo 不代为收费。

2001 年 10 月，DoCoMo 公司推出了基于第三代移动通信技术的 FOMA，再次走到了移动互联的世界前沿，把"I-Mode"推向了一个新的应用水平。FOMA 具有通信速度快、通话质量高的特点，下行最大传输速度可达 384kbit/s，比传统"I-Mode"通信速度快了大约 40 倍，从而实现了更快速、平稳的数据通信。

之后，DoCoMo 开始研究 3G，该公司每年花费近 76 亿美元，用于建立世界上第一个 W-CDMA 系统，而 DoCoMo 为了领先潮流，目前又号称向 4G、5G

进军。

(三) 电话设备

用户必须使用能够连接到互联网的电话，才能使用无线互联网。由于DoCoMo能够控制电话产品的设计，因此这样的电话在日本很早就出现了。

可上网手机需要大的显示屏幕。日本最流行的可上网移动电话的显示屏幕的面积超过 2 平方英寸。这种电话最早在 1999 年初就问世了，到 2000 年底，这种尺寸的屏幕和上网功能已经成为几乎所有日产手机的标准性能。这样的屏幕可以显示 100 个日本字，尽管日本字比罗马字母要紧密一些。即使是已注册用户，也只需不到 100 美元就可以购买到这样的手机。

(四) 费用

由谁来付费，价值体现在哪一点上是最重要的问题。付费的当然是用户，价值最大的体现点应该是内容提供商。也就是说，技术并不是最大的商业价值点，而是通过这样的技术能提供什么样的服务才是最大的商业价值点。搭建一个平台，使大家共同参与价值链，共同开发商业运营。"I-Mode"的发展，正是体现了这种基本的理念。

众所周知，互联网的绝大部分内容不收取任何费用，但相当多的"I-Mode"内容会收取少量费用，如每月 1~3 美元不等，NTT DoCoMo 代内容供应商收取月费或订阅费。日本的主要内容供应商 CYBIRD 认为，之所以内容供应在日本可以收费，是由营运商限制在其门户登列内容的政策所致；所有当地的营运商会根据自己的标准选择一定数量的内容供应商作为其门户网站指定内容供应商；指定供应商通过营运商收取内容月费或订阅费。

指定网站会被嵌入 NTT DoCoMo 门户网站的功能条中，从而在这个日本浏览量最大的移动互联网门户网站上享有一席之地。而且，很多指定内容供应商提供需付费的内容，NTT DoCoMo 用户的订阅费或消费付费可由 NTT DoCoMo 代指定内容供应商收取，前者从中提取 9%的佣金。

"I-Mode"采用分组网来提供信息，将原来无线网络分组化，用户即使接通也不收通话费，只根据所传输的信息量收费，这是"I-Mode"成功的重要因素。

(五) 开放

"I-Mode"手机具有简单 PC 功能，通过它可以上互联网。手机采用无线分组传输方式，开发成一个完全开放的系统，无论是谁都可以接到"I-Mode"，目前已有 25000 个资源网络接到了"I-Mode"上，网络信息资源极为丰富。

目前，欧洲和中国使用的 WAP 业务，它的技术语言和互联网不是同一种语言（即 HTML 语言），所以在提供内容方面比较困难，而"I-Mode"用的技术语言是 HTML，是和互联网使用的同一种语言，可以为很多网站提供各种信息，这使得"I-Mode"在竞争中处于一个非常有利的地位。

（六）基础设施

在欧洲 WAP 的发展不够快，主要是由于基础设施的建设的落后。无线互联的基础设施主要是网络，网络不实现分组化或没有分组网络是不行的，进行无线数据传输，利用过去的线路交换的方式是不行的，有时会出现线路中断的现象，所以必须实现分组网络，这是一个基础。而日本的无线和有线网络基础设施建设得比较完善，这为"I-Mode"业务的开展提供强有力的支撑。

三、I-Mode 的运作模式分析

I-Mode 准确地把握了日本民族的文化和市场消费习惯，针对"普通"用户市场，而非某个特定细分市场推出业务运作模式和产品。但这也从一个侧面解释了 I-Mode 在海外市场遭到的挫折，那是因为它与当地市场不匹配。因此，我国运营商不能照搬别人的业务模式，要确实俯下身来，深入研究国内市场需求，开发匹配我国消费者需求的产品和服务。

I-Mode 在技术和开发性上，选用了内容服务商最易实现的技术方案，创造了一个良好的商业环境；尽量有利于第三方内容提供商，而不是只对移动运营商或者终端制造商有利。竞合是今天商场上的主旋律，"内容为王"也是现实，我国电信运营商要给合作伙伴足够的尊重和空间。

I-Mode 得益于 DoCoMo 在日本移动通信市场份额的绝对优势，并结合技术标准地位，牢牢控制了产业生态系统的主导权。内容服务商只有很好地与其合作，才能获得更多的收益。这反过来也使得 I-Mode 的内容资源越来越丰富，客户可选服务多。客户规模在 3G 数据业务时代将显得更为重要，特别是针对细分市场的业务更是如此。

I-Mode 是业务运作平台，而非具体产品，所以有高度的适应性、扩展性和移植性。同时，DoCoMo 在品牌打造上投入巨大，极大地提升了 I-Mode 的影响力。这两者需要共生，否则就会得不偿失。对中国移动"移动梦网"这类平台模式来说，即便进入 3G 时代，也适宜改造，不能推倒重来。

I-Mode 定价充分考虑了本地市场消费者的承受能力，特别是 I-Mode 发展之初，日本固定互联网普及率低、资费高，而 I-Mode 的资费相对较低，极大地吸引了消费者。而我国今天的情况是，固定互联网低接入费，内容丰富而多免费，这是移动运营商必须直面的现实和应对的问题，否则高端数据业务很难发展起来。

四、I-Mode 的模式革新

I-Mode 模式诞生 12 年后的今天，日本通信市场基本饱和，软银版 iPhone 来势汹汹，如何增加现有用户黏性成为 NTT DoCoMo 的核心任务。面对开放大势，以往一贯以封闭取胜的 NTT DoCoMo 也采取了相应的革新措施，以求在下一轮竞争中保持领先地位。

(一) 终端定制向非嫡系开放

对终端定制的强有力控制是 NTT DoCoMo 成功运营 3G 的重要手段。NTT DoCoMo 通过参与手机终端研发，采取定制手机方式，不断推出手机新品，提高了手机性能，降低了手机价格，解决了手机终端"瓶颈"问题，逐渐满足了 3G 用户需求。

NTT DoCoMo 对终端制造商采取"让利不让权"的方式，要求所有定制的终端业务都要自己包装、销售，但将利润中的绝大部分都让给终端和业务提供商、渠道零售商。这种近似"完全让利"的行为带来了制造商和渠道商对手机定制的积极性，构成了一个新业务、新终端快速面世、全面营销的良性循环。

但这一传统由于智能手机时代的到来而发生了根本性的变化。下一步，NTT DoCoMo 欢迎更多手机厂商加入其定制队伍。

甚至在手机方案上，出于降低研发成本、吸纳更多成熟方案的考虑，NTT DoCoMo 也迈出了历史性的一步，与优秀的方案公司合作，如 MTK。

(二) 低价打造"杀手级终端"组合

为了对抗软银 iPhone 带来的市场竞争压力，NTT DoCoMo 加大了智能终端的研发力度。为了在终端上吸引用户，NTT DoCoMo 甚至反向思维，推出了具有通信功能的照相机。这种"组合式"杀手级终端策略取得了一定的成功。据悉，软银推出 iPhone 后，NTT DoCoMo 用户离网率在 0.4%~0.5% 左右，这个比例相对于软银同期 1.3% 左右离网率已经很低。

不仅保证智能终端的款式和品质，NTT DoCoMo 也在持续加大对智能手机的补贴力度，据了解，日本电信运营商目前普遍采用用户负担一部分终端费用+运营商补贴的方式来进行终端补贴，通过补贴，NTT DoCoMo 目前正在销售的最新智能手机每台在 4 万~5 万日元（合人民币 3200~4000 元），稍早一些的款式为 2 万~3 万日元（合人民币 1600~2400 元），在经济发达的日本已经十分低廉。

(三) I-Mode 入驻 Andorid 发挥余热

为了在最大限度上增加现有用户的黏性，满足 NTT DoCoMo 传统用户在从 PHS 手机向智能手机过渡后使用 I-Mode 的习惯，NTT DoCoMo 将 I-Mode 平台中的一部分业务植入 Andorid 平台。将 I-mode 植入 Andorid 平台的最大意义在于发挥余热，为 NTT DoCoMo 增加用户黏性。

第五节　移动商务的典型应用

移动互联网应用和无线数据通信技术的发展，为移动电子商务的发展提供了坚实的基础。目前，推动移动电子商务发展的技术不断涌现，主要包括：无线应用协议（WAP）、移动 IP 技术、蓝牙技术（Bluetooth）、通用分组无线业务（GPRS）、移动定位系统（MPS）、第三代移动通信系统（3G），与此同时，基于移动商务的典型应用也是层出不穷。

一、移动商务短信平台的应用

（一）来访信息查询

移动商务短信平台可按时间、地域和访问栏目查询来访手机号及留言，此功能的运用可为企业主自动锁定目标受众，便于企业促销、宣传活动的高效开展，为企业省钱省力。

（二）通信簿功能

移动商务短信平台具备用户分组、号码添加、号码查询、通信信息导出功能，用户可随时随身进行通信簿管理和功能使用，方便、快捷。

（三）短信功能

短信群发与移动实名功能联合使用，移动实名能为企业锁定需求目标，而短信发送功能则能为需求用户发送需求信息，实施精确营销，花费少、效果好。

（四）抽奖功能

移动商务短信平台的这个功能是为企业客户维护和开发而设计，企业在某一时间和地域进行宣传活动时，可按时间、地域、中奖人数、奖项等条件进行设置，进行抽奖活动，给中奖者送出大礼，有效地维护了老客户且强有力的吸收了新客户。

（五）留言功能

用户发送"移动实名+留言栏目号+内容"进行留言。此功能让用户和企业进行着亲密接触及有效的交流，使企业在第一时间获得用户的反馈和建议。

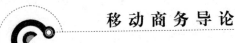

二、移动商务 WAP 平台的应用

（一）展示功能

在企业 WAP 上展示图文并茂的信息，可让客户进行全方位的了解企业，向客户传播企业的形象、实力等。

（二）陈列功能

通过企业 WAP 上完善的产品介绍，可以让产品突破时间、空间的限制走进客户生活。

（三）导购功能

为用户提供在线咨询和帮助，让企业和访问客户亲密交流，用户直接可以在线订单。

（四）移动办公功能

通过企业 WAP 上的移动邮局收发电子邮件，以"迅捷、安全、高效"的显著功能，提高办公效率。

（五）营销功能

企业 WAP 上的短信群发、准告的服务优势，让企业的品牌，快速、精确定位的传播，是企业开展"移动定向营销"的最佳选择。

（六）支付功能

使手机变成新的金融及身份辨识工具，通过 WAP 上的无线支付功能，为企业、个人提供更安全、更可靠的个性化的服务。

（七）掌上娱乐

WAP 上更多的游戏、动漫、时尚、生活等休闲娱乐世界，更便捷的操作方式，让消费者随时随地畅想移动所带来的无限生活的乐趣。

三、移动商务所提供的服务

目前，移动电子商务主要提供以下服务：

（一）银行业务

移动电子商务使用户能随时随地在网上安全地进行个人财务管理，进一步完善互联网银行体系。用户可以使用其移动终端核查其账户、支付账单、进行转账以及接收付款通知等。

（二）交易

移动电子商务具有即时性，因此非常适用于股票等交易应用。移动设备可用于接收实时财务新闻和信息，也可确认订单并安全地在线管理股票交易。

（三）订票

通过互联网预订机票、车票或入场券已经发展成为一项主要业务，其规模还在继续扩大。互联网有助于方便核查票证的有无，并进行购票和确认。移动电子商务使用户能在票价优惠或航班取消时立即得到通知，也可支付票费或在旅行途中临时更改航班或车次。借助移动设备，用户可以浏览电影剪辑、阅读评论，然后订购邻近电影院的电影票。

（四）购物

借助移动电子商务，用户能够通过其移动通信设备进行网上购物。即兴购物会是一大增长点，如订购鲜花、礼物、食品或快餐等。传统购物也可通过移动电子商务得到改进。例如，用户可以使用"无线电子钱包"等具有安全支付功能的移动设备，在商店里或自动售货机上进行购物。

（五）娱乐

移动电子商务将带来一系列娱乐服务。用户不仅可以从他们的移动设备上收听音乐，还可以订购、下载或支付特定的曲目，并且可以在网上与朋友们玩交互式游戏，还可以游戏付费，并进行快速、安全的博彩和游戏。

（六）无线医疗（Wireless Medical）

医疗产业的显著特点是每一秒钟对病人都非常关键，在这一行业十分适合于移动电子商务的开展。在紧急情况下，救护车可以作为进行治疗的场所，而借助无线技术，救护车可以在移动的情况下同医疗中心和病人家属建立快速、动态、实时的数据交换，这对每一秒钟都很宝贵的紧急情况来说至关重要。在无线医疗的商业模式中，病人、医生、保险公司都可以获益，也会愿意为这项服务付费。这种服务是在时间紧迫的情形下，向专业医疗人员提供关键的医疗信息。由于医疗市场的空间非常巨大，并且提供这种服务的公司为社会创造了价值，同时，这项服务又非常容易扩展到全国乃至世界，我们相信在这整个流程中，存在巨大的商机。

（七）移动应用服务提供商（MASP）

一些行业需要经常派遣工程师或工人到现场作业。在这些行业中，移动MASP 将会有巨大的应用空间。MASP 结合定位服务技术、短信息服务、WAP 技术，以及 Call Center 技术，为用户提供及时的服务，提高了用户的工作效率。

本章案例

我国移动商务发展研究

目前，人们逐渐意识到了融合移动通信技术的电子商务将具有更大的潜力，移动电子商务的市场普遍被业内人士看好。近日，B2C 网站麦考林、网上专业鞋城乐淘网陆续推出手机业务，正式加入移动电子商务的争夺战中。由于 3G 的迅速普及，移动互联网成为当下的一个劲爆点，移动电子商务市场的潜力令互联网企业蜂拥而至，B2C 移动电子商务竞跑正式拉开帷幕。在移动通信和电子商务技术发展的触动下，一种新型的电子商务模式已显示巨大市场潜力，这便是移动电子商务。

据中国电子商务研究中心讯：近年来，随着移动用户的迅速增加，以及移动通信技术在信息化领域的应用向纵深发展，我国移动电子商务发展开始步入快车道。艾瑞咨询的调查报告显示，2009 年，中国移动电子商务用户规模已达到 3668.4 万户，移动电子商务交易规模达到 60 亿元，国内移动电子商务正进入高速增长期。

一、我国移动电子商务的发展史

移动电子商务不仅是"M-Commerce"，而是"M-Business"的概念，扩展到整个事务处理的各个环节。因此不再局限于手机应用本身，而是与商务活动各环节相关，与实体经济、生产服务结合得更加紧密。移动电子商务（M-Commerce），是指用户利用移动电话、PDA 或者掌上电脑等移动终端依托无线互联网而进行的电子商务活动。随着移动通信技术和计算机的发展，移动电子商务的发展已经经历了三代。

第一代移动商务系统是以短信为基础的访问技术，这种技术存在许多严重的缺陷，其中最严重的缺陷是实时性较差，查询请求不会立即得到回答，由于短信信息长度的限制也使得一些查询无法得到一个完整的答案。

第二代移动商务系统采用基于 WAP 技术的方式，手机主要通过浏览器的方式来访问 WAP 网页，以实现信息的查询，部分地解决了第一代移动访问技术的问题。第二代的移动访问技术的缺陷主要表现在 WAP 网页访问的交互能力极差，因此极大地限制了移动电子商务系统的灵活性和方便性，WAP 网页访问的安全问题对于安全性要求极为严格的政务系统来说也是一个严重的问题。

第三代移动商务系统采用基于 SOA 架构的 Webser-vice、智能移动终端和移动 VPN 技术相结合的第三代移动访问和处理技术，同时融合了 3G 移动技术、智能移动终端、VPN 数据库同步、身份认证及 Webservice 等多种移动通信、信息处理和计算机网络的最新前沿技术，以专网和无线通信技术为依托，使得系统的安全性和交互能力有了极大的提高，为电子商务人员提供了一种安全、快速的现代化移动商务办公机制，逐渐成为移动电子商务的主流发展方向。

二、我国移动电子商务的发展现状

随着 3G 时代的到来，移动终端和互联网的融合成为必然趋势，移动电子商务就成为各大网商提前竞逐的领域。种种迹象表明，电子商务竞争的战火正烧向移动互联网领域。麦考林手机应用程序和乐淘 iPhone 手机版的上线，标志着 B2C 网站的竞争开始从传统的 PC 端正式迈入手机端，B2C 移动电子商务竞跑的大幕正式拉开。中国电子商务研究中心于 2011 年 8 月 5 日发布的《2010 年中国电子商务市场数据监测报告》(上) 显示，截止到 2010 年上半年，中国移动电子商务实物交易规模达到 13 亿元，用户规模已达到 5531.5 万。艾瑞咨询预计 2012 年我国移动电子商务用户将接近 2.5 亿。

移动电子商务最初以移动支付应用为主，电信运营商的"手机钱包"和"手机银行"就提供这类业务，消费者可以通过手机购电影票、超市购物、公共事业缴费等。随着移动电子商务应用逐渐由社会生活向经济领域延伸，移动电子商务的内涵不断深化，与实体经济、生产性服务结合更加紧密。2007 年 6 月开始，原国务院信息办组织实施移动电子商务试点示范工程，确定了转变经济发展方式、方便百姓生活和带动战略产业发展三大目标，并批准在湖南省、重庆市、广州市开展移动电子商务的试点工作。目前，试点示范工程已经取得了突破性进展，三大目标正在逐步实现，初步显现了效益和潜力。

湖南省、重庆市、广州市在公共交通、公共事业缴费、消费购物、一卡通、电子票务、旅游、金融、医疗、教育等领域开展了多项试点应用，为百姓的日常生活带来了诸多便利，这些应用正在改变百姓的衣食住行等生活方式。基于 RFID 的非接触式手机支付方便、快捷，用户无须签单、无须输入密码，一刷即可完成小额支付；通过公共事业缴费系统，用户足不出户即可完成水费、电费、煤气费、有线电视费、手机话费缴纳等日常操作；通过一卡通应用，用户可以借助手机完成停车、门禁、物业缴费、社区消费等多项活动。

重庆市的手机支付应用在交通领域获得长足进步。截至 2010 年 2 月底，该市轻轨用户数突破 10 万，当月轻轨刷卡次数超过 100 万次，月刷卡净额超过 200 万元，使用手机支付的轻轨乘客目前已占到轻轨总乘客量的 35%。

广州市的移动商城网站目前可提供实体和虚拟商品等九大类共 1 万多种商品的销售。该商城 2009 年累计活跃用户 2500 万，最高月销售额突破 300 万元，累计销售额超过 3500 万元；2009 年手机购彩销售额达 3500 万元，与上年同期相比增长 50%。手机电影票涵盖市内 12 大电影院，累计销售 8 万张，销售额 350 万元。

成都市初步规划建"1+5"支撑体系规划建设成都移动电子商务产业基地，以中国银联手机支付营运中心为核心，聚合形成多个功能中心，形成"1+X"基地支撑体系。

B2C 网商对手机电子商务的热情早已显现。为了在新一轮的移动电子商务大战中将蛋糕做大，国内各大商家奇招尽出，力拓这片业务新蓝海。淘宝网 2008 年开始"试水"移动电子商务，当当网、卓越网、京东商城等大型电子商务网站陆续布局移动互联网，推出了手机业务。百度 CFO 李昕皙也透露，百度未来的投资方向重点除了搜索外，还有一个就是移动互联网领域。

各家具备前瞻意识的电子商务公司开始在移动支付、移动 IM、移动搜索、移动旺铺、移动定位等领域抢先战略布局。无独有偶，网盛生意宝也宣布拟将一款名为"生意搜"的电子商务搜索产品搬上 3G 手机，进行移动电子商务的战略布局。中国移动电子商务的发展会趋向于普及化、常态化、服务化、多元化、诚信化、安全性、多种模式共存。

三、总结语

移动电子商务的各种发展条件已经成熟或正在成熟，其发展前景将会是十分诱人的，而且具有独特的性质。表面上，技术的进步和安全性问题的解决促使移动电子商务沿着传统的电子商务一样的方向发展。但实际上两者是有区别的：电子商务是发展成电子商业（E-business），而其中 B2B 应用又要比 B2C 应用更普遍。而在移动电子商务中，却可能走另外不同的模式。银行服务、股票交易和各类订票将是驱动这个市场发展的主要因素。

资料来源：电子商务专业实践网，http://www.zk365.com，2011-06-23.

问题讨论：

1. 我国移动商务模式同传统模式相比有哪些特点和优势？
2. 我国的移动商务可以从 I-Mode 模式中得到哪些启发？

本章小结

传统商务的任何一笔交易都包含三种基本流：实物流、信息流、资金流。在传统商业企业中，商品流通过程是以实物流（商品的实际流动）为物质基础，信息流（商品基本信息的流动）贯穿始终，导引资金流（货币流动）正向流动的动态过程。在传统商务活动中，信息流更多地表现为票据资料的流动，它贯穿商品交易进程始终，记录整个商务活动的流程，是分析实物流、导向资金流、进行经营决策的重要依据。

移动通信技术的发展带动了移动商务的发展，传统的B2B、B2C电子商务也开始由固定的IP网络拓展到无线网络。基于无线网络的服务更加及时方便，随时随地可用，为电子商务公司提供了新的商机。不同企业为了充分利用无线网络达到最佳的商业效果，必然会根据自身的经营特点，采用不同的移动商务的运作模式，制定适合自身发展的移动商务战略，利用适合的商业模式实现移动商务交易。

随着移动商务的蓬勃发展，物流的重要性对移动商务活动的重要性日益显著。企业的物流与供应链管理对企业发展十分重要，尤其是在移动商务环境下，对供应链的要求也提高到一个新的层次。第三方物流的发展将促进电子商务时代物流向移动商务时代物流的转变，同时也将推进移动商务向前发展。因此，加强物流与供应链管理的现代化建设，使其适应移动商务的要求，将直接推动和保证移动商务活动的健康发展。

移动商务市场参与者有移动运营商、金融服务提供商、特约商户和内容服务商、内容整合和门户站点、移动终端提供商和IT行业等，这些参与者的共同驱动力在于相信移动商务市场能提高企业吸引客户的能力以及长期的盈利前景。

67

本章复习题

1. 传统的商务流程及其运作方式有哪些？试就传统的商务流程与运作方式与移动商务流程与运作方式进行比较分析。

2. 各种模式在移动商务中是如何实现的？

3. B2B移动商务模式有何特点？其过程是怎样的？

4. 中国市场典型网络移动商务模式有哪些？

5. 什么是移动供应链管理？分析主流移动供应链的特点。

6. 试述移动商务中的物流与电子商务中的物流的异同。

7. 何谓第三方物流？它与移动商务有何关系？

8. 移动商务产业链成员的战略是什么？

第三章

移动商务的网络通信平台

学习目的

知识要求 通过本章的学习，掌握：

● 计算机网络通信技术与 Internet 技术
● EDI 增值网络技术
● 移动通信与移动计算机网络
● 其他相关技术与应用

技能要求 通过本章的学习，能够：

● 了解计算机通信与 Internet 相关技术
● 理解 EDI 增值网络
● 理解移动通信技术与移动计算机网络
● 了解其他相关技术及其应用

69

学习指导

1. 本章内容包括：计算机网络通信技术与 Internet 技术；EDI 增值网络技术；移动通信基础与移动计算机网络；移动通信技术简介；其他相关技术与应用。

2. 学习方法：抓住重点，结合实际理解概念和分类；与同学讨论计算机通信与 Internet 的概念、结构和应用；参加实际移动通信运作等。

3. 建议学时：8 学时。

引导案例

Google 的下一代互联网通信平台：IM 与 E-mail 及社区的融合

在 Google I/O 大会上，Google 工程副总裁维克甘多特拉（Vic Gundotra）介绍了 Google 新型网络通讯产品 Google Wave。Wave 将 E-mail 和即时通信有机结合起来，并准备进行开源。著名科技博客 TechCrunch 认为，Wave 将是 Google 力推的产品，有可能成为下一代具有深远影响力的互联网通讯平台。以下为 Wave 详细介绍：

一、设计理念——基于今日互联网发明的新 E-mail

眼下，几乎每个网民都在使用 E-mail 和即时通信，这两项产品一直很成功，Wave 的初始理念就是如何将这两项产品有机地结合起来。

设计理念是由 Lars Rasmussen 在 2004 年形成，但一直搁置到 2007 年才付诸行动。用 Lars Rasmussen 的话说，"（假设我们从没发明过 E-mail），Wave 就像是基于今日互联网情况发明的新 E-mail"。Wave 是由 Google 悉尼分公司的 Lars Rasmussen 和 Jens Rasmussen 兄弟以及 Stephanie Hannon 共同开发。

图 3-1　功能展示

如图 3-1 所示，Wave 左边是导航栏，导航栏下边是通过 Google Contacts 导入的联系人；Wave 的主要部分是 Wave 收件箱，它看起来很像 Gmail 的收件箱，不同的是在每个交互（thread）之前列出了好友的头像，而且还显示基于当前交互有多少更新，这些更新不仅包括文字信息，还包括图片、地图等 Wave 支持的内容——这点是有别于 Gmail 的显著地方。

图 3-2 Thread

打开 Wave 的每个 Thread，就可以看到全部内容，就像看到好友发过来的即时信息一样，用户可以在线回复，如图 3-2 所示。如果用户不在线，他们可以像 E-mail 一样进行处理。如果通信双方都在线，可以实时进行交谈。如果是在一个多人的 Thread 中，也可以单起一个私人的对话，而内容会保留在自己的整个 Thread 中。

此外，如果浏览器安装了 Google Gears，用户还可以直接将图片拖放到 Wave 窗口中。如果用户是在一个多人的 Thread 中分享图片，其他用户还可以对图片进行评论。

分享图片仅仅是个开始，在 Wave 中还可以分享 Google 地图、游戏、事件邀请等。

二、Wave 将成新型网络通信平台

Google 不仅是将 Wave 看成在 Google Wave 网站上使用的简单网页应用，Google 希望用户能在所有站点上使用它。也就是说，假如用户有博客，他可以通过 Wave 和其他人进行共享，可以实时传递博客的更新。

不过，博客不是 Google 想要"Wave"的唯一内容，几乎一切内容都可以通过 Wave 进行共享、交互，如图 3-3、图 3-4 所示。

图 3-3　Wave 分享

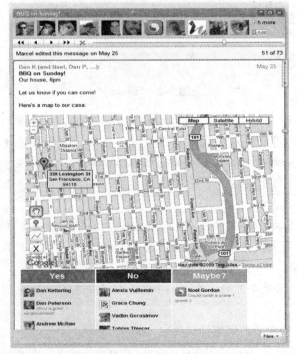

图 3-4　Wave 中的 Google 地图

　　虽然目前 Wave 还不能像 Facebook Connect 一样，可以允许其他用户进行登录，但 Lars Rasmussen 表示，他们正在考虑这些功能。

　　此外，Wave 还支持实时搜索，将和 Twitter 应用进行结合。Google 的开发团队已经开发了一个叫"Twave"的工具，该工具可以将 Twitter 上的更新和 Wave 进行绑定，用户可以在 Twave 上处理 Twitter 里的信息。而更重要的是 Twave 的实时搜索功能，可以实时扫描 Twitter 的结果，当有新结果出现的时候，会进行实时更新。

从这些可以看出 Google 的野心，Wave 在 Google 眼里不仅仅是个应用，而是一个通讯平台。

要想成为下一代通信平台，开发者就显得非常重要，就像 Android 和 iPhone 平台一样。周五，Google 将向开发者公布 Wave 的 API。Google 的意图很明显，就是希望开发者能围绕 Wave 理念，推出各种工具、插件以及各种有趣的站点。

Google 还希望 Wave 能被开发者社区尽可能的接纳，因此，Google 计划将 Wave 进行开源。总的来说，Wave 将分三步走：首先是 Wave 产品，由 Google 开发，向公众发布；其次是作为一个平台，由开发者提供基于 Wave 的各种衍生产品；最后是将 Wave 开源，让其成为互联网通信的基本协议，成为互联网通信的平台。

资料来源：腾讯高校关系科研合作总监——方琎的博客，http://12783747.qzone.qq.com，2011-03-23.

➡ 问题：
1. Google Wave 是怎样进行网络增值的？
2. Google Wave 在移动商务领域具有怎样的发展潜力？

第一节　计算机网络通信技术与 Internet 技术

移动商务的产生与发展是基于计算机网络与通信等技术的。移动计算机网络通过先进的计算机网络技术和无线通信技术，组成移动通信和计算的平台，实现信息交换和资源共享。同时网络技术和无线通信技术的发展也大大促进了移动商务的发展。因此，在本节中，将主要介绍与移动商务建立和运行有关的计算机网络通信技术和 Internet 技术，包括计算机网络，Internet 技术以及基本的网络模型和网络协议。值得注意的是，本章所述的计算机网络通信技术和 Internet 技术看似和"移动商务"的联系并不是很紧密，因为这些技术没有突出"移动商务"的特性，但无论是"电子商务"还是我们所说的"移动商务"都是基于这些技术的基础之上才能够有效开展的。因此，了解计算机网络通信技术和 Internet 技术是移动商务技术应用的基础。

一、 计算机网络概述

(一) 计算机网络的概念和功能

计算机网络是适应客观需要，在计算机技术和通信技术高度发展的基础上紧密结合的产物。那么什么是计算机网络？它又有哪些功能和特点？

首先，计算机网络就是利用通信设备和线路将地理位置分散、功能独立的多个计算机互连起来，以功能完善的网络软件实现网络中资源共享和信息传递的系统。一个计算机网络由资源子网和通信子网构成。资源子网由提供资源的主机和请求资源的终端组成，负责全网的数据处理和向用户提供网络资源及服务；通信子网主要由网络节点和通信链路组成，承担全网数据传输、交换、加工和变换等通信处理工作。

其次，计算机网络的功能主要体现在资源共享、数据通信能力、分布处理、提高系统可靠性等方面。

(二) 计算机网络的分类

计算机网络按网络的作用范围和计算机之间的相互距离，可分为广域网（WAN）、局域网（LAN）、城域网（MAN）和 Internet（互联网）；按网络的数据传输与交换系统的所有权，可分为专用网和公共网；按网络的拓扑结构，可分为总线形网络、星形网络、环形网络、树形网络等；按传输的信道不同，可分为基带网和宽带网、模拟网和数字网。

二、 Internet 技术

(一) Internet 的概念

Internet 是全球最大的、开放的、由众多网络互联形成的计算机互联网。所以对 Internet 较为准确的解释是：Internet 是网络的网络，它将各种各样的网络连在一起，而不论其网络规模的大小、主机数量的多少、地理位置的异同。它连接世界上各种各样的计算机系统和计算机网络，为人类提供多种形式的信息资源，是人们获取信息的方便、快速、高效的手段。

(二) Internet 的发展

Internet 本身起源于 1969 年的一个广域网计划。当时美国国防部的高级研究计划署（Advanced Research Project Agency，ARPA）为了使一些异地计算机能相互共享数据，便以一定的方式将这些计算机连接起来，这就形成了 Internet 的前身——ARPANET。如图 3-5 所示。

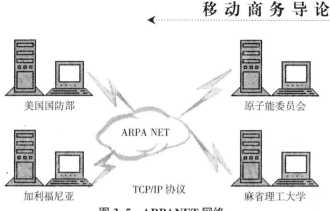

图 3-5 ARPANET 网络

1986 年，美国国家科学基金会（National Science Foundation，NSF）在政府的资助下，用 TCP/IP 协议建立了 NSF NET 网络，并于 1989 年改名为 Internet 向公众开放。如图 3-6 所示。

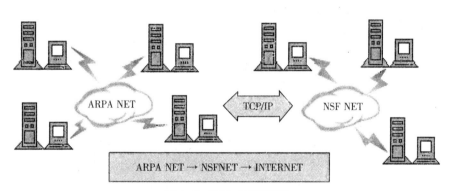

ARPA NET → NSFNET → INTERNET

图 3-6 NSF NET 网络

1994 年，美国的 Internet 由商业机构全面接管，这使 Internet 从单纯的科研网络演变成一个世界性的商业网络，从而加速了 Internet 的普及和发展。世界各国纷纷连入 Internet，各种商业应用也一步步地加入 Internet，Internet 几乎成为现代信息社会的代名词。

（三）Internet 的结构

1. Internet 的网络结构

Internet 具有分级的网络结构，一般可分为三层，由上至下分别是全国骨干网、地区网络、校园网和企业网，这些网络通过普通电话线、高速率专用线路、卫星和光缆等介质把不同用户连接起来。

2. Internet 的地址结构

Internet 采用一种通用的地址格式，为 Internet 中的每一个网络和几乎每一

台主机都分配了一个地址。Internet 中地址类型有 IP 地址和域名地址两种。

（四）Internet 的应用

1. Internet 在移动通信中的应用

在移动通信时代，Internet 不再受时间、地点的约束，其应用将更为广泛，无论是进行收发电子邮件等办公活动还是进行网络聊天等娱乐活动，人们都可以随时随地获取所需的服务、应用、信息和娱乐。

2. Internet 在商务中的应用

随着 Internet 和无线通信技术的飞速发展，人们不再满足于传统的局限在有限空间里的商务交易模式，而希望随时随地进行交易，甚至在移动的过程中获得服务。加之宽带无线 IP 网（如 WLAN、3G 等）、无线终端（如智能手机、PDA 等）等 IT 技术与产品的快速更新换代，随之产生了一种利用 Internet 实现的全新的商务交易模式，即移动电子商务。

三、网络模型与网络协议

网络通信过程相对比较复杂。以电信号形式表示的数据，必须跨越传输介质到达正确的目的计算机，然后再转换为它的最初形式，才能被接收方读取，这一过程由多个步骤组成。因此，实现网络通信最有效的方法就是进行分层处理。

（一）网络模型

在 20 世纪 70 年代网络发展的初期，各大公司有各自的分层结构，但网络是要求互相交往的，必须有一个交互双方公认的层次模型，因此在 20 世纪 80 年代，逐渐统一到 ISO 的七层 OSI 模型和四层 TCP/IP 模型。

1. ISO/OSI 参考模型

OSI 基本参考模型是由国际标准化组织（ISO）制定的标准化开放式计算机网络层次结构模型，又称为 ISO/OSI 参考模型。OSI 体系结构定义了一个七层模型，从下到上分别为物理层、数据链路层、网络层、传输层、会话层、表示层和应用层，如图 3–7 所示。七层中的每一层都完成一组特定的功能，从而为上一层提供一定的服务。规定各层如何操作的那些原则和规程就称为协议。理论上说，这个模型中每一层的协议都与它的上层或下层的协议无关。

2. TCP/IP 分层模型

TCP/IP 全称是 Transmission Control Protocol/Internet Protocol，它是 Internet 信息交换、规则、规范的集合，是 Internet 的标准通信协议，主要解决不同种计算机网络的通信问题，使网络在互联时把技术细节隐藏起来，为用户提供一种通用的、一致的通信服务。

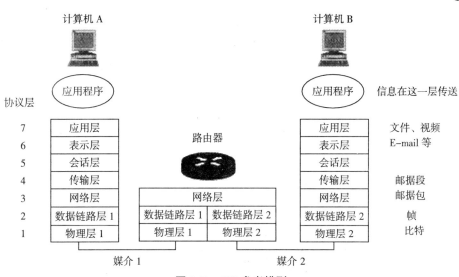

图 3-7 OSI 参考模型

TCP/IP 协议的开发研制人员将 Internet 分为四个层次，也称为 Internet 分层模型，如图 3-8 所示。

应用层（第四层）
传输层（第三层）
网络层（第二层）
接口层（第一层）

图 3-8 TCP/IP 分层模型

TCP/IP 协议是 Internet 的基础和核心，也是 Internet 使用的通用协议，与低层的数据链路层和物理层无关。

（二）网络协议

网络协议是计算机网络中通信各方事先约定的通信规则的集合。常见的网络协议有：IPv6 协议、TCP 协议（Transmission Control Protocol，传输控制协议）、UDP 协议（User Datagram Protocol，用户数据报协议）和 FTP 协议（File Transfer Protocol，文件传输协议）等。

1. IPv6

IPv6 是 IP 协议的新版本，是在 IPv4 的基础上诞生的，它巨大的地址容量能够满足 Internet 飞速发展的需要，它集移动性、安全性和服务质量保证于一体，是建设移动商务的最佳方案。

（1）IPv6 与 IPv4 的比较。IPv6 与 IPv4 相比有很大的先进性，表 3-1 列出

了 IPv6 与 IPv4 在地址空间、移动性、安全性、网络自动配置等方面的比较。

表 3–1　IPv6 与 IPv4 的比较

版本 特性	IPv6	IPv4
地址空间	足够大	理论上是 40 亿，实际要少得多
网络的自动配置	IPv6 标准的一部分	没有综合性的标准解决办法
移动性支持	内置安全性；能够满足全球移动终端的需要	能够满足有限量的移动终端的需要
安全性	采用标准的安全方法，能够应用于全球企业网访问，例如虚拟专网	有几种方法可选，但每种都由于地址空间有限而无法适应网络规模的发展

（2）海量地址空间。IPv6 的 128 位地址长度形成了一个巨大的地址空间，这是运营商推广 IPv6 的主要动力。IPv6 拥有的 IP 地址数量可以为地球上的每平方米土地分配数以千计的 IP 地址。换句话说，生活中的每个东西均可以拥有自己的 IP 地址，网络设备、手机、掌上电脑、汽车，甚至是一块手表都拥有固定的 IP 地址。

（3）即插即用的自动地址配置。IPv6 可以实现"即插即用"功能。也就是说，不需要人工干预，任何一个节点可以接入到 IPv6 网络中并在网络中正常启动。IPv6 通过两种机制来实现"即插即用"网络连接，即无状态和有状态两种地址自动配置的方式。

（4）移动性支持。IPv6 的移动性是构建未来移动商务的核心。在互联网网络中，每一个移动通信终端都具备一个全球唯一的 IP 地址，任何情况下，移动 IP 都应当支持节点从一个网络切换到另一个网络的移动连接。

（5）高效的服务质量。基于 IPv6 的移动互联网为保障高质量的数据传输提供了较为完善的解决方案。IPv6 报头定义了一个 4 比特的优先级区域，可以指示 16 种优先级别。这 16 种优先级别中的 9 种用于非实时传输业务（如"文件传输"或"无特征流量"），其余的 8 种用于实时传输业务（比如可用来区分同时传送的语音业务或视频业务）。

（6）内置的安全特性。IPSec 是 IETF 研究制定的一套用于保护 IP 通信的 IP 安全（IP Security）协议，它提供了认证和加密两种安全机制来保证 IP 数据传输的安全。认证机制使 IP 通信的数据接收方能够确认数据发送方的真实身份以及数据在传输过程中是否遭到改动。加密机制通过对数据进行编码来保证数据的机密性。

2. TCP 和 UDP

传输控制协议（TCP）和用户数据报协议（UDP）是 TCP/IP 系统传输层中

的两个主要协议。TCP 是一种面向连接的传输层协议，能提供可靠的全双工的数据传输。在面向连接的环境中，开始传输数据之前，端点之间先要建立连接，TCP 负责将消息拆分成数据分段，重传丢失的数据分段并将数据分段在目的主机重组成消息。TCP 在端用户应用之间提供了一条虚电路。UDP 是一种简单协议，它交换数据报而没有确认机制或传输保证，错误处理和重传机制由上层协议来完成。

3. FTP

文件传输协议（FTP）是计算机网络中最常见的应用之一。它的主要功能是在计算机之间传送文件，该功能通过从服务器复制和移动文件到客户端或者从客户端复制和移动文件到服务器来完成。FTP 还有提供创建和改动文件夹、删除和重命名文件、执行等和文件管理相关联的很多其他功能。

第二节 EDI 增值网络技术

广义的电子商务的发展经历了三个阶段：即 20 世纪 70 年代至 90 年代基于 EDI 的电子商务；20 世纪 90 年代以后基于互联网的电子商务；21 世纪初基于普及计算机的电子商务（即移动电子商务）。在 Internet 盛行的今天，EDI 增值网络技术不但没有随着 Internet 的兴盛而消亡，相反，EDI 在移动商务的应用开展中仍扮演着非常重要的角色。本节主要介绍 EDI 的概念及构成，EDI 的应用系统，EDI 服务中心以及 EDI 与移动商务的关系。

一、EDI 的概念及构成

早在 20 世纪 60 年代末，随着西方发达国家国防系统运用的科技网络技术民用化，逐步开始出现了作为企业间电子商务应用系统雏形的电子数据交换 EDI（Electronic Data Interchange）和电子资金传送 EFT。而实用的 EDI 商务在 20 世纪 80 年代得到较大发展。EDI 电子商务主要是通过增值网络 VAN（Value-Added-Networks）实现。

（一）EDI 的概念

EDI（Electronic Data Interchange）即电子数据交换，它是 20 世纪 80 年代发展起来的一种电子化商业贸易工具，是现代计算机技术与网络通信技术相结合的产物。

它是一种在公司之间传输订单、发票等作业文件的电子化手段。它通过计算机通信网络将贸易、运输、保险、银行和海关等行业信息，用一种国际公认的标准格式，实现各有关部门或公司与企业之间的数据交换与处理，并完成以贸易为中心的全部过程。国际标准化组织（ISO）将 EDI 描述成"将贸易（商业）或行政事务处理按照一个公认的标准变成结构化的事务处理或信息数据格式，从计算机到计算机的电子传输"。而 ITU-T（原 CCITT）将 EDI 定义为"从计算机到计算机之间的结构化的事务数据互换"。又由于使用 EDI 可以减少甚至消除贸易过程中的纸面文件，因此 EDI 又被人们通俗地称为"无纸贸易"。

从上述 EDI 的定义不难看出，EDI 包含了三个方面的内容，即计算机应用、通信、网络和数据标准化。其中，计算机应用是 EDI 的条件，通信环境是 EDI 应用的基础，标准化是 EDI 的特征。这三方面相互衔接、相互依存，构成 EDI 的基础框架。EDI 系统模型如图 3-9 所示。

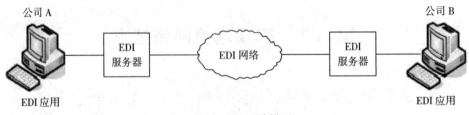

图 3-9 EDI 系统模型

（二）EDI 的主要特点和影响

EDI 的主要特点有：应用对象是不同的组织之间（即 B2B），所传送的是一定格式的业务资料，采用共同标准化的格式传送数据，传送的数据由收发双方计算机系统自动完成。

EDI 的电子传输的核心内容是商业信息和商业单证，如订单、发票、付款通知、付款凭证、交货凭证等。由于 EDI 在商业领域的大量使用，越来越多的商业单证是由计算机应用程序来生成的。因此，EDI 变成了电脑应用程序之间所进行的信息交换。EDI 所支持的电子转账（EFT）和电子支付系统的广泛应用使支票和其他的传统纸面付款凭证将会大量减少。同时，EDI 不仅大大简化了纸面单据的处理，节省了纸张，而且将使银行的运作出现转型。网上银行的转账将是未来的必然趋势。

EDI 对商业领域的另一个重要影响反映是 EDI 使商业伙伴之间的关系更加密切，从而使企业销售人员的角色会发生一些微妙的变化。例如，网上在线订单系统和网上在线客户信息系统将会对拥有庞大对外销售的行业产生重要影响。EDI 会使企业的营销功能变得越来越重要，而推销功能退居其次。EDI 无疑会促使未来商业伙伴之间的运作方式发生根本性的转变。所以，EDI 是未来世界经济发展中的一个重要的基础设施。因为它不仅是一种新的通信技术和传递方式，而且也是连接国际生产和国际商务活动的重要桥梁。

（三）EDI 的工作方式（流程）

如图 3-10 所示，用户首先在现有的计算机系统上进行信息的编辑处理。其次通过 EDI 转换软件将原始单据格式转换为中间文件，中间文件是用户原始资料格式与 EDI 标准格式之间的对照性文件，它符合翻译软件的输入格式，通过翻译软件变成 EDI 标准格式文件。再次在文件外层加上通信交换信封，通过通信软件送到增值服务网络或直接传给对方用户，对方用户则进行相反的处理过程，最后成为用户应用系统能够接受的文件格式进行收阅处理。

图 3-10　EDI 工作流程

二、EDI 应用系统

（一）EDI 应用系统的分类

EDI 系统可分为两类：一类是 EDI 服务系统，面向社会团体、个人提供 EDI 服务，提供相关用户群使用；另一类是 EDI 应用系统，完成 EDI 报文的收发、翻译，面向最终的具体应用业务。

（二）EDI 应用系统的功能

EDI 应用系统作为数据处理和数据通信相结合的工具，其作用是为团体的信息系统服务，实现团体内部的信息处理和团体之间的信息交换及处理的自动化。各团体孤立的信息系统在 EDI 系统的连接下，形成新的、开放性的集成系统，形成跨组织的信息系统。作为跨组织的信息系统的桥梁的 EDI，其主要功能体现在对数据处理及网络通信两个方面。

（三）EDI 应用系统的组成

EDI 应用系统设在用户的计算机系统上，一般由报文生成处理模块、格式转换模块、通信模块和联系模块组成，如图 3-11 所示。

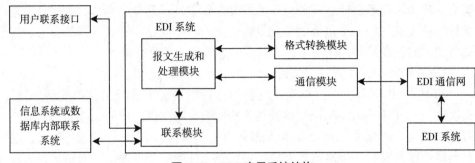

图 3-11　EDI 应用系统结构

三、EDI 服务中心

EDI 服务可以集中处理各种格式文件的转换，在逻辑上可以看成一个公司或某个地区的与 EDI 信息传输系统连接的网关（Gateway）。

EDI 服务能维护大量的企业内外的信息交换。与之有业务联系的供货人、顾客、企业内部各部门，可以根据需要与中心连接。中心负责发送并跟踪商务文件，提供安全、储存、目录等功能及应用程序接口。它既可以用作文件传送应用（如电子邮件、传真、用户电报和 EDI）的平台，又可作为贸易应用中的一个环节，如制造业资源规划（MRP）、采购以及账务结算等。

EDI 服务中心承担的最重要的任务是网络管理功能。网络管理包括 EDI 业务资源的监视、控制和协调，并为这些资源的有关通信信息提供协议标准。它适用于集中与分布两种网络拓扑结构。

（一）EDI 服务中心的组成

EDI 服务中心的硬件包括：主机硬件平台、存储设备、备份存储设备、通信接口、外部设备等。软件包括：系统软件、MHS、服务应用软件。服务应用软件的内容包括：EDI 报文的检查、报文匹配、EDI 翻译器、计费/会计软件、用户资料数据库、报表工具、测试工具、系统的管理维护等。

（二）EDI 服务中心的主要功能

EDI 服务中心的主要功能如下：

邮箱管理，如信件的收发管理，信件的分送管理等功能。

回执响应功能，返回信件被收件人收取，或未在制定时间内取走等回应通知。分类区件，由使用者选择，可依照信件的种类及送件人的 ID 等分类方式取件。

断点重发功能，用户可以重复操作能力。

编制管理报表，如送件人清单、收件清单及回执清单等。

客户的基本信息管理及客户关系管理。检查信件的正确性，如检查 EDI 交换、EDIM 的格式的正确性等。

安全控制能力，如对多重密码的修改，使用者存取记录，防止多次不正确的系统登录及跟踪核查对系统的安全造成的威胁。

灾害恢复功能，在灾害发生时，自动保存现行系统数据，启动备份系统，使系统的损失最小。

可支持中文传输功能，可支持通用多八位编码字符集的信息传输。

四、EDI 与移动商务的关系

由于增值网的安装和运行费用较高，许多中小型公司难以承受，他们大都使用传真和电话进行贸易往来。即使使用 EDI 的大公司也不能完全做到节省费用，因为他们的许多贸易伙伴并没有运用 EDI。成本因素似乎限制了 EDI 方式电子商务应用范围的扩大，而互联网的发展则提供了一个费用更低、覆盖面更广且服务更好的系统，使最小的家庭公司和个人都能使用电子商务。

随着 Internet 安全性的逐步提高，已表现出部分取代增值网而成为 EDI 网络平台的趋势。Web EDI 方式就是其中最为流行的一种。它利用万维网和电子数据交换技术相结合，提供一种全新的电子商务方式——Web EDI。Web EDI 是基于 Web 的 EDI 实现方式，它使用 Web 作为 EDI 单证的接口，一个参与者作为 EDI 用户，确定相应的 EDI 标准，在 Web 上发布表单，供中小客户登录到 Web 站点后选择并填写。提交填写结果后，由服务器端网关程序转换为 EDI 报文，并进行通常的 EDI 单证处理。为了保证单证从 Web 站点返回参与者，单证还能转换成 E-mail 或 Web 表单的形式。由于综合了 Web 和 EDI 二者的优点，使得 Web EDI 系统具有巨大的经济效益和社会效益。具体表现在：费用低，成本仅为增值网的 1/4 左右；功能齐全，在 Web 页面中运用多媒体技术，能以丰富的视频、动画、音频和图形来提供生动的电子目录，使商品对用户更具吸引力；灵活性，利用在线互操作方式，使用户可随时上网浏览和在线输入订单，广告商也可及时地在线对信息进行修改和更新，并向用户发布最新信息；普遍性，借助互联网这一全球最大的信息网络，只要是互联网用户，就可成为贸易伙伴；安全性，EDI 严格的转换格式和通信规程，使业务流程更具保密和安全性；协调性，实现整个贸易过程的自动化，减少或消除原有的人工处理环节，减少差错，提高效率，带来竞争上的优势。

目前，EDI 与传统电子商务的融合，也进一步促进了 EDI 在移动商务中的应用，最明显的表现就是基于 EDI 平台的短信系统。相信，随着移动商务的不断发展，EDI 与移动商务的融合还会呈现更加多样的模式应用。

第三节　移动通信基础与移动计算机网络

移动商务的一个突出特点，就是它的"移动性"，也就是移动商务可以实现在任何时候、任何地点、与任何人都能及时沟通联系和信息交流。而为了这些功能，移动通信技术已逐渐成为现代通信领域中至关重要的一部分，该技术也是移动电子商务实现的重要保证和标志。在本节中，主要介绍了与移动通信技术有关的移动 IP 技术、移动通信基础以及移动计算网络。

一、移动 IP

随着人们生活节奏的加快和对信息量的巨大需求，传统的固定 IP 节点之间的相互通信的数据传输方式已经很难满足人们在移动过程中的办公需求；同时，网络向全 IP 方向的快速发展和便携式终端的广泛应用，使得在 IP 网络中实现对移动性的支持变得越来越重要。这种重要性推动了业界对移动终端在网络层接入的研究，促使了移动 IP 技术的产生。

（一）移动 IP 体系结构

移动 IP 技术是移动节点以固定的网络 IP 地址，实现跨越不同网段的漫游功能，并保证了基于网络 IP 的网络权限在漫游过程中不发生任何改变，实现数据的无缝和不间断的传输。简单地讲，就是能让网络节点在移动的同时不断开连接，并且还能正确收发数据包。

移动 IP 通过三个功能实体（移动节点、外地代理、家乡代理）以及代理搜索、注册、包传输这三个基本功能来协同完成移动节点的路由问题。图 3-12 说明了三个功能实体的关系。

在图 3-12 中，移动节点是指一个主机或路由器，当它在切换链路时可以不改变 IP 地址而保持正在进行的通信。家乡代理是连接到本地网络的主机或路由器，它保存有移动节点位置信息，当移动节点离开本地网络时能将发往移动节点的数据包传给移动节点。外地代理是移动节点当前所在的外地网络上的一个主机或路由器，它能把本地送来的数据包转发给移动节点。

（二）移动 IP 应用

在园区网的环境中采用移动 IP 比较简单，只需将现有的路由器或主机升级为家乡代理和外地代理，再在可携带的计算机（如笔记本电脑）中安装移动节点软件就可以了。这种移动 IP 的应用与其他采用 TCP/IPP 协议的网络相比，

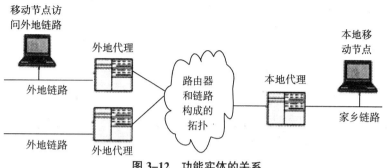

图 3-12　功能实体的关系

不会带来新的严重的安全威胁。

　　移动 IP 还可以为有线或无线服务提供基本商业服务，无论用户希望连接到互联网的什么地方，这种服务通常都会为他们提供外地代理，并且为那些没有家乡代理的用户提供家乡代理。在提供服务过程中，要注意采用强加密的认证机制来防止窃取和服务攻击。

　　（三）移动 IPv4

　　在移动 IP 协议中，每个移动主机在"家乡链路"上有一个唯一的"家乡地址"。与移动主机通信的主机被称为"通信主机"，通信主机可以是移动的，也可以是静止的。通信主机与移动主机通信时，通信主机总是把数据包发送到移动主机的"家乡代理"，而不考虑移动主机当前的位置情况。

　　在"家乡链路"上每个移动主机必须有一个"家乡代理"来为自己维护当前的位置信息。这个位置由"转交地址"来确定，移动主机的"家乡地址"与它当前"转交地址"的联合称为"移动绑定"，或简称"绑定"。每当一个移动主机得到一个新的转交地址时，它必须生成一个新的绑定来向"家乡代理"注册，以使"家乡代理"即时了解移动主机的当前位置信息。一个"家乡代理"可以同时为多个移动主机提供服务。

　　（四）移动 IPv6

　　移动 IPv6 是在继承了移动 IPv4 优点的基础上，利用 IPv6 的许多新特点进行设计的。协议中定义了三种操作实体：移动节点、通信节点和家乡代理，四种 IPv6 的目的地选项：绑定更新、绑定认可、绑定请求和家乡地址。

　　无论移动节点在家乡还是在外地，它总是通过家乡地址来被寻址。当移动节点在家乡时，可以使用通常的路由机制来对发往移动节点的数据包进行路由。由于移动节点的子网前缀是移动节点家乡链路的子网前缀，所以发往移动节点的数据包将被路由到它的家乡链路。

　　当一个移动节点连接在外地链路时，它可以通过一个或多个转交地址或它的家乡地址来被寻址。转交地址是当移动节点访问外地链路时获得的一个 IP 地址，此地址的子网前缀是移动节点所访问的外地链路的子网前缀。如果移动节点使用此转交地址连接在这个外地链路，那么发往这个转交地址的数据包将被直接路由到在这个外地链路上的移动节点。

当移动节点离开家乡链路时，它要向家乡链路上的一个路由器注册自己的一个转交地址，并要求这个路由器作为自己的家乡代理。进行注册时，移动节点向家乡代理发送"绑定更新"消息；然后家乡代理要为移动节点返回"绑定认可"消息。移动节点把这个"绑定更新"消息中的转交地址向家乡代理注册，这个被注册的转交地址称为移动节点的"主转交地址"。移动节点的家乡代理在家乡链路上，利用"代理邻居发现"来为移动节点截获发往移动节点的数据包，并且把每个数据包通过隧道传送到移动节点的主转交地址。为了通过隧道传送截获的数据包，家乡代理利用"IPv6 封装"协议来封装数据包，IPv6 封装的外部报头的目的地址是移动节点的"主转交地址"。

移动节点可以同时使用多于一个的转交地址。移动节点的"主转交地址"必须是唯一的，因为家乡代理只为每个移动节点维护一个转交地址，并且通常都是把数据包通过隧道传送到移动节点的"主转交地址"。这样的话，家乡代理使用隧道传送数据包时就不用采取任何策略来决定要利用哪个转交地址作为隧道的出口，而把这项功能留给移动节点去完成。

当移动节点离开家乡时，家乡链路上的一些节点可能被重新配置，如原来作为移动节点家乡代理的路由器可能被别的路由器所替换。在这种情况下，移动节点可能不再知道自己的家乡代理的 IP 地址。为了解决这个问题，移动 IPv6 提供了"动态家乡代理地址发现"机制来允许移动节点动态地在家乡链路上发现一个家乡代理的 IP 地址，发现之后，移动节点可以向这个家乡代理注册自己的转交地址。移动 IPv6 的操作过程如图 3-13 所示。

二、移动通信基础

现代移动通信技术的发展是从 20 世纪 20 年代开始的，经历了 20 世纪 80 年代的第一代模拟移动通信技术和 20 世纪 90 年代的第二代数字移动通信技术两个阶段，现今已发展到以支持移动多媒体业务为特征的第三代移动通信技术。总之，移动通信是移动商务开展的基础，在促进移动商务发展的过程中扮演了重要的角色。

（一）移动通信的组成

移动通信是指移动用户与移动用户进行的通信或移动用户与固定用户进行的通信。移动通信系统一般由移动交换系统（MSS）、基站控制器（BSC）、基

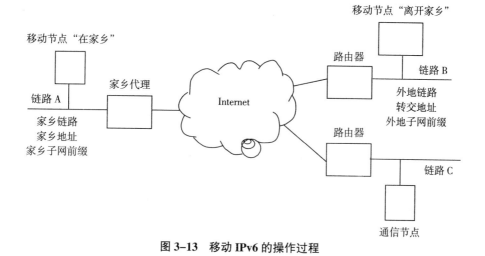

图 3-13　移动 **IPv6** 的操作过程

站（BS）和移动终端（MT）组成。

（二）移动通信的分类

移动通信有多种分类方法：按使用对象可分为民用设备和军用设备；按使用环境可分为陆地通信、海上通信和空中通信；按多址方式可分为频分多址（FDMA）、时分多址（TDMA）和码分多址（CDMA）等；按覆盖范围可分为宽域网和局域网；按业务类型可分为电话网、数据网和综合业务网；按工作方式可分为同频单工、异频单工、异频双工和半双工；按服务范围可分为专用网和公用网；按信号形式可分为模拟网和数字网。

（三）常用移动通信系统

随着移动通信应用范围的扩大，移动通信系统的类型也越来越多。典型的移动通信系统主要有蜂窝移动通信系统、无绳电话系统、集群移动通信系统、移动卫星通信系统、分组无线网、N-CDMA 系统等。

蜂窝通信网络把服务区域划分成若干个较小的区域（Cell，该系统中称为小区），各小区均用小功率的发射机进行覆盖，许多小区像蜂窝一样布满任意形状的服务地区。蜂窝通信系统既能满足大的无线覆盖区和高速移动用户的需求，又能满足高密度、低速移动用户的需求，同时还可满足室内用户的需求。

无绳电话是一种以有线电话网为依托的通信方式，具有发射功率小、省电、设备简单、使用方便等优点。简单的无绳电话系统实现就是把普通的电话机分成座机和手机两部分，二者利用无线方式进行连接，从而允许携带手机的用户可以在一定范围内自由活动时进行通话。

集群移动通信系统采用频率公用技术实现，属于调度系统的专用通信网。该系统把一些由各部门分散建立的专用通信网集中起来，统一建网和管理，并动态地分配给它们频道，以容纳更多的用户，主要以无线用户为主。

三、移动计算与移动计算网络

随着 Internet 的普及和发展、无线移动通信技术的成熟以及计算机处理能力的不断提高，移动商务应用业务的不断涌现。这些变化在对人类的信息处理能力提出更高要求的同时，也为人们提供了更有力、更方便的工具和手段。为了提高工作效率并随时能够交换和处理信息，人们提出了移动计算的概念。移动计算是指人们可以随时、随地进行"计算"。移动计算网络（Mobile Computing Network，MCN）是指能够支持移动计算的网络。

（一）技术背景

在通信技术领域，无线通信特别是移动通信也得到了巨大的发展。移动通信虽然已经有 100 年的历史，但其真正发展还是从 20 世纪 40 年代开始。到了80 年代，随着数字信号处理技术的发展，以数字化为特征的第二代移动通信系统在系统的频谱利用率、容量、多种业务支持能力、保密性、系统的抗衰落能力、网络管理和控制的灵活性方面都比第一代模拟移动通信系统有了很大的提高。第二代移动通信系统在全球范围内得到了普及和应用。目前又着力开发和研究第三代、第四代移动通信系统。除此之外，为了更好地支持宽带的数据业务，目前还存在一些高速的无线技术如无线局域网、无线 ATM、红外无线通信、宽带卫星技术、无线 IP 技术等。这些移动系统的大规模应用和新技术的研究，标志着人们对无线通信传输环境和特性的认识又有了新的进步，也标志着无线通信技术的成熟。

（二）移动计算及其研究内容

移动计算包括三个要素：通信、计算和移动。这三个方面既相互独立又相互联系。移动计算概念提出之前，人们对它们的研究已经很长时间了，移动计算是第一次把它们结合起来进行研究。在移动计算中，三要素可以用一个三维空间来表示三者之间的关系，如图 3-14 所示。

（三）移动计算网络

基于互联网的移动计算网络的拓扑示意如图 3-15 所示。在这个移动计算网络环境下，主机或其他终端可以在移动中对有线网络中的各种资源进行访问，也可以与其他移动的终端进行通信，如同在固定的有线环境中一样。

中国在移动计算网络方面也做了大量的研究工作。国内从 1996 年开始对移动计算网络中的关键技术进行研究，并逐渐加大了资助力度。国内最早进行

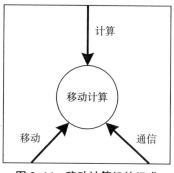

图 3-14 移动计算机的组成

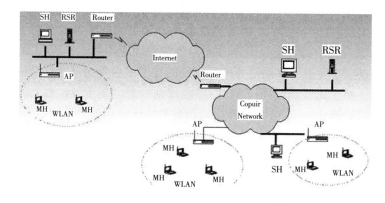

图 3-15 基于 Internet 移动计算机网络的拓扑示意图

89

移动计算研究的西安电子科技大学综合业务网也是国家重点实验室在 1994 年就已经成功研制出了中国的第一套 WLAN 样机,于 1999 年 3 月推出了 Mobile IP 的演示系统,后来又研制了宽带 CDMA 扩频芯片、实用化的无线接入设备,以及实用化的移动管理软件。有些成果接近或达到国外水平。近年来,随着改革开放的深入,我国的移动通信市场发展突飞猛进。2010 年上半年新增量相当于 1599.2 万户,总规模达 5928.8 万户,其中中国移动为 4816.7 万户,中国联通 1112.1 万户;同时模拟技术逐步退出,GSM 数字用户比重提高到 92%;手机上网业务也开局良好。到 2010 年底,我国移动电话的用户数已超过 7500 万,同时,我国已超过日本成为仅次于美国的世界第二大移动电话市场。目前,中国移动电话网容量达 9602 万线,其中模拟移动电话网系统容量达到 1305 万线,基站 8868 个,信道 24 万个,用户 473.2 万户;数字移动通信网络成为世界第二大移动通信网,覆盖全国 31 个省(市、自治区),系统容量达到 8297 多万线,基站 55078 个,信道 275 万个,用户 5455.6 万户。这些研究工作取得的成果为中国移动计算领域研究和开发出具有独立知识产权的移动计算产品起到了重要的作用。

第四节 移动通信技术简介

移动通信技术和计算机技术的完美融合创造了移动商务，即利用 Internet 和无线网（移动通信网）等无线化网络平台，在笔记本等 Internet 终端和手机等移动通信终端之间，让用户实现移动供应链、移动办公等应用服务和商务活动，从而实现"随时管理"。随着企业流动办公员工的增加及实时管理和沟通的需求趋势，移动商务正在引领时代的企业管理应用潮流，成为 IT 市场的一大增长亮点。事实上，移动商务按照实现的技术平台分为基于移动通信网络的移动商务、基于无线局域网（WLAN）的移动商务、基于其他移动通信技术的移动商务（如蓝牙）。本节主要介绍移动商务中所应用的移动通信及相关技术，主要包括 GSM、3G、Bluetooth、Wi-Fi、WLAN 等。它们都是应用于移动商务领域中的关键技术。

一、新一代移动通信协议 3G

（一）第三代移动通信系统总体介绍

ITU TG8/1 早在 1985 年就提出了第三代移动通信系统的概念，最初命名为 FPLMTS（未来公共陆地移动通信系统），后在 1996 年更名为 IMT–2000（International Mobile Telecommunications 2000）。第三代移动通信系统的目标是：世界范围内设计上的高度一致性；与固定网络各种业务的相互兼容；高服务质量；全球范围内使用的小终端；具有全球漫游能力；支持多媒体功能及广泛业务的终端。为了实现上述目标，对第三代无线传输技术（RTT）提出了支持高速多媒体业务、比现有系统有更高的频谱效率等基本要求。

（二）3G 移动通信系统的基本特征

第三代移动通信区别于现有的第一代和第二代移动通信系统，其主要特点概括为：全球普及和全球无缝漫游的系统；具有支持多媒体业务的能力，特别是支持 Internet 业务；便于过渡、演进；高频谱效率；高服务质量；低成本；高保密性；等等。

二、第四代移动通信技术

(一) 第四代移动通信技术总体介绍

在第三代移动通信还没有完全铺开，距离完全实用化还有一段时间的时候，已经有不少国家开始了对下一代移动通信系统（4G）的研究。相对于 3G 而言，4G 在技术和应用上将有质的飞跃，而不仅仅是在第三代移动通信的基础上再加上某些新的改进技术。

到目前为止，第四代移动通信系统技术还只是一个主题概念，即无线互联网技术。人们虽然还无法对 4G 通信进行精确定义，但可以肯定的是，4G 通信将是一个比 3G 通信更完美的新无线世界，它将可创造出许多难以想象的应用。未来的无线移动通信系统是覆盖全球的信息网络中的一部分，它将包括室内的无线 LAN、室外的款待接入、智能传输系统（ITS）等。

(二) 4G 与 3G 的核心技术对比

3G 系统主要是以 CDMA 为核心技术，如 W-CDMA，1xRTT 和 EDGE 等技术，4G 系统则以正交频分对 OFDM 技术最受瞩目；3G 采用的主要是蜂窝组网，4G 将突破这个概念，发展以数字广带（Broad band）为基础的网络，成为一个集无线 LAN 和基站宽带网络的混合网络，这种基于 IP 技术的网络架构使得在 3G、4G、W-LAN、固定网之间的漫游得以实现；3G 保留了 2G 所使用的电路交换，采用的是电路交换和分组交换并存的方式，而 4G 将完全采用基于 IP 的分组交换，使网络能根据用户需要分配带宽。

(三) 4G 展望

作为新的移动通信系统，4G 将不仅仅应用于蜂窝电话通信领域，它还能够提供全息录音、远程控制卡以及移动虚拟实现等功能。专家预估，第四代移动通信系统的速度可达到 10~20Mb/s，最高可达 20Mb/s，这相当于 3G 在室内环境下的传输率（3G 的通信速率在 384kb~2Mb）；据研究，每个 4G 信道将占有 100MHz 或更多带宽，而 3G 网络的带宽则在 5~20MHz；据估计，10 年后，每个人所获取的信息要比今天至少高 3~4 个数量级，而 3G 的容量将不能满足这种增长的业务量需求，所以在 4G 内将采用新的网络技术会极大地提高系统的容量；4G 系统的智能性更高，它将能自适应地进行资源分配，处理变化的业务流和适应不同的信道环境；4G 将采用大区域覆盖，与 3G、无线 LAN（W-LAN）和固定网络之间无缝隙漫游，实现真正意义的全球漫游；4G 通信能提供的无线多媒体通信服务将包括语音、数据、影像等，大量信息通过宽频信道传送出去，因此 4G 也是一种实时的、宽带的以及无缝覆盖的多媒体无线通信。技术的发展将使 4G 能实现 3G 未能实现的功能，实现真正意义上的个人通信。

三、传感器网络

(一) 传感器网络总体介绍

传感器网络是由许多在空间上分布的自动装置组成的一种计算机网络，这些装置使用传感器协作地监控不同位置的物理或环境状况（比如温度、声音、振动、压力、运动或污染物）。传感器的发展最初起源于战场监测等军事应用。而现今无线传感器网络被应用于很多民用领域，如环境与生态监测、健康监护、家庭自动化以及交通控制等。

(二) 传感器网络的原理

传感器网络的每个节点除配备了一个或多个传感器之外，还装备了一个无线电收发器、一个很小的微控制器和一个能源（通常为电池）。单个传感器节点的尺寸大到一个鞋盒，小到一粒尘埃。传感器节点的成本也是不定的，从几百美分到几美元，这取决于传感器网络的规模以及单个传感器节点所需的复杂度。传感器节点尺寸与复杂度的限制决定了能量、存储、计算速度与频宽的受限。

(三) 传感器网络的体系结构

传感器网络系统通常包括传感器节点 (Sensor)、汇聚节点 (Sink Node) 和管理节点。大量传感器节点随机部署在监测区域 (Sensor Field) 内部或附近，能够通过自组织方式构成网络。传感器节点监测的数据沿着其他传感器节点逐跳地进行传输，在传输过程中，监测数据可能被多个节点处理，经过多跳后路由到汇聚节点，最后通过互联网或卫星到达管理节点。用户通过管理节点对传感器网络进行配置和管理，发布监测任务以及收集监测数据。

四、物联网

(一) 物联网技术总体介绍

物联网是新一代信息技术的重要组成部分。其英文名称是 "The Internet of things"。由此，顾名思义，"物联网就是物物相连的互联网"。这有两层意思：第一，物联网的核心和基础仍然是互联网，是在互联网基础上的延伸和扩展的网络；第二，其用户端延伸和扩展到了任何物品与物品之间进行信息交换和通信。因此，物联网的定义是通过射频识别 (RFID)、红外感应器、全球定位系统、激光扫描器等信息传感设备，按约定的协议，把任何物品与互联网相连接，进行信息交换和通信，以实现对物品的智能化识别、定位、跟踪、监控和管理的一种网络。

（二）物联网技术的应用模式

物联网技术根据其实质用途可以归结为三种基本应用模式：

对象的智能标签。通过二维码，RFID 等技术标识特定的对象，用于区分对象个体，例如在生活中我们使用的各种智能卡，条码标签的基本用途就是用来获得对象的识别信息；此外，通过智能标签还可以用于获得对象物品所包含的扩展信息，例如智能卡上的金额余额，二维码中所包含的网址和名称等。

环境监控和对象跟踪。利用多种类型的传感器和分布广泛的传感器网络，可以实现对某个对象的实时状态的获取和特定对象行为的监控，如使用分布在市区的各个噪声探头监测噪声污染，通过二氧化碳传感器监控大气中二氧化碳的浓度，通过 GPS 标签跟踪车辆位置，通过交通路口的摄像头捕捉实时交通流程等。

对象的智能控制。物联网基于云计算平台和智能网络，可以依据传感器网络所获取的数据进行决策，改变对象的行为进行控制和反馈。例如根据光线的强弱调整路灯的亮度，根据车辆的流量自动调整红绿灯间隔等。

五、三网融合

（一）三网融合总体介绍

三网融合是指电信网、计算机网和有线电视网三大网络通过技术改造，能够提供包括语音、数据、图像等综合多媒体的通信业务。三网融合是一种广义的、社会化的说法，在现阶段它是指在信息传递中，把广播传输中的"点"对"面"，通信传输中的"点"对"点"，计算机中的存储时移融合在一起，更好地为人类服务，并不意味着电信网、计算机网和有线电视网三大网络的物理合一，而主要是指高层业务应用的融合。"三网融合"后，民众可用电视遥控器打电话，在手机上看电视剧，随需选择网络和终端，只要拉一条线或无线接入即完成通信、电视、上网等。

（二）三网融合的意义

三网融合不仅是将现有网络资源有效整合、互联互通，而且会形成新的服务和运营机制，并有利于信息产业结构的优化，以及政策法规的相应变革。融合以后，不仅信息传播、内容和通信服务的方式会发生很大变化，企业应用、个人信息消费的具体形态也将会有质的变化。

三网融合将会从根本上改变我国文化信息资源保存、管理、传播、使用的传统方式和手段，为知识创新和两个文明建设营造一个汲取文化信息的良好环境。

六、Ad hoc 网络

(一) Ad hoc 网络总体介绍

Ad hoc (点对点) 模式: Ad hoc 模式就和以前的直连双绞线概念一样, 是 P2P 的连接, 所以也就无法与其他网络沟通了。一般无线终端设备像 PMP、PSP、DMA 等用的就是 Ad hoc 模式。家庭无线局域网的组建, 大家都知道最简单的莫过于两台安装有无线网卡的计算机实施无线互联, 其中一台计算机连接 Internet 就可以共享带宽。Ad hoc 网络是一种特殊的无线移动网络。网络中所有节点的地位平等, 无须设置任何的中心控制节点。网络中的节点不仅具有普通移动终端所需的功能, 而且具有报文转发能力。

(二) Ad hoc 网络的应用领域

由于 Ad hoc 网络的特殊性, 它的应用领域与普通的通信网络有着显著的区别。它适合被用于无法或不便预先铺设网络设施的场合以及需快速自动组网的场合等。针对 Ad hoc 网络的研究是因军事应用而发起的。因此, 军事应用仍是 Ad hoc 网络的主要应用领域, 但是民用方面, Ad hoc 网络也有非常广泛的应用前景。

第五节 其他相关技术与应用

移动商务可以理解为利用无线移动设备和无线通信技术进行商品、服务、资讯、知识的交易交换的商务体系。由于移动通信设备和无线技术特有的特性, 使得移动商务的交易模式与传统的电子商务模式有着极大的区别, 同时也产生了用于支持移动设备进行移动商务的新的开发技术。本节主要介绍几种常用移动设备开发技术和移动通信的应用。

一、常用移动设备开发技术

(一) J2ME

当 Java 平台发展到 Java 2 的版本以后, 为了适应不同级别计算机硬件的开发需要, Java 平台形成了三个主要分支: J2SE、J2EE 和 J2ME。其中 J2SE (Java 2 Standard Edition) 是为台式机而设计的, 主要运行在 Linux、Solaris 或 Microsoft Windows 等操作系统上; J2EE (Java 2 Enterprise Edition) 是一个适合分布式的、多用户、企业级应用系统运转的平台, 它以 J2SE 为基础, 增加了处理服务器端计算的功能；J2ME（Java 2 Micro Edition）是为了支持 PDA、手机、Digital Set-top Boxes（数字机顶盒）、Car Navigation Systems（汽车导航系统）等小型的嵌入式或移动设备而推出的一系列的技术和规范的总称，专门用于开发消费性电子产品，适合移动商务的开发应用。它借用了 J2SE 类库的一部分，使用了更少的 API（应用编程接口），而且 J2ME 采用的 Java 虚拟机（JVM）比 J2SE 的 JVM 也要小得多，如图 3-16 所示。

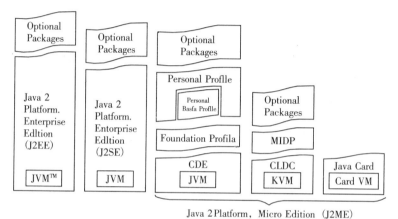

图 3-16　J2EE、J2SE 与 J2ME 之间的比较

95

1. J2ME 的体系结构

J2ME 并不是一种产品，而是一种技术，该技术将 Java 语言的与平台无关的特性移植到小型电子设备上，允许移动无线设备之间共享应用程序。J2ME 包括两种类型的组件：配置（Configuration）和简表（Profile）。Configuration 是一系列低层次的 API 和一种为该族设备优化的虚拟机。Profile 是一种说明，它详细描述了架构在配置之上并使用配置的一系列 API。

J2ME 要支持的硬件平台有很大差异。其中有比较高端的设备，例如电视机的机顶盒、网络电视等；也有比较低端的，如手机、PDA 等。因此，为了满足不同硬件的开发要求，J2ME 规定了 Configuration 的概念，Configuration 对不同级别的硬件在所使用的 JVM 和基础 API 集合方面做了规定。于是，对于高端的设备，采用 CDC（Connected Device Configuration），所使用的 JVM 称为CVM；对于低端设备，则采用 CLDC（Connected Limited Device Configuration），所用的 JVM 为 KVM。

2. J2ME 目标设备

使用 CLDC 开发的 J2ME 应用程序的目标设备通常具有以下特征：可供

Java 平台使用的 160~512 千字节的总内存；功率有限，常常是电池供电；网络连通性，常常是无线的、不一致的连接并且带宽有限；CLDC 支持的设备包括无线电话、PDA 以及小型零售支付终端等。

依照 Sun Microsystems，CDC 的目标设备通常具有以下特征：使用 32 位处理器；2 兆字节或更多可供 Java 平台使用的总内存；设备要求的 Java 2 "蓝皮书"虚拟机的全部功能；网络连通性，常常是无线的、不一致的连接并且带宽有限；CDC 支持的设备包括智能电话和通讯器、家用电器以及汽车导航系统等。

（二）BREW

BREW 是无线二进制运行环境（Binary Runtime Environment for Wireless）的缩写，是 QUALCOMM 公司 2001 年推出的基于 CDMA 网络"无线互联网发射平台"上增值业务开发运行的基本平台。相对 Java，BREW 是一个更底层的技术。

BREW 的特点是它提供的功能环境可以通过服务提供商下载指定类型的应用程序或游戏来使用。同时，通过 BREW 接口功能，供应商可以提供成套的完整的资讯、商务、娱乐功能以及诸如蓝牙技术、全球定位系统（GPS）等服务。由于需要更少的内部应用程序开发和集成任务，OEM 可以更加快速地推出新设备，用户可以选择和下载适合个人喜好的无线软件。通过这种方式，用户将推动新的无线数据应用程序和服务市场的发展，从而促进移动商务应用的发展。

BREW 主要应用在移动通信领域，其他厂商可以在这个平台上设计各项应用。厂商使用 BREW 设计一款应用软件，所有装载 QUALCOMM 芯片的手机都可以使用。此外，BREW 还兼容其他语言，包括 Java、Flash。其运行环境是一个较薄的软件接口层，位于芯片系统软件和应用程序间的无线设备上，使最终用户可以无线下载程序并在启用 BREW 的设备上运行。BREW 具有较大容量的闪存和 RAM 使用效率。BREW 的内容包括应用程序平台、BREW 移植包、BREW SDK（软件开发包）、BREW 发布系统（BDS）、应用程序类型。

（三）Flash Lite

Flash Lite 是专门用于为移动电话和消费电子设备等非 PC 平台进行开发的 Flash 技术。设备厂商和运营商能够提供可定制的用户界面，并向可能配置不同操作系统、芯片以及不同尺寸显示屏的设备用户提供一致的体验。通过 Flash Lite 技术，移动商务企业可以为用户提供更形象多样的信息和服务，促进移动信息形式的多样化。

Flash Lite 拥有统一的规范，即 Flash Lite Player，任何安装了 Flash Lite Player 的设备都可以播放 Flash Lite 文件而不需要加以编译修改。它还支持 SVG，同时本身也是矢量格式，因而在分辨率多样化的移动平台上可以更好地施展拳脚。但 Flash Lite 从现在看来，功能还过于单薄，而且仍然不适合复杂的应用，包括商务和娱乐方面，从安全机制、存储能力、网络连接等层面，Flash Lite 都比较薄弱，而且可能难以改进。

二、移动通信的应用

（一）WAP 技术

WAP（无线通信协议）是在数字移动电话、Internet 或其他个人数字助理机（PDA）、计算机应用之间进行通信的全球开放标准。这一标准的诞生是 WAP 论坛成员努力的结果。WAP 的目标就是通过 WAP 这种技术，将 Internet 的大量信息及各种各样的业务引入到移动电话、PALM 等无线终端之中。

（二）全球定位系统 GPS

1. GPS 总体介绍

GPS，即全球定位系统（Global Positioning System）。美国自 20 世纪 70 年代着手研制，历时 20 年，耗资 200 亿美元，于 1994 年全面建成，使 GPS 具有在海、陆、空进行全方位实时三维导航与定位能力的新一代卫星导航与定位系统。全球定位系统（Global Positioning System）是第二代卫星导航系统。它是在子午仪卫星导航系统的基础上发展起来的，采纳了子午仪系统的成功经验。和子午仪系统一样，全球定位系统由空间部分、地面监控部分和用户接收机三大部分组成。

2. GPS 的应用

在移动商务应用环境下，GPS 与 GSM 和 CDMA 的结合已成为全球通信导航界的关注，将形成大量的新应用、新产品，成为移动商务多样化应用必不可少的基础设施。商业应用开始走向制造产业化和消费大众化，卫星导航技术与通信、遥感和大众消费产品的相互融合，将会开发新产品和新服务，深化移动商务的应用。

普通消费型 GPS 接收器随着技术的进步功能越来越完善，逐渐多元化，经济易用。消费类 GPS 手持机基本上都有 12 个并行通道，具备传输数据功能，有些能与便携电脑相连，可以上传/下载 GPS 信息，如果使用精确到街道级的地图软件，可以在 PC 的屏幕上实时跟踪你的位置或自动导航。

（三）移动多媒体

在移动多媒体中需要重点介绍的是 MMS。从最早的文本短信（SMS）到增强信息服务（EMS），现在，一种被称为多媒体短信的 MMS 的业务也随之而来。MMS 是 Multimedia Messaging Service 的缩写，中文译为多媒体短信服务，是目前短信技术开发的最高标准的一种。它最大的特色就是支持多媒体功能，可以传送视频、图片、声音和文字，传送的方式除了在手机间传送外，还可以在手机和电脑之间传送。

具有 MMS 功能的移动电话的独特之处在于其内置的媒体编辑器，用户可以很方便地编写多媒体信息。如果安装上一个内置的或外置的照相机，用户还可以制作出电子明信片，把他们传送给朋友或同事。多媒体短信需要 3G 网络作为基础，需要足够的带宽来支持 MMS 的运作，但由于 3G 的投入使用还需要一段时间，因此多媒体短信服务的全面展开还需要假以时日。

（四）移动流媒体

流媒体是流式传输支持的业务。在无线网络里，流媒体业务主要面向 CD-MA2000、GPRS/EDGE、UMTS 等提供较高带宽（100kbps 以上）的无线分组网络，可根据流媒体源的不同分为视频业务和音频业务。目前，基于有线的 VOD、AOD 业务，已经受到了用户的广泛欢迎。在无线网络，空中接口带宽的增加为流媒体业务的开展提供了良好的基础，若结合无线系统不受时间、地点限制的特点，将使得移动流媒体业务更具吸引力。

目前在网络上传输音、视频等多媒体信息的方法主要采用下载和流式两种传输方法。对于下载方法而言，由于大文件往往需要大量的存储容量，同时受到网络带宽的限制，下载常常会花数分钟甚至数小时，延迟很大。对于流式传输而言，声音、影像或动画等文件边下载边播放，不仅使启动延时呈十倍、百倍地缩短，而且也不需要太大的缓存容量，避免了用户必须等待整个文件全部从网上下载后才能观看的缺点。

基于流媒体的业务应用非常广泛，如世界杯精彩进球片段回放、移动商务的股指和期指回放、电影精彩片断段赏等；通过视频卡进行视频、音频源的采集，还可进行电视、CD 等节目源的实时播放。移动流媒体业务可为移动用户提供在线不间断的声音、影像或动画等多媒体，支持的媒体格式包括 MPEG4、MP3、wav、avi、au、Flash 等，适合移动商务的应用。

（五）移动支付技术

1. 移动支付总体介绍

随着移动通信服务从单一的语音服务向数字业务的多元发展，各种移动增值业务层出不穷。移动支付就是其中很受人关注的增值业务。一般来说，移动支付是指交易双方为了某种货物或者业务，通过移动设备进行商业交易的过程。移动支付所使用的移动终端可以是手机、PDA、移动 PC 等。根据移动支付交易额的大小，移动支付可以分为微支付和宏支付。微支付是指交易额少于10美元的交易，通常是指购买移动内容业务，例如游戏、视频下载等；宏支付是指交易金额较大的支付行为，例如在线购物或者近距离支付。根据传输方式不同可分为空中交易和 WAN（广域网）交易。空中交易是指支付需要通过终端浏览器或者基于 SMS/MMS 等移动网络系统的交易；WAN 交易则主要是指通过移动终端在近距离内交换信息，而不通过移动网络的交易。

2. 移动支付流程

从本质上说，移动支付与传统的支付行为没有太大的区别，流程都涉及四个交易对象：消费者、出售者、发行方和收款方。其中，发行方和收款方都应该是金融机构。交易过程如图 3-17 所示。

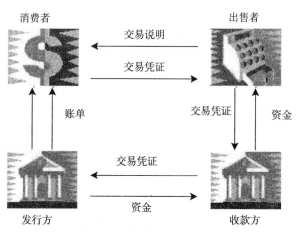

图 3-17 移动支付交易过程

移动支付与传统的支付不同之处在于交易资格审查处理过程有所不同。因为移动支付涉及移动网络运营商以及所使用的浏览协议，例如 WAP 或 HTML、信息系统 SMS 或 USSD（Unstructured Supplementary Service Data）等。

本章案例

中移动互联网基地：6亿用户量的平台焦虑

中移动对数据业务经过一番重组之后，地处广东的互联网基地正在扮演越来越重要的角色。

截至目前，中移动旗下已经公布的就有互联网、音乐、游戏、阅读、视频等八大基地，分别位于广东、四川、江苏、浙江、上海等地，各个基地都有针对移动互联网的创新产品。

如何整合这些分散在各地的资源，把各项业务统一融合是移动内部此轮数据业务调整的方向之一。比如飞信、邮箱、微博之间的融合，以及 Mobile Market（简称 MM）平台与音乐、游戏、视频、书籍等数字内容的融合。

此前，该互联网基地已经承载了 MM、139 社区等中移动在互联网方面的核心业务。从目前调整的迹象来看，卓望的资源正在逐渐向互联网基地集中，近日已经将飞信运营权正式移交给广东移动互联网基地运营，神州泰岳将与广东移动签订新的合作协议。

2011 年 6 月 30 日，中国移动广东有限公司数据业务运营中心总经理杭国强接受记者采访时表示，"互联网基地的一项使命就是，在总部的指导下，推动这样的融合。"

一、移动商务的平台思维

"从收入规模来看，电信行业近 7 年的年均增速不到 10%，已低于 GDP 增速，而互联网增速均保持在 30% 以上，预计互联网行业在未来六七年将超过电信业。"为了避免沦为管道，拥抱互联网是电信运营商的必然选择。

事实上，中移动之前在互联网方面已经有了大量投入和诸多产品，比如 IM 方面有飞信，邮箱有 139 手机邮箱，微博也有 139 说客（现更名为"移动微博"）。但是，与互联网公司相比，中移动做得最好的应用在市场中也无法占据第一，很多都在三甲之后。

在业务层面，中移动不用面面俱到，什么都跟进，而是应当采用平台化运营的策略，让应用厂商变成合作伙伴，互联网基地正是在这样的思路下的重要布局。

2010 年 7 月 30 日，中移动总部正式授牌广东公司作为中国移动互联网基地，负责 MM、社区、公共能力等运营建设。之所以把互联网基地放在广东，是因为广东一直是移动的数据大省，手机上网流量与收入都位列第一。

在飞信正式宣布纳入基地之前，互联网基地目前主要有 MM 与 139 社区两大平台。其中，MM 包含在众多类 App Store 的在线商店中，是首家由运营商打造的应用平台。

中移动于 2009 年 8 月正式发布了 MM 商店，经过一年多的发展，其已经聚集了一批用户及开发者资源。来自中移动内部的数据显示：截至今年 5 月，MM 商店注册用户数达 7696 万，月下载量最高接近 1 亿次，上架应用数量已经超过 6.96 万个。

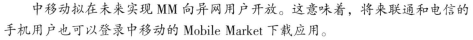
中移动拟在未来实现 MM 向异网用户开放。这意味着，将来联通和电信的手机用户也可以登录中移动的 Mobile Market 下载应用。

互联网基地运营的另一个平台是 139 社区，包括融合通信、社交网络和微博三大产品线。据广东移动数据中心移动互联室一位负责人介绍，139 社区的核心是以通讯录为基础的真实关系，这样一个平台对中移动而言有两大好处，"一是前向收入，二是提高用户的迁移成本"。

事实上，中移动一直有前向收费的优势。比如在广东的试点中，就有超过百万的用户愿意通过付套餐费来使用社区服务。不过，基地在实现规模发展之后，承担的一项任务就是后向付费模式的探索，"有一些第三方平台不向用户收费也实现了盈利"。

二、精品难题

通过广告和宣传吸引用户过来后，却没有足够好的应用吸引用户留下。

在苹果的 App Store 大获成功之后，几乎所有的产业链相关方都开始做应用商店。但是除了 Google 的 Android 平台，似乎没有任何一个生态系统能够与苹果相提并论，大部分的商店都难以获得大量开发者的支持。

中移动作为背靠 6 亿手机用户的全球最大运营商，在发展 Mobile Market 的过程中也碰到了相同的问题。通过广告和宣传吸引用户过来之后，却没有足够多、足够好的应用吸引用户留下。

中移动意识到，之前发现的最大问题就是 MM 上缺精品。为了获得精品，中移动开始了一系列拉拢开发者的行动，为开发者提供从培训、开发、测试到上线的全套服务。另外，还开展了"百万青年创业计划"，第一批有超过 10 家开发者获得风投，如导航犬、航海桌面等，超过 100 个人开发者开始公司化运作。

除了个人开发者，中移动还开始与产业链相关公司展开合作。比如与沃达丰等电信运营商双向引入产品，与诺基亚等终端厂商开设店中店，另外，还主动寻求与 Gameloft、Rovio、Glu 等游戏公司合作引入产品。

在 MM 基地中，所有的上线应用都会由人工进行测试。除了有 300 多人的团队对应用程序的安全性、终端适配性能等进行检测之外，还有一个 8 人小团队专门负责发现与推荐精品应用。根据后期的统计，排在下载榜单前列的大部分都是被团队发现的精品应用。

另外，为了进一步拉拢知名厂商，互联网基地还模仿之前彩铃的"音乐首发"形式，推出了应用"精品首发"模式，即对游戏精品采取"保底+买断"的分成方式，先保证给开发商一定数量级的下载收入，超出保底部分之后再额外分成。

"不这样他们不肯来。"中移动互联网基地一位内部人士表示，目前中移动 MM 平台上的收入规模与苹果还是有一定差距。珠海的一位个人开发者告诉记者，他 2010 年开始把应用放到 MM 上，每月的收入大概是在苹果 App Store 中的 1/3。

通过上述手段，已经陆续为 MM 带来超过 60 款游戏精品，在 MM 下载排行榜的应用中，与国际知名商场榜单重叠度从 10%上升到了 53%。

随着 MM 平台的不断壮大，各基地业务之间的融合问题也日渐突出。以游戏为例，手机游戏公司既可以作为开发者与 MM 直接合作，也可以通过与江苏的游戏基地合作提供产品。

据中移动内部人士透露，在互联网基地成立之初，实现"集中运营"是设立这个基地的目的之一，包括 MM、社区还有其他互联网业务的集中运营，以及通信产品与互联网的融合，社区、邮箱等产品之间融合。

中移动在 2010 年财报中指出，去年增值业务发展迅速，无线音乐、手机报、飞信、手机邮箱等业务的收入规模进一步扩大；手机游戏、手机支付、手机阅读、手机视频等业务的用户规模实现快速增长。

事实上，这些业务基本都对应了中移动在广东、上海、江苏、四川等地布局的八大基地。之前中移动内部一直有传言称，未来在数据业务方面会确立一个更适合移动互联网的统一门户，将早已布局的各大基地业务纳入其中。目前看来，互联网基地很可能就是承担这个任务的主体。

2010 年 5 月 MM 平台完成了对中国移动四大基地（音乐、阅读、游戏、视频）数字内容的全量同步。现在的 MM 商店，除了聚集传统的软件应用，来自其他基地的音乐、文学等数字内容，另外还有飞信等自有业务产品。

对于中移动自己发展的各项互联网业务，目前大的业务之间已经实现了互通，但还是存在一些功能重叠等问题。互联网基地的使命就是：在总部的指导下，推动融合。

资料来源：新浪科技，http://www.sina.com.cn，2011-07-02.

➡ **问题讨论：**

1. 中移动的网络通讯平台有哪些优势？

2. 随着 4G 时代越走越近，中移动可以创新采用哪些相关技术扩展自己的平台功能？

本章小结

移动商务的产生与发展是基于计算机网络与通信等技术的。移动计算机网络通过先进的计算机网络技术和无线通信技术，组成移动通信和计算的平台，实现信息交换和资源共享。同时网络技术和无线通信技术的发展也大大促进了移动商务的发展。

广义的电子商务的发展经历了三个阶段，即 20 世纪 70~90 年代，基于 EDI 的电子商务；20 世纪 90 年代以后，基于互联网的电子商务；21 世纪初，基于普及计算机的电子商务（即移动电子商务）。在 Internet 盛行的今天，EDI 增值网络技术不但没有随着 Internet 的兴盛而消亡，相反，EDI 在移动商务的应用开展中仍然扮演着非常重要的角色。

移动商务的一个突出特点就是它的"移动性"，也就是移动商务可以实现在任何时候、任何地点、与任何人都能及时沟通联系和信息交流。而为了实现在任何时候、任何地点、与任何人都能及时沟通联系和信息交流，移动通信技术已逐渐成为现代通信领域中至关重要的一部分，该技术也是移动电子商务的实现的重要保证和标志。

移动通信技术和计算机技术的完美融合创造了移动商务，即利用 Internet 和无线网（移动通信网）等网络平台，在笔记本等 Internet 终端和手机等移动通信终端之间，让用户实现移动供应链、移动办公等应用服务和商务活动，从而实现"随时管理"。随着企业流动办公员工的增加及实时管理和沟通的需求趋势，移动商务正在引领时代的企业管理应用潮流，成为 IT 市场的一大增长亮点。

移动商务可以理解为利用无线移动设备和无线通信技术进行商品、服务、资讯、知识的交易交换的商务体系。由于移动通信设备和无线技术特有的特性，使得移动商务的交易模式与传统的电子商务模式有着极大的区别，同时也产生了用于支持移动设备进行移动商务的新的开发技术。

本章复习题

1. 请叙述计算机网络的功能。
2. 介绍 EDI 的基本概念及其系统组成。

3. IPv6 协议有哪些基本特点？

4. 简述 IPv6 与 IPv4 的区别。

5. 请叙述移动 IPv4 的基本操作过程。

6. 请叙述移动 IPv6 的基本操作过程。

7. 简述传感器网络、物联网、三网融合等移动通信技术。

8. 简述 J2ME 和 BREW 各自的特点。

9. 移动多媒体有哪些特点？

10. 移动流媒体有哪些特点？

第四章

移动商务的安全及其相关技术

学习目的

知识要求 通过本章的学习，掌握：

● 移动商务安全的相关概念
● 移动网络的安全性
● 移动商务的安全技术
● 移动支付形式和移动支付系统

技能要求 通过本章的学习，能够：

● 理解移动商务中的相关安全技术
● 了解国际上通行的两种电子支付安全协议
● 了解移动网络和有线网络的区别
● 了解移动支付的几种形式
● 了解几个移动商务安全的案例

学习指导

1. 本章内容包括：移动商务的安全概述；移动网络的安全性；移动商务安全技术；移动支付形式和移动支付系统；移动商务安全应用案例。

2. 学习方法：独立思考，抓住重点；理解移动商务的安全及其相关的关键技术；重点掌握移动支付的形式和安全认证协议。

3. 建议学时：6 学时。

引导案例

三巨头发布安全规范 移动商务安全有护航

近日，NTT DoCoMo、Intel、IBM 三家公司发布了它们联合开发的名为"高可信度移动平台"的安全规范，其目的是为了提高移动设备和在其上运行的商务服务的安全性。

这三家公司表示，"高可信度移动平台"旨在为移动无线设备提供端到端的安全架构，其中包括硬件、软件部分和技术协议，它还集成了防篡改模块、域名分离、认证和管理协议等安全技术和控制管理等内容。

"高可信度移动平台"的目标是能够保护移动设备不会受到病毒和其他安全威胁的攻击，使手机能够被用在"电子票务"、在网络商店购物付费的"电子钱包"等更先进的应用中。它包含一个协议，能够表明移动设备是网络中的一个可信任的成员，可以与其他设备安全地进行相互连接。

"高可信度移动平台"的安全规范已被 IBM、Intel、NTT DoCoMo 公司发布到了互联网上，它们已经把该规范提交给标准机构进行评估。这个规范是否能够得到各大手机厂商和手机服务运营商的支持还有待观察。

三家公司为该规范贡献了各自的不同的技术：位于东京的 NTT DoCoMo 公司提供了自己的强项——无线网络技术；位于加利福尼亚的 Intel 公司则提供了其擅长的芯片和无线设备技术；位于纽约的 IBM 公司提供了它的优势技术——安全和普遍计算。

106

资料来源：网易科技报道，http://tech.163.com，2010-02-09.

➡ 问题：

1."高可信度移动平台"采用了哪些移动商务安全技术？

2."高可信度移动平台"在安全性方面有哪些特点和优势？

第一节 移动商务的安全概述

人们在享受着利用手机等无线设备进行移动商务的便利的同时，也对它的安全性表示了十分的担忧。现在很多消费者不愿意或惧怕移动支付，究其原因，安全性一直是人们担心和关注的问题，它已经成为制约移动商务全面发展的主要因素。安全性始终是移动商务的生命线。

一、移动商务的安全要求

在移动商务的过程中，用户需要把主机或内部网络连接到 Internet 上；需要把数据和信息通过 Internet 传送出去/接收进来；更令人感到安全威胁的是通过网络把货款划入或划出用户的银行账户。所有这些活动都会使进行电子交易的各方考虑到安全问题，如何保证交易的可信性、信息的安全性成为我们最为关心的问题。移动商务的各种安全需求依赖于系统本身的特征和定义在其操作上的信用假设。一般来说，移动商务系统必须具备授权、完整性、保密性、可用性和可靠性等要求。

（一）完整性与授权

数据完整性业务是检查接收数据是否被篡改的有效方法。根据数据种类的不同，数据完整性业务可分为三种类型：

（1）连接完整性业务，用于对某个连接中的所有数据进行完整性保护。

（2）无连接完整性业务，用于对某个无连接数据项中的所有数据进行完整性保护。

（3）选域完整性业务，仅用于对某个数据单元中所指定的区域进行完整性保护。对数据完整性的解决办法可以采用数字签名技术。

数据输入时的意外差错或传输过程中信息丢失、重复或传送次序变更都可能导致交易各方信息的差异，从而影响到交易的正常进行。因此，系统要能够保护信息不被未授权者伪造、假冒、修改、删除或重放，并能防止传送过程中数据信息的丢失、篡改和重复。一个具有完整性的支付系统，不允许一个用户在没有另一个用户明确授权的情况下取走资金；为了防止行贿受贿，没有允许，系统也不能接收款项；授权构成支付系统中最重要的环节。支付授权有三种方式：外部授权、口令和签名。

（二）保密性

保密性是指防止泄露有关交易的各种信息，如付款人和收款人的标识、交易的内容和数量等。保密性要求这些信息只能让交易的参与者知道，有时甚至要求只让参与方的部分人知道。由于移动支付是在开放的网络环境中进行的，交易信息的机密性是移动支付系统得以推广和应用的重要保障。因此，系统要具备防止非法的信息存取和信息在传输过程中被非法窃取的能力，并能对硬件故障、操作错误、网络故障、应用程序错误、系统软件错误及手机病毒所产生的潜在威胁加以控制和预防。

通常使用加密的方式来防止交易信息的机密性。所谓加密就是把数据信息即明文转换为不可辨识的形式即密文的过程，目的是使不应了解该数据信息的

107

人不能够知道和识别。将密文转变为明文的过程就是解密。加密和解密过程构成加密系统，明文与密文统称为报文。任何加密系统，不论形式如何复杂，实现的算法如何不同，但其基本组成部分是相同的，通常都包括如下四个部分：

（1）需要加密的报文，也称为明文。

（2）加密以后形成的报文，也称为密文。

（3）加密、解密的装置或算法。

（4）用于加密和解密的钥匙，称为密钥。密钥可以是数字、词汇或者语句。

（三）可靠性和可用性

所有的交易方要求，无论何时都可以进行支付和接收支付。支付必须是完整的，即它们要么完整发生，要么根本不发生，不能处于一种未知或不一致的悬挂状态。付款人不希望他们的钱由于网络或系统的故障而丢失。可用性和可靠性假设基本网络服务和软硬件系统具有足够的可靠性，为了能恢复故障系统的信息，所有交易方需要某些可靠的存储器和专用重同步协议。

移动商务的安全非常重要，安全攻击会使他人信息泄密或滥用这些信息。移动商务安全策略必须明确陈述保密、完整、即需和知识产权的要求。对移动商务的安全威胁会发生在由客户终端到移动商务服务器的电子链条上的任何地方。安全问题是利害攸关的，如果在移动商务客户机和服务器上没有充分的安全保护措施，移动商务就不能持久。有效的安全策略和充分的安全检测与保护措施是保护电子沟通和移动商务交易的唯一方法。

二、移动商务的安全威胁

移动电子商务环境与有线环境大不相同，移动商务因此受到攻击的可能性更大。问题的关键是了解这些威胁是什么，并能够制定相对应的控制策略。

移动电子商务环境中有许多新的攻击点，这些威胁的范围和特性随着应用及其运行环境不同而千差万别，下面列举了一些典型的威胁和挑战。

（一）无线窃听

在移动通信网络中，所有的网络通信内容（如移动用户的通话信息、身份信息、位置信息、数据信息以及移动站与网络控制中心之间的信令信息等）都是通过无线信道传送的。而无线信道是一个开放性信道，任何具有适当无线设备的人均可以通过窃听无线信道而获得上述信息。

（二）身份假冒攻击

在移动通信网络中，移动站（包括移动用户和移动终端）与网络控制中心以及其他移动站之间不存在任何固定的物理连接（如网络电缆），移动站必须通过无线信道传送其身份信息，以便于网络控制中心以及其他移动站能够正确鉴别他的身份。由上述可知，无线信道中传送的任何信息都可能被窃听。当攻击者截获到一个合法用户的身份信息时，他就可以利用这个身份信息来假冒该合法用户的身份入网，这就是所谓的身份假冒攻击。

（三）信息篡改

所谓信息篡改是指主动攻击者将窃听到的信息进行修改（如删除和/或替代部分或全部信息）之后再将信息传给原本的接收者。这种攻击的目的有两种：一种是攻击者恶意破坏合法用户的通信内容，阻止合法用户建立通信连接；另一种是攻击者将修改的消息传给接收者，企图欺骗接收者相信该修改的消息是由一个合法用户传给的。

（四）无线 Ad hoc 应用的威胁

由于无线装置的特殊性，给通信媒体带来了新的安全问题。考虑无线装置可以组成 Ad hoc 网路。Ad hoc 网络和传统的移动网络有着许多不同，其中一个主要的区别就是 Ad hoc 网络不依赖于任何固定的网络设施，而是通过移动节点间的相互协作来进行网络互联。Ad hoc 网络也正在逐步应用于商业环境中，比如传感器网络、虚拟会议和家庭网络。由于其网络的结构特点，使得 Ad hoc 网络的安全问题尤为突出。Ad hoc 网路的一个重要特点是网络决策是分散的，网络协议依赖于所有参与者之间的协作。敌手可以基于该种假设的信任关系入侵协作的节点。例如，入侵一个节点的敌手可以给网路散布错误的路由信息，甚至使所有的路由信息都流向被入侵的节点。同样，移动用户会漫游到许多不同的小区和安全域。通信由一个小区切换到另一个小区时，恶意的或被侵害的域可以通过恶意下载、恶意消息和拒绝服务来侵害无线装置。

（五）重传攻击

所谓重传攻击是指主动攻击者将窃听到的有效信息经过一段时间后再传给信息的接收者。攻击者的目的是企图利用曾经有效的信息在改变了的情形下达到同样的目的，例如攻击者利用截获到的合法用户口令来获得网络控制中心的授权，从而访问网络资源。

此外，无线通信网络与有线通信网络一样也面临着病毒攻击、拒绝服务等威胁，这些攻击的目的不在于窃取信息和非法访问网络，而在于阻止网络的正常工作。据国内专业反病毒机构报道，有些手机蠕虫病毒会攻击几款采用了 Symbian 手机操作系统的智能手机，并可通过手机的蓝牙功能进行传染。

这些病毒攻击手机常采用以"病毒短信"的方式直接攻击手机本身，使手机无法提供服务。比如，针对门户网站的手机服务漏洞编写出的病毒程序，不停地用某个手机号码订阅某项服务或者退订某个服务；病毒还会利用手机程序的漏洞，发送精心构造的短信或者彩信，造成手机内部程序出错，从而导致手机不能正常工作；或者攻击 WAP 服务器使 WAP 手机无法接收正常信息，时下许多手机都能实现 WAP 上网，而手机的 WAP 功能需要专门的 WAP 服务器支持。有些手机病毒就针对 WAP 服务器的安全漏洞进行攻击，影响 WAP 服务器的正常工作，从而使手机无法正常 WAP 上网；或者攻击和控制"网关"，向手机发送垃圾信息，病毒通过占领短信网关或者利用网关漏洞向手机发送大量短信，进行短信拒绝服务攻击，还有可能攻击整个网络。

三、移动商务的安全保障

为了保障移动商务的安全，需要方方面面的参与和努力。移动商务的安全要从三个大的方面来综合考虑，即管理措施、法律措施和技术措施。

（一）管理上的安全措施

在管理方面，首先，高层管理要足够重视移动商务安全，促成管理人员同相关的技术人员一起制定企业内部、外部网络安全规划和标准，在规划中应该指出企业信息安全在近期和未来一段时间内要达到什么级别和标准，以及预备投入的资源等。

其次，在规划和标准的指导下要制定详细的安全行为规范，包括各种硬软件设备使用和维护权限的管理办法、网络系统登录和使用的安全保障管理办法、数据维护和备份的管理规定等。

最后，要特别注意安全条例的执行保障，有了规定就一定要按照规定去执行。只有在管理上具备明确的目标和标准，技术人员才能更好地为其提供安全上的技术支持。

（二）法律上的安全保障

在法律上，移动商务不同于传统商务在纸面上完成交易，不能做到有据可查，电子交易如何认证，电子欺诈如何避免和惩治不仅是技术问题，同时也涉及法律领域，移动商务就像在现实世界之外又建立了一个虚拟世界，在这个虚拟世界里，更需要完善的法律体系来维持秩序。目前，多个国家和地区已经开始行动制定移动商务法律法规。

安全的移动商务仅靠单一的技术手段来保证是不会奏效的，必须依靠法律手段、行政手段和技术手段的完美结合来最终保护参与移动商务各方的利益。这就需要在企业和企业之间、政府和企业之间、企业和消费者之间、政府和政府之间明确各自需要遵守的法律义务和责任。其主要涉及的法律要素有：

1. 有关移动商务交易各方合法身份认证的法律

电子身份认证中心（A）是电子商务中的核心角色，它担负着保证移动商务公正、安全进行的任务。因而必须由国家法律来规定 CA 中心的设立程序和

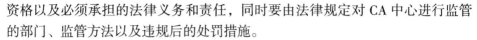

资格以及必须承担的法律义务和责任，同时要由法律规定对 CA 中心进行监管的部门、监管方法以及违规后的处罚措施。

2. 有关保护交易者个人及交易数据的法律

本着最小限度收集个人数据、最大限度保护个人隐私的原则来制定法律，以消除人们对泄露个人隐私以及重要个人信息的担忧，从而吸引更多的人参与移动商务。

3. 有关电子商务中电子合同合法性及如何进行认证的法律

需要制定有关法律对电子合同的法律效力、数字签名、电子商务凭证的合法性予以确认；需要对电子商务凭证电子支付数据的伪造、变更、涂改做出相应的法律规定。

4. 有关网络知识产权保护的法律

网络对知识产权的保护提出了新的挑战，因此在研究技术保护措施时，还必须建立适当的法律框架，以便侦测仿冒或欺诈行为，并在上述行为发生时提供有效的法律援助。

（三）技术上的安全保障

在技术上，移动商务中涉及的安全技术很多，其中有一些已经获得了广泛的应用和认可。对维护企业内部网安全的技术包括用户密码和权限管理技术、防火墙技术、虚拟专用网（VPN）技术、网络杀毒技术等；维护交易数据在 Internet 上安全传输的技术包括数据加密、数字签名等。其中为了识别用户在现实世界中的真实身份还要涉及 CA 认证中心，为了维护电子交易中最为关键的资金流动特别是信用卡支付的安全，还要涉及两个应用广泛的协议——SSL 和 SET 协议。除此之外，针对移动商务的特殊性，还需要采用无线应用协议（WAP）和移动 IP 技术来提供额外的保障，无线应用协议 WAP 是无线通信和互联网技术发展的产物，它不仅为无线设备提供丰富的互联网资源，也提供了开发各种无线网络应用的途径。移动 IP 技术，是指移动用户可在跨网络随意移动和漫游中，使用基于 TCP/IP 协议的网络时，不用修改计算机原来的 IP 地址，同时，也不必中断正在进行的通信。

第二节　移动网络的安全性

从技术角度来说，移动商务的安全性就是移动网络的安全性问题。

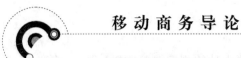

一、移动网络的安全威胁

尽管移动商务给工作效率的提高带来了诸多优势（如减少了服务时间，降低了成本和增加了收入），但安全问题仍是移动商务推广应用的"瓶颈"。有线网络安全的技术手段不完全适用于无线设备，由于无线设备的内存和计算能力有限而不能承载大部分的病毒扫描和入侵检测的程序。例如，目前还没有有效抵制手机病毒的防护软件。

（一）移动网络面临的威胁

1. 网络本身的威胁

无线通信网络不像有线网络那样不受地理环境和通信电缆的限制，可以实现开放性的通信。无线信道是一个开放性的信道，它给无线用户带来通信自由和灵活性的同时，也带来了诸多不安全因素：通信内容容易被窃听、通信双方的身份容易被假冒，以及通信内容容易被篡改等。在无线通信过程中，所有通信内容（如通话信息、身份信息、数据信息等）都是通过无线信道开放传送的。任何拥有一定频率接收设备的人均可以获取无线信道上传输的内容。对于无线局域网和个人网用户，其通信内容更容易被窃听。无线窃听可以导致通信信息和数据的泄露，而移动用户身份和位置信息的泄露可能导致移动用户被无线追踪。这对于无线用户的信息安全、个人安全和个人隐私都构成了潜在的威胁。

2. 无线 Ad hoc 应用的威胁

Ad hoc 网络是一种没有有线基础设施支持的移动网络，网络中的节点均由移动主机构成。在 Ad hoc 网络中，当两个移动主机在彼此的通信覆盖范围内时，它们可以直接通信。但是，由于移动主机的通信覆盖范围有限，如果两个相距较远的主机要进行通信，则需要通过它们之间的移动主机的转发才能实现。因此在 Ad hoc 网络中，主机同时还是路由器，担负着寻找路由和转发报文的工作。在 Ad hoc 网络中，每个主机的通信范围有限，因此路由一般都由多跳组成，数据通过多个主机的转发才能到达目的地。故 Ad hoc 网络也被称为多跳无线网络。其结构如图 4-1 所示。

Ad hoc 网络可以看作是移动通信和计算机网络的交叉。在 Ad hoc 网络中，使用计算机网络的分组交换机制，而不是电路交换机制。通信的主机一般是便携式计算机、个人数字助理（PDA）等移动终端设备。Ad hoc 网络不同于目前互联网环境中的移动 IP 网络。在移动 IP 网络中，移动主机可以通过固定有线网络、无线链路和拨号线路等方式接入网络，而在 Ad hoc 网络中只存在无线链路一种连接方式。在移动 IP 网络中，移动主机通过相邻的基站等有线设施

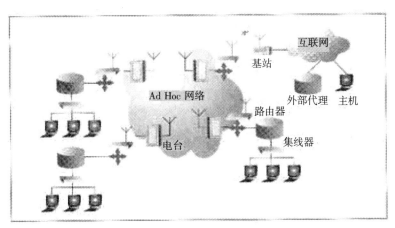

图 4-1　Ad Hoc 网络机结构

的支持才能通信，在基站和基站（代理和代理）之间均为有线网络，仍然使用互联网的传统路由协议。而 Ad hoc 网络没有这些设施的支持。此外，在移动 IP 网络中，移动主机不具备路由功能，只是一个普通的通信终端。当移动主机从一个区移动到另一个区时并不改变网络拓扑结构，而 Ad hoc 网络中移动主机的移动将会导致拓扑结构的改变。

3. 网络漫游的威胁

无线网络中的攻击者不需要寻找攻击目标，攻击目标会漫游到攻击者所在的小区。在终端用户不知道的情况下，信息可能被窃取和篡改。服务也可被经意或不经意地拒绝。交易会中途打断而没有重新认证的机制。由刷新引起连接的重新建立会给系统引入风险，没有再认证机制的交易和连接的重新建立是危险的。连接一旦建立，使用 SSL 和 WTLS 的多数站点不需要进行重新认证和重新检查证书，攻击者可以利用该漏洞来获利。

4. 物理安全

无线设备另一个特有的威胁就是容易丢失和被窃。因为没有建筑、门锁和看管保证的物理边界安全和其小的体积，无线设备很容易丢失和被盗窃。对个人来说，移动设备的丢失意味着别人将会看到电话上的数字证书，以及其他一些重要数据。利用存储的数据，拿到无线设备的人就可以访问企业内部网络，包括 E-mail 服务器和文件系统。目前手持移动设备最大的问题就是缺少对特定用户的实体认证机制。

（二）移动商务面临的问题

1. 垃圾短信息

在移动通信给人们带来便利和效率的同时，也带来了很多烦恼，遍地而来的垃圾短信打扰着人们的生活。在移动用户进行商业交易时，会把手机号码留给对方。通过街头的社会调查时，也往往需要被调查者填入手机号码，甚至有的用户把手机号码公布在网上。这些都是公司获取手机号码的渠道。垃圾短信使得人们对移动商务充满恐惧，而不敢在网络上使用自己的移动设备从事商务活动。目前，还没有相关的法律法规来规范短信广告，运营商还只是在技术层面来限制垃圾短信的群发。目前，信息产业部正在起草手机短信的规章制度，相信不久的将来会还手机短信一片绿色的空间。

2. 定位新业务的隐私威胁

定位是移动业务的新应用，其技术包括：全球定位系统 GPS（Global Positioning System），该种技术利用 3 颗以上 GPS 卫星来精确（误差在几米之内）定位地面上的人和车辆；基于手机的定位技术 TOA，该技术根据从 GPS 返回响应信号的时间信息定位手机所处的位置。定位在受到欢迎的同时，也暴露了其不利的一面——隐私问题。移动酒吧就是一个典型的例子，当用户在路上时，这种服务可以在 PDA 上列出最近的 5 个酒吧的位置和其特色。或者当用户途经一个商店时，会自动向手机发送广告信息。定位服务在给人们带来便利的同时，也影响到了个人隐私。利用这种技术，执法部门和政府可以监听信道上的数据，并能够跟踪一个人的物理位置。如果定位技术被恐怖分子利用，他们通过定位通信用户的位置，可以对其抢劫和绑架而实施犯罪活动。

（三）移动网络的安全现状

由于对安全性存在怀疑，所以很多公司对于移动办公没有信心。通常情况下，人们都有充分的理由对远程访问安全性不信任。不幸的是，远程设备的安全性也做得还远远不够。人们已经证明，位于底层的无线基础设施和不安全的有线等效加密（WEP）安全协议中存在着无数的安全漏洞。对笔记本电脑、PDA、手机等移动终端和无线网络来说，安全有太多的因素需要考虑。因此为用户提供一个移动的解决方案，使得公司员工能够远程访问公司网络并不是一件很轻松的事情。当然，现实中确实有太多的问题存在。比如员工将他们的笔记本电脑丢在出租车后备箱中，而使得黑客嗅探到那些保护不够的数据。类似这样的问题都让那些谨慎的客户觉得移动网络只是个概念，无法投入实际应用。

但是无线技术还是在不断取得进步，移动网络也就有了一个强壮的安全标准集合，从而允许公司推出具有有线网络安全性的无线网络。

2009 年，电气与电子工程师协会（IEEE）批准了无线传输标准协议 802.11n 安全标准，以实现高带宽、高质量的 WLAN 服务，使无线局域网达到以太网的性能水平。

114

在传输速率方面，802.11n 可以将 WLAN 的传输速率由目前 802.11a 及 802.11g 提供的 54Mbps，提高到 300Mbps 甚至高达 600Mbps。得益于将 MIMO（多入多出）与 OFDM（正交频分复用）技术相结合而应用的 MIMO OFDM 技术，提高了无线传输质量，也使传输速率得到极大提升。

在覆盖范围方面，802.11n 采用智能天线技术，通过多组独立天线组成的天线阵列，可以动态调整波束，保证让 WLAN 用户接收到稳定的信号，并可以减少其他信号的干扰。因此其覆盖范围可以扩大，使 WLAN 移动性极大提高。

在兼容性方面，802.11n 采用了一种软件无线电技术，它是一个完全可编程的硬件平台，使得不同系统的基站和终端都可以通过这一平台的不同软件实现互通和兼容，这使得 WLAN 的兼容性得到极大改善。这意味着 WLAN 将不但能实现 802.11n 向前后兼容，而且可以实现 WLAN 与无线广域网络的结合，比如 3G。

2009 年 8 月 13~14 日，2009 年中国无线局域网论坛在北京举行，会议以"802.11n，更便捷的 WLAN"为主题，着力讨论了关于 802.11n 在技术应用上的前景。

二、有线网络和移动网络的安全性比较

有线网络传播的是电或光信号，而移动网络则是电磁波信号，相对来说移动网络通常比有线网络更容易受到物理安全攻击，易于遭受窃听、欺骗和拒绝服务等攻击。不过现有的链路安全技术有些已应用于无线网络中以减小安全攻击。另外不同的是，有线网络的安全性主要在三层以上实现；而移动网络则在二层和三层共同实现。

移动网络和有线网络之所以需要采用不同的安全方法，主要的原因就是移动网络客户端设备（移动设备）具有一定的局限性。

移动设备，不管是移动电话、PDA 掌上电脑，还是其他的便携设备，都具有一定的局限性。这些局限性包括：内存、计算能力、形状因素、带宽。

1. 内存

对于个人计算机来说，具有 128MB 或更多的内存、20G 或更多的硬盘空间是很普遍的事情。但是，对于价格适中、形状合理的移动设备来说，要想具有这么大的容量几乎是不可能的。因此，必须创造性地开发出新的移动设备内存管理方法。一些移动设备，如 PocketPC，具有一些普通个人计算机上应用的简化版本。另外，这些移动设备通常具有闪存和智能卡储存功能。

欧洲移动电话中，通常都装有智能卡。智能卡能够有效处理如下两个问题：提供一定的数据存储空间，如用于存放数字证书或用户身份；把数据从一

个手机转移到另外一个手机。尽管智能卡技术可以应用于有线设备，如传统的个人计算机，但是由于这些设备对移动性和额外空间的需求不是太强，因此，智能卡读写器（要使智能卡工作需要使用此设备）在个人计算机中不是太流行。

2. 计算能力

移动设备的另外一个局限性在于其进行大量数学函数运算的能力较弱。尽管现在 PDA 等移动设备的计算能力已经有了较大的提高，甚至可以和一些比较老式的 PC 相媲美。但是，对比较便宜的移动设备或移动电话来说，其计算能力与 PC 还有相当大的距离。

为了降低加密所需的计算强度，同时，又保持较高的安全性能，椭圆曲线（ECC）加密技术现在已经变成了移动设备标准的加密方法。因此，大多数公司都提供利用 ECC 技术进行加密的移动设备。表 4-1 对不同的加密算法进行了比较。较少的密码位数意味着这种加密方法速度更快，而且对计算机的运算速度要求不高。另外，由于密码位数较少，在发送方和接收方之间需要传送的密码字节也就较少，因此，对带宽的要求也就不高。

表 4-1　长信息（大于 2000 个字节）签名长度比较

加密方法	签名长度（字节）
RSA	1024
DSA	320
ECC	320

3. 形状因素

由于移动设备尺寸较小，显示空间有限，因此，移动设备必须采用不同于有线设备的数据输入和传送方法。WAP 的设计可以解决移动设备显示空间有限这一问题，通过利用微型浏览器，用户就可以浏览或输入对移动商务交易比较重要的信息。

另外，在设计移动设备的时候，使它尽可能地轻一些、小一些，也意味着略微放弃了一些电池寿命以及其他一些关键的功能，如内存有限。

4. 带宽

现在，在移动电话行业，人们讨论最多的一个主题就是带宽问题。下一代移动电话网络，即 3G 网络（第 3 代移动电话网络）的速度将像现在桌面计算机 Internet 的速度那样快。对于移动商务应用而言，由于移动商务交易总是不可避免地需要在相隔一定距离的交易双方之间进行，而且经常要跨越包括有线网络在内的不同网络，因此，移动设备比较理想的一个特点是永远在线的。永远在线设备的安全问题更加复杂。如果移动设备一直保持与 Internet 的连接，那么，这些设备被黑客发现或被黑的机会就会大大增加。

第三节　移动商务安全技术

一、移动通信中的数字加密技术

一般地，密码算法大多需要进行大量复杂的运算，这使得密码技术在无线通信网络中的应用受到一些挑战，这些挑战来自于无线设备和无线网络两个方面。首先，无线设备的计算环境十分受限，大多数无线设备（如移动电话、PDA 等）的计算能力差、存储资源少。

相比于有线通信网络，无线通信网络的资源也十分有限，大多数无线数据通信网络的频率带宽有限，数据传输速率比较低。

上述受限的计算环境和通信环境，使得无线通信网络在选用密码技术来保护网络的安全性时必须选择能够适应无线通信网络特点的密码算法，这就对密码技术提出了一些特殊要求。

通信明文通过加密可以被转换成密文，而这些密文对于不知道解密密钥的人来说是杂乱无章、不可理解的，只有知道解密密钥的人才能恢复出原来的明文。当然，加密明文的过程也需要知道密钥。当加密密钥和解密密钥相同时，这种密码算法称为对称密钥密码算法；而加密密钥和解密密钥不相同的密码算法称为非对称密钥密码算法。

二、CA 认证

CA（Certificate Authority）机构，又称为证书授权中心，作为电子商务交易中受信任的第三方，承担公钥体系中公钥的合法性检验的责任。CA 中心为每个使用公开密钥的用户发放一个数字证书，数字证书的作用是证明证书中列出的用户合法拥有证书中列出的公开密钥。CA 机构的数字签名使得攻击者不能伪造和篡改证书。它负责产生、分配并管理所有参与网上交易的个体所需的数字证书，因此是安全电子交易的核心环节。

（一）数字证书原理

数字证书采用公钥体制，即利用一对互相匹配的密钥进行加密、解密。每个用户自己设定一把特定的仅为本人所知的私有密钥（私钥），用它进行解密

117

和签名；同时设定一把公共密钥（公钥）并由本人公开，为一组用户所共享，用于加密和验证签名。当发送一份保密文件时，发送方使用接收方的公钥对数据加密，而接收方则使用自己的私钥解密，这样信息就可以安全无误地到达目的地了。

用户也可以采用自己的私钥对信息加以处理，由于密钥仅为本人所有，这样就产生了别人无法生成的文件，也就形成了数字签名。采用数字签名，能够确认以下两点：

（1）保证信息是由签名者自己签名发送的，签名者不能否认或难以否认。

（2）保证信息自签发后到收到为止未曾做过任何修改，签发的文件是真实文件。

（二）数字证书的作用

基于 Internet 的电子商务系统技术使在网上购物的顾客能够极其方便、轻松地获得商家和企业的信息，但同时也增加了对某些敏感或有价值的数据被滥用的风险。买方和卖方都必须对在 Internet 上进行的一切金融交易运作都是真实可靠的，并且要使顾客、商家和企业等交易各方都具有绝对的信心，因而 Internet 电子商务系统必须保证具有十分可靠的安全保密技术。也就是说，必须保证网络安全的四大要素，即信息传输的保密性、数据交换的完整性、发送信息的不可否认性、交易者身份的确定性。

118

三、移动商务交易方自身安全技术

商业企业一旦把主机或内部网连接到 Internet 上，即面临很多安全威胁：由于企业内部的计算机暴露给公用网上成百上千的使用者，在保证合法用户的正常使用功能时，系统也可能遭到身份不明人物的多种攻击，例如"黑客"可借助工具软件拦截或猜测合法用户的账户和密码，伪装其进入系统进行破坏活动。为了维护电子商务交易者内部网络的安全，可以采用几种不同的技术，其中包括用来控制使用者身份和权限的密码登录技术，对进出企业内部网络的信息进行控制的"防火墙"技术，以及对付网络病毒的杀毒技术。

（一）用户账号管理技术

用户账号无疑是计算机网络安全弱点之一。获取合法的账号和密码是"黑客"攻击网络系统最常使用的方法。用户账号的涉及面很广，包括网络登录账号、系统登录账号、数据库登录账号、应用登录账号、电子邮件账号、电子签名、电子身份等。因此，用户账号的安全措施不仅包括技术层面上的安全支持，还需在企业信息管理的政策方面有相应的措施。只有双管齐下，才能真正有效地保障用户账号的保密性。

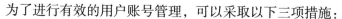

为了进行有效的用户账号管理，可以采取以下三项措施：

（1）用户分级管理是很多操作系统都支持的用户管理方法。

（2）单一登录密码制度保证用户在企业计算机网络中任何地方都使用同一个用户名和密码。

（3）用户身份确认方法对用户登录方法进行限制。

（二）网络杀毒技术

每一个计算机用户几乎都曾经面对过病毒的威胁或者已经深受其害，而Internet 的流行更让病毒有了流通渠道；内部网的用户常常需要从 Internet 上接收邮件或者下载一些程序，如果下载的邮件和程序里隐藏着病毒，一旦打开就会使网络感染病毒，令人防不胜防。由此可见，在网络环境下，计算机病毒具有更大的威胁和破坏力，它破坏的往往不只是单独的计算机和系统，而可能会蔓延到整个网络，因此有效防止网络病毒的破坏对系统安全具有十分重要的意义。

网络病毒的来源是多方面的，通常所谈论的网络病毒并不单指从 Internet 上传来的病毒，而是包括所有利用网络进行传播的病毒，因此网络病毒的来源既包括从 Internet 上下载文件带来的病毒，也包括内部用户在客户机或服务器上使用移动磁盘等产生的病毒。

来源于内部网络的病毒包括使用 U 盘，光盘等介质在不同计算机之间传播的病毒，对这一类来源的病毒，必须首先在制度上制定严格的规定，禁止某一类危险的操作，同样也需要使用防毒杀毒软件，对存在病毒的文件和软盘等禁止读写。

四、SET 安全协议 （Secure Electronic Transactions）

在开放 Internet 上处理电子商务，如何保证买卖双方传输数据的安全成为电子商务能否普及的最重要的问题。为了克服 SSL 安全协议的缺点，两大信用卡组织 Visa 和 Master-Card 联合开发了 SET 电子商务交易安全协议。SET 标准是一个能保证通过开放网络（包括 Internet）进行安全资金支付的技术标准，是为了在 Internet 上进行在线交易时保证信用卡支付的安全而设立的一个开放的规范。

SET 主要由三个文件组成，分别是 SET 业务描述、SET 程序员指南和 SET 协议描述。SET1.0 版已经公布并可应用于任何银行支付服务。

安全电子交易是基于 Internet 的银行卡支付系统，是授权业务信息传输的安全标准，它采用 RSA 公开密钥体系对通信双方进行认证。利用 DES、RC4 或任何标准对称加密方法进行信息的加密传输，并用 HASH 算法来鉴别消息真伪，有无篡改。在 SET 体系中有一个关键的认证机构（CA），CA 根据 X.509

标准发布和管理证书。

（一）SET 安全协议运行的目标

SET 协议要达到的目标主要有五个：

（1）保证信息在 Internet 上安全传输，防止数据被黑客或被内部人员窃取。

（2）保证电子商务参与者信息的相互隔离。客户的资料加密或打包后通过商家到达银行，但是商家不能看到客户的账户和密码信息。

（3）解决多方认证问题，不仅要对消费者的信用卡认证，而且要对在线商店的信誉程度认证，同时还有消费者、在线商店与银行间的认证。

（4）保证了网上交易的实时性，使所有的支付过程都是在线的。

（5）效仿 EDI 贸易的形式，规范协议和消息格式，促使不同厂家开发的软件具有兼容性和互操作功能，并且可以运行在不同的硬件和操作系统平台上。

（二）SET 标准的应用

虽然早在 1997 年就推出了 SET1.0 版，但它的推广应用却较缓慢。主要原因在于：SET 协议比较昂贵，互操作性差，难以实施，以及 SET 协议只支持 B2C 类型的电子商务模式，而不支持 B2B 模式等。尽管 SET 协议有诸多缺陷，但是其复杂性代价换来的是风险的降低，所以 SET 协议已获得了 IETF 的认可，成为电子商务中最主要的安全支付协议，并得到了 IBM、HP、Microsoft、Netscape、VeriFone、GTE、VeriSign 等许多大公司的支持，成为 B2C 业务事实上的工业标准。

目前，国外已有不少网上支付系统采用 SET 协议标准，国内也有多家单位在建设遵循 SET 协议的网上安全交易系统，并且已经有不少系统正式开通。

五、SSL 安全协议 （Secure Sockets Layer）

安全套接层协议（SSL）最初是由网景公司研究制定的安全协议，该协议向基于 TCP/IP 的客户服务器应用程序提供了客户端和服务器的鉴别、数据完整性及信息机密性等安全措施。该协议通过在应用程序进行数据交换前交换 SSL 初始握手信息来实现有关安全特性的审查。在 SSL 握手信息中采用了 DES、MD5 等加密技术来实现机密性和数据完整性，并采用 X.509 的数字证书实现鉴别。

SSL 在网络上普遍使用，能保证双方通信时数据的完整性、保密性和互操作性，在安全要求不太高时可用。它包括：

（1）握手协议。即在传送信息之前，先发送握手信息以相互确认对方的身份。确认身份后，双方共同持有一个共享密钥。

（2）消息加密协议。即双方握手后，用对方证书（RSA 公钥）加密一随机密钥，再用随机密钥加密双方的信息流，实现保密性。

（一）SSL 安全协议的功能

SSL 安全协议主要提供三方面的服务：

（1）认证用户和服务器，使得它们能够确信数据将被发送到正确的客户机和服务器上。

（2）加密数据以隐藏被传送的数据，一个加密的 SSL 连接要求所有在客户机与服务器之间发送的信息由发送方软件加密和由接受方软件解密，这就具有高度机密性。

（3）维护数据的完整性，所有通过 SSL 连接发送的数据都被一种检测篡改的机制所保护，这种机制自动地判断传输中的数据是否已经被更改，从而保证了数据的完整性。

（二）SSL 在移动商务中的应用

SSL 安全协议也是国际上最早应用于电子商务的一种网络安全协议，至今仍然有许多网上商店在使用。在点对点的网上银行业务中也经常使用。该协议已成为事实上的工业标准，并被广泛应用于 Internet 和 Intranet 的服务器产品和客户端产品中。如网景公司、微软公司、IBM 公司等领导 Internet/Intranet 网络产品的公司已在使用该协议。

SSL 使用加密的办法建立一个安全的通信通道以便将客户的信用卡号传送给商家。它等价于使用一个安全电话连接将用户的信用卡通过电话读给商家。

六、WPKI 移动商务安全策略

可应用于移动电子商务环境的加密体系是由有线网络的公开密钥体系 PKI（Public Key Infrastructure）发展而来的 WPKI（Wireless Public Key Infrastrcture）技术。它是一套遵循既定标准的密钥及证书管理平台体系，用此体系来管理移动网络环境中使用的公开密钥和数字证书，有效建立安全和值得信赖的无线网络环境。与 PKI 系统相似，一个完整的 WPKI 系统必须具有以下五个部分：客户端，注册机构（RA），认证机构（CA），证书库，应用接口，其构建也围绕着这五大部分进行。

PKI 和 WPKI 的最主要区别在于证书的验证和加密算法。WPKI 系采用优化的 ECC 椭圆曲线加密和压缩的 X.509 数字证书。对于一个 1024 位加密算法，用手机至少需要半分钟才能完成，所以传统的 PKI X.509 就不适合于移动计算。ECC 算法的数学理论非常深奥和复杂，在工程应用中比较难以实现，但它的单位安全强度相对较高。在目前已知的公钥体制中椭圆曲线密码体制是对每比特所提供的加密强度最高的一种体制。即使使用目前解椭圆曲线上的离散对数问题的最好算法，其时间复杂度也是完全指数阶的。当密钥使用 234 位时，需要 1.6×1023MIPS 年的时间。而常用的 RSA 算法所利用的是大整数分解的困难问题，目前对于一般情况下的因数分解的最好算法的时间复杂度是亚指数阶的，当密钥使用 234 位时，需要 2×1020MIPS 年的时间。也就是说，当 RSA 的密钥使用 2048 位时，ECC 的密钥使用 234 位就能获得高出许多的安全强度，它们之间的密钥长度相差达 9 倍。当 ECC 的密钥更大时它们之间差距将更大。ECC 的密钥短这一优势是非常明显的，随着加密强度的提高，密钥长度的变化也不大。椭圆曲线 ECC 算法在运算能力有限、存储空间不大的移动终端中的应用前景十分广阔。我国在 2003 年颁布的无线局域网标准中，数字签名采用的就是椭圆曲线 ECC 算法。

七、手机指纹识别技术

相对于在手机中设定开机密码和 SIM 卡锁来说，手机指纹识别技术可以确保手机在进行支付时更安全，它具有传统的手机安全系统无法比拟的优势。

首先，每个人的指纹是独一无二的，世界上任何两人之间不存在相同的手指指纹，也排除了利用别人相同的指纹来破除手机指纹密码的可能性。其次，一般说来每个人的指纹是相当固定的，不会随着人的年龄的增长或身体健康程度的变化而变化，但是人的声音等却存在较大变化的可能。因此，相比较声音加密来说，手机指纹识别具有更加稳定的优点。最后，指纹样本便于获取，易于开发识别系统，实用性强。目前，指纹识别技术也已经比较成熟，识别系统中完成指纹采样功能的硬件部分也较易实现，而且现在也已有标准的指纹样本库，方便了识别系统的软件开发。另外，一个人的十指指纹纹路皆不相同，这样就可以方便地利用多个指纹构成多重口令，提高系统的安全性。

正是由于指纹识别技术在保障手机支付安全方面具有的优势，使其成为目前移动电子商务安全解决方案中的最佳选择。

第四节　移动支付形式和移动支付系统

移动支付工具大致可以分为三类：①电子货币类，如电子现金、电子钱包等；②电子信用卡类，包括智能卡、借记卡、电话卡等；③电子支票类，如电子支票、电子汇款（EFT）、电子划款等。

一、移动电子货币

电子货币作为当代最新的货币形式，从 20 世纪 70 年代产生以来，其应用形式越来越广泛。电子货币是一种在网上发展起来的，以商用电子机和各类交易卡为媒介，以电子计算机技术和现代通信技术为手段，以电子脉冲进行资金传输和存储的信用货币。通过网上银行进行的金融电子信息交换，电子货币与纸币等其他货币形式相比，具有保存成本低，流通费用低，标准化成本低，使用成本低等优势，尤适宜于小金额的网上采购。电子货币技术解决了无形货币的存储、流通、使用等方面的技术问题，具有很大的发展潜力。美国的 Mark Twain 银行是美国第一家提供电子货币业务的银行，早在 1996 年 4 月就获得了 1 万个电子货币客户。

电子现金（E-cash），又称数字现金，是一种以数字形式流通的货币，它把现金数值转换成为一系列的加密序列数，通过这些序列数来表示现实中各种金额的币值。用户在开展电子现金业务的银行开设账户，并在账户内存钱后就可以在接受电子现金的商店购物了。电子现金有货币价值、可交换性、可存储性和不可重复性这四个重要属性。

电子钱包是顾客在电子商务购物活动中常用的一种支付工具。使用电子钱包购物，通常需要在电子钱包服务系统中进行。电子商务活动中的电子钱包的软件通常都是免费提供的，可以直接使用与自己银行账号相连接的电子商务系统服务器上的电子钱包软件，可以从 Internet 上调用，还可以采用各种保密方式利用 Internet 上的电子钱包软件。目前，世界上有 VISA cash 和 Mondex 两大电子钱包服务系统，其他电子钱包服务系统还有 Master Card cash、Euro Pay 的 Clip 和比利时的 Proton 等。在电子钱包内只能完全装电子货币，即可以装入电子现金、电子零钱、安全零钱、电子信用卡、在线货币、数字货币等，这些电子支付工具都可以支持单击式支付方式。

在使用电子钱包时，将有关的应用软件安装到电子商务服务器上，利用电子钱包服务系统就可以把自己的各种电子货币或电子金融卡上的数据输入进去。在发生收付款时，如果顾客要用电子信用卡付款，例如用 Visa 卡或者 Master Card 卡等收付款时，顾客只要单击一下相应项目（或相应图标）即可完成。人们常将这种电子支付方式称为单击式或电击式支付方式。

在电子商务服务系统中设有电子货币和电子钱包的功能管理模块，称为电子钱包管理器，顾客可以用它来改变保密口令或保密方式，用它来查看自己银行账号上的收付往来的电子货币账目、清单和数据。电子商务服务系统中还有电子交易记录器，顾客通过查询记录器，可以了解自己都买了些什么物品，购买了多少，也可以把查询结果打印出来。

虽然，电子钱包的使用往往从一个集中的城市或行业开始，但如果不同行业和地区都发展自己的电子钱包，通用就成了一个重要问题。统一标准带来的通用效果使得不同的电子钱包受理终端可以低成本共享，这是电子钱包跨行业、跨地区发展的重要前提。在国内，人民银行的金融 IC 卡标准，制定了中国的电子钱包和电子存折的标准，这为国内统一的电子钱包发展打下了基础。目前，该标准没有制定非接触式的标准。也就是说，该标准还不能进入电子钱包最大的应用领域——交通，因此还需要进一步完善。

二、移动支付

移动支付是使用移动设备通过无线方式完成支付行为的一种新型的支付方式。移动支付所使用的移动终端可以是手机、PDA、移动 PC 等。消费者通过移动电话无线上网，浏览服务提供商网站，生成订单信息并将其与数字证书、支付信息提交给服务提供商。服务提供商将消费者的支付信息送给支付网关，并由支付网关将其传送给金融机构。金融机构根据用户的账户信息进行转账，并且将结果通过支付网关返回给服务提供商。服务提供商在收到了支付网关的确认之后，将商品或服务提供给用户，其模型如图 4-2 所示。

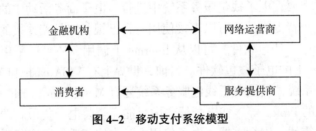

图 4-2 移动支付系统模型

移动支付系统最大的特点在于其独特的随身性和便携性，可以为消费者提供各种贴身的服务。由于支付金额较小，因而系统结构相对简单，它可以避开目前移动领域还不成熟的、复杂的公钥安全系统。目前已开发出来的移动支付系统主要包括 Paybox、Sonera MobilePay、GiSMo 和移动 Set 等。

三、移动电子资金转账（M-EFT）

电子资金转账即 EFT（Electronic Funds Transfer）。根据服务对象的不同与支付金额的大小，EFT 可以分为零售电子资金转账系统（又称小额电子资金转账系统）与批发电子资金转账系统（又称大额电子资金转账系统）。移动电子资金转账（Mobile-Electronic Funds Transfer）指利用现有的移动电话网络完成电子资金的转账业务。目前，此业务在日本和欧洲等地有了较快的发展，在中国还未形成规模性发展。

随着移动支付技术的发展，目前已经有很多成熟的系统，如 Paybox、Simpay、NTT DoCoMo 等系统。从技术角度来看，目前比较有代表性的移动支付系统大致有四类：基于 SMS 的系统；基于 WAP 的系统；基于 I-Mode 的系统；基于 J2ME 的系统。其中，基于 SMS 的系统、基于 WAP 的系统适合于微支付系统（即小额支付）。

四、移动支付系统

（一）基于 SMS 的移动支付系统

SMS（Short Message Service）是 GSM 阶段 1 的一部分，一条短信息能发送 70~160 个字符，但限于欧洲各国语言、中文和阿拉伯语。该系统在欧洲、亚洲被广泛使用。SMS 系统框架和生命周期如图 4-3 所示。图中：①为终端用户至支付服务商/金融服务商，终端用户通过短消息形式来请求内容服务，如发送××到××来查询天气预报、新闻等；②为支付服务商/金融服务商至商家，金融服务商收到请求内容后认证终端用户的合法性及账户余额，如合法用户则向商家请求内容，不合法用户则返回相应错误信息；③为商家至支付服务商/金融服务商，商家收到支付服务商/金融服务商的内容请求后，认证服务商/金融服务商，如合法商家发送请求的内容给服务商/金融服务商，如不合法用户则返回相应错误信息；④为支付服务商/金融服务商至商家，支付服务商/金融服务商把收到的内容转发给终端用户；⑤⑥⑦为支付服务商/金融服务商从终端用户的账户中扣除相应内容的费用转账给商家。

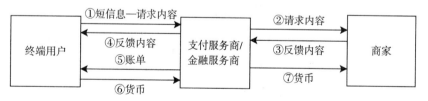

图 4-3 SMS 系统框架

在 SMS 系统中，费用是从用户的话费中扣除的。账户的处理是由支付服务商/金融服务商来完成的。通常情况下，支付服务商/金融服务商是指移动运营商，即 SMS 系统一般不会涉及银行的参与，并且 SMS 系统适合于小额的信息服务。SMS 系统的安全性取决于短消息的安全性。该系统的优点是费用低廉。移动金融服务通过发送一条短信完成一笔交易，一般只需花费 0.1 元，而使现有手机带上银行服务的功能，只要将原先的 SIM 卡换成 STK 卡，成本也很低，并且还能保留原有的电话号码。这符合现阶段手机使用群体期望以低成本享受高质量金融服务的心态。但是 SMS 系统只适合于小额支付，主要是电子服务，如购买天气预报信息等，目前 90%的电子服务是 Mobile to Mobile，只有 10%用于移动交易。

（二）基于 WAP 的移动支付系统

WAP（Wireless Application Protocol），也称为无线应用程序协议，是一个在数字移动电话、Internet 及其他 PDA 与计算机应用之间进行通信的开放性全球标准。WAP 由一系列协议组成，从上到下依次是 WAE（Wireless Application Environment）、WSP（Wireless Session Protocol）、WTP（Wireless Transaction Protocol）、WTLS（Wireless Transport Layer Security）、WDP（Wireless Datagram Protocol）。WAP 将移动网络和 Internet 以及企业的局域网紧密地联系起来，提供了一种与网络类型、运营商和终端设备都独立的、无地域限制的移动增值业务。通过这种技术，无论用户身在何地、何时，只要通过 WAP 手机，即可享受无穷无尽的网上信息资源。

由于 WAP 的设计采用了"瘦客户机器"的思想，将大部分的处理功能都留给了网关，所以客户端无须实现很复杂的功能。从图 4-4 中可以看出，当 WAP 终端发送的请求，在网关经协议转换后，再向内容服务器传送；而从内容服务器返回的信息，经网关编程后，转换成较为紧凑的二进制格式，返回移动终端（即客户端）。WAP 网关用来连接无线通信网和万维网。其中，客户端是无线通信网的一部分，服务器端是万维网的一部分。WAP 网关实现的功能除了上述的协议转换和消息编解码这两个功能外，还具有以下两个功能：①将

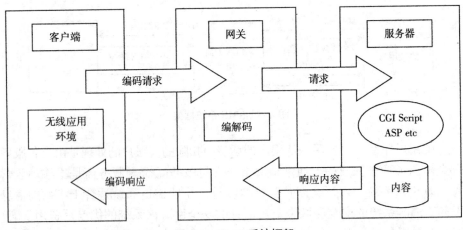

图 4-4 WAP 系统框架

来自不同 Web 服务器上的数据聚合起来，并缓存经常使用的消息，减少对移动设备的应答时间；②提供与数据库的接口，以便使用来自无线网络的信息（如位置信息）来为某一用户动态定制 WML 页面。

基于 WAP 的移动支付系统安全性是建立在 WAP 的基础上的。目前这种系统还存在以下主要缺点：

（1）移动终端只能通过采用 B/S 方式访问 Internet。WAP 是一种分层协议，其中底层是无线 WDP 和 WTP 等传输层协议，基于底层的应用层中的 WAP 微浏览器只能访问 WML 脚本，而不是主流的 HTML，也不能显示复杂格式的图形。

（2）WAP1.X 解决方案需要移动终端手机通过 WAP 网关才能访问 Internet。由于 WAP 网关的存在不可避免地带来新的安全隐患，例如中间人的攻击等。因此，直到 WAP2.0 采用 TLS 才保证了端到端的安全性。

（3）WAP 解决方案不能访问终端设备本地存储区，需要运行于在线环境中。大量数据的交换增加了服务器负荷，并且增加了数据被窃听的可能性。

（三）基于 J2ME 的移动支付系统

J2ME （Java 2 Micro Edition）是美国 Sun 公司为小型资源受限终端设备的应用程序开发提供使用的 Java 平台。J2ME 平台分为两个配置（Configuration）：联网的受限设备配置（Connected Limited Device Configuration，CLDC）；联网的设备配置（Connected Device Configuration，CDC）。其中，CLDC 是为严格受资源约束的设备而设立的。这种设备如蜂窝电话、PDA 等。为此，它在每个方面都做了优化。它的虚拟机（KVM）很小，并且不支持 Java 语言的某些特征，它所提供的类库也很少，而 CDC 是针对机顶盒等设备设立的。移动信息设备配置文件（Mobile Information Device Profile，MIDP），是目前为止可供使用的用于小设备的框架。它遵循了 CLDC 的宗旨，尽可能使用尽量少的资源。在这种模型中，每个应用成为 MIDlet。MIDlet 的生命周期有三个状态，即活动（Active）、暂停（Pause）和被销毁（Destroyed）。MIDlet Suite 把多个 MIDlet 关联到一起。在 J2ME 平台上把开发的程序（即 MIDlet Suite）打包后下载到支持 MIDP 的移动上即可运行。目前，绝大多数品牌手持设备都支持 MIDP 规范。基于 J2ME 的移动支付系统由用户（手持设备 Client）、商家（Merchant）、移动支付平台（MPP）、银行端处理设备（Settlement）组成。移动运营商起到了传媒的作用，为了简化系统而不作为移动支付的组成部分。

第五节　移动商务安全应用

移动商务所遇到的安全问题包括：隐私问题、真实性问题、保密问题和认可问题。隐私问题主要涉及个人的行踪和活动。这要比简单地保护一个人的E-mail 或接入地址复杂得多，因为利用移动商务网络，黑客可能对个人进行跟踪。真实性就是要确保数据传输过程中没有被修改。保密性主要是要确保所进行的商务交易不被恶意的第三方看到，由于每个人都可以使用无线应用，这也就是说每个人都有机会对无线网络发起攻击。与有线网络或现实世界相似，无线领域也存在认可问题，必须采取一定的措施，以便确认交易中的特定一方是在自觉地进行交易。下面介绍几种移动商务的安全应用案例。

一、手机银行

手机银行是利用移动电话办理银行有关业务的简称。手机银行业务主要有以下几类：银行账户操作、支付账单、信用卡账户操作、股票买卖、连机外汇等。手机银行通过 GSM 网络将手机连接至银行，实现利用手机界面直接完成各种金融理财业务的服务系统，通过手机上网作为数据传输方式，客户只需将自己的银行账号和手机号进行关联就可以通过手机上网的方式随时随地进行包括查询、转账、汇款、缴费、支付、银行转账和外汇买卖等全部非现金类银行业务操作，免去了在银行柜台排队的烦恼。

手机银行作为一种结合银行服务电子化与移动通信的崭新银行服务，不仅能使人们在任何时间、任何地点可以办理除现金外的其他银行业务，还具有购买支付及移动电子商务等功能，极大地满足了用户个性化的需求，而且丰富了银行服务的内涵，使银行能为客户提供便利、高效又安全的随身银行服务。

系统具有以下功能：①账务查询，进行账户余额、账户明细、消费积分等多种信息查询，获得全面的财务信息；②汇款，随时将资金转到我的其他账户上或者转给其他人，不再受网点营业时间的限制；③自助缴费，随时随地缴纳水、电、气、电话、交通等各项银行代理的缴费业务；④支付，通过手机进行购买支付，简便、快捷，尤其适合各种远程支付；⑤公积金，随时查询公积金账户信息及明细；⑥贷记卡，通过手机进行贷记卡账户的余额查询、账单查询、还款；支付、购汇还款等。

（一）手机银行独特的安全特性

1. 客户身份信息与手机号码的绑定

手机不同于电脑等设备，随身携带是它的一个重要特性，现代人基本上离不开它，即使丢失也会很快发现，并且手机号码也已成为个人的身份识别标志。同其他电子银行渠道相比，手机银行安全性最具特点的是客户身份信息与手机号码建立了唯一绑定关系。客户使用手机银行服务时，必须使用其开通手机银行服务时所指定的手机号码。也就是说，只有客户本人的手机才能以该客户的身份登录手机银行，他人是无法通过其他手机登录的。

这种硬件的身份识别办法，加上登录密码的验证与控制，建立了客户身份信息、手机号码、登录密码三重保护机制，构建了手机银行业务独特的安全特性。

2. 封闭的通讯网络防黑客木马攻击

大家熟悉的网上银行风险，很大程度上由于其处于开放性的互联网，容易受到黑客攻击，特别是黑客通过放置恶意的木马程序，非法获取客户的账户信息和密码，导致风险的存在。而手机银行处于相对封闭的移动数据网络，并且手机终端本身没有统一的操作系统等病毒所需的滋生环境，因此，手机银行业务几乎不受黑客和木马程序的影响，其安全性也大大提高。

（二）系统层的安全

为确保"手机银行"的安全，手机银行交易方在技术层面采用了多种先进的加密手段和方法，即要保证手机银行的安全又不失便捷性。

1. 建立安全通道

手机银行整个系统全程采用端对端的加密数据传送方式，交易数据在传送之前，手机端必须和手机银行服务器端建立安全通道。由于客户第一次登录需用提供客户账号和密码等关键信息，手机银行系统对这些数据采用 1024 位的 RSA 公钥加密，验证客户信息和 DES 密钥，如果正确，则客户和服务器端连接就建立起。

2. 数据传输全程加密

手机银行系统采用硬件方式实现 RSA 和 DES 的加、解密算法，数据在传输过程中全程加密，此方式的实现即保证了系统运算的速度，又确保了手机银行服务的实时性、安全性和可靠性。

3. 防数据破坏，确保数据的完整性

对于所有交易数据，手机和银行加密机都会对交易数据进行摘要处理，产生交易数据的校验信息，以防止数据在传输中途被修改或丢失。若接收到数据的摘要验证不通过，即认为数据被破坏，要求交易重新进行，确保数据

的完整性。

4. 安全方面的其他措施

手机银行系统在安全通道的基础上，在客户登录前将由服务器产生图形附加码传至手机上，由用户输入上传至服务器验证，在端对端加密的安全方案基础上加上附加码的验证措施便可有效地防止自动尝试密码，避免了黑客的网络攻击，从而保证了手机电子银行交易平台的安全。

另外，客户每次退出手机银行之后，手机内存中关于卡号、密码等关键信息将会被自动清除，而交易信息和账户密码等内容只保存在银行核心主机里，不会因为手机丢失而影响客户的资金安全。

（三）应用层安全

1. 密码控制

登录手机银行系统时需要输入的登录密码。登录密码不是账户密码，是客户在开通手机银行服务时自行设定的。如在银行网点签约时，通过柜台上的密码键盘，或在网站开通时，通过网页界面，或在手机上直接开通手机银行服务时，在手机界面上由客户自己输入。登录密码为6~10位的数字和字母混合组成。客户通过登录密码才能使用手机银行服务，并可自行更改密码。

客户号和登录密码是手机银行进行客户身份验证的一个重要环节，银行先进行用户密码的验证，若密码错误，交易终止。为防止有人恶意试探别人密码，系统设置了密码错误次数日累计限制，当达到限制时，将置该客户手机银行服务为暂停状态。

2. 签约机制

手机银行为进一步保障客户资金安全，引入了签约机制。对于通过银行网站或在手机上直接开通手机银行服务的客户可以使用查询、缴费、小额支付等功能。如果客户持本人有效证件原件及账户凭证（卡或存折）到账户所在地的银行营业网点进行身份认证，签署相关协议，并经银行认证后，此类客户才成为手机银行的签约客户，签约客户可享受手机银行提供的全部服务，包括转账、汇款等业务。

3. 限额控制

为进一步降低业务风险，手机银行业务对诸如支付、缴费、转账、汇款、外汇买卖等业务都采用了日累计限额的控制。以后将引入个人交易限额，客户可以根据自身情况灵活地设置自己交易限额，即满足了个性化需求，又控制了业务风险。

（四）客户关心的手机丢失问题

客户可能十分担心手机丢失后会对本人账户信息和资金构成危险。其实，手机银行有密码保护，此密码存储在银行核心业务系统中，即使他人捡到遗失的手机，在不知道密码的情况下，是无法使用手机银行业务的。当然，如果客户发现手机遗失，可以立刻向移动运营商报失停机，这样这部手机就无法做联机银行交易了，即使窃贼知道客户密码也毫无用处。另外，客户也可以通过手机、互联网站、银行柜台等渠道取消手机银行服务，待手机找回或使用新的手机号码，再开通手机银行服务。

二、电子机票预订系统

在电子机票庞大的市场诱惑下，传统机票代理、IT 企业、商旅网站等多方角色不断涌出。中国电子机票市场呈现蓬勃发展的态势。

用户通过手机上网浏览的机票信息，根据系统中的航空公司、起飞时间、折扣信息、价格等条件选择自己所需的机票信息进行在线预订，用户通过手机银行的账户进行实时支付，完成支付之后系统提示成功信息或失败信息，支付成功后用户直接凭有效身份证件在机场的航空公司登机口办理登机手续。据测算，一张常规纸质机票包括印刷、打印、配送、结算等各个环节，成本大约是四五十元，而电子机票的成本不过 5 元钱。如果按照中国民航系统每年 7000万人次的旅客流量计算，整个民航系统起码将节约 21 亿元。由于电子机票没有有形机票，无须送票，减少了航空公司在销售环节中销售网点建设和送票快递方面的投资。而航空公司与代理人结算以及票款回笼的问题也迎刃而解，传统订票方式票款回笼需要两周以上，每天动辄上千万元的票款得不到及时结算，占用了航空公司大量资金。而电子机票的资金结算通过网上支付会更加快捷。这种经济效益不仅仅给了航空公司，消费者也将享受到更优惠的价格。在理论上，电子机票不仅可以为航空公司节约以前支付给代理的 3%~10% 的奖励金，还可以将原来给代理的票面价值折扣优惠给消费者。

除了价格优惠，方便、快捷是电子机票给旅客带来的最大好处。旅客随时可以通过登录各大机票预定网站预定机票，在确认相关信息、通过网上支付之后，得到一个电子票号，然后凭借有效证件在机场登机。登机过程中，旅客无须拿到传统的纸张机票，只要凭身份证和电子机票订单号，到机场航空公司专门的柜台，就可以直接拿到登机牌上飞机。从而避免了因机票丢失或遗忘造成的不能登机的尴尬。

电子机票预订系统集合了航空公司票务中心、移动运营商两方的资源。为银行在最短时间和最低成本内实现了成功的交易应用，移动支付和银行最终找到了完美的结合方式。

由于通过移动接入模式的限制，整个系统的安全建立在移动 GSM 网的安

131

全基础上，手机银行无法提供端到端的安全，因此无法在技术上实现系统的抗抵赖，只能通过与移动服务商的协定，约束其必须提供真实有效交易信息。鉴于这个原因，在系统安全控制上除与移动通过协议约束其必须提供安全可靠的接入服务外，系统还提供了大量的风险控制手段，主要有以下控制机制。

（1）基于签约系统提供产品的访问控制，限制客户访问自己定制的产品和服务，在某些产品和服务存在一定的风险或者是不安全因素时，客户有权根据自己的选择不使用该项产品和服务，以保护自身的利益，同时避免交易方与客户的纠纷。

（2）记录所有移动电子机票预订平台发送的消息，供事后安全审计使用。

（3）在手机支付渠道上使用与客户账户、卡密码不同的专用渠道密码，防止客户账户、卡密码的泄露。

（4）提供高粒度的客户风险控制手段，客户在系统最大允许范围内，可以在产品和渠道一级分别自行定制其能够承受风险的周期交易最大交易额度和交易次数。

（5）身份认证，在第一次签约验证用户有效身份证件，手机支付渠道签约时用户提供的手机号码发送随机确认码验证客户身份，并为手机支付渠道单独设置一个支付密码，需要通过手机支付渠道发生账务时，客户必须每次提供该密码以确认其身份。

访问控制的目的在于限制客户访问允许访问的产品和服务，在该项产品和服务存在一定的风险或者是不安全因素时，客户有权根据自己选择不使用该项产品和服务，以保护自己的利益，同时避免交易方与客户的纠纷。访问控制功能由集中签约系统统一提供，其粒度应当到渠道和产品级，即客户可以选择只在指定的渠道（可以是多种）享受或者不享受交易方提供的某一种或者多种产品和服务。

 **本章案例**

手机淘宝

一、淘宝 Java 客户端

（1）速度超快更省流量 淘宝 Java 3.1 版近日发布。淘宝手机在 2011 年 3 月 17 日发布了淘宝手机购物客户端 Java 3.1 版，相比之前的版本，有一些改进。界面更加简洁、易用、省流量，购物功能更加强大，支付更加方便。淘宝手机客户端 Java 3.1 版是淘宝网官方推出的提供给用户使用的手机购物软件，适用于大部分支持 Java 功能的手机。

（2）速度超快，更省流量。相比之前的版本和其他 Java 软件，淘宝手机客户端 Java 3.1 版最大的特色就是运行速度快，而且更省流量。淘宝手机客户端 Java 3.1 版的主页面，秉承了之前版本的简洁特点，边框改为符合视觉舒适度的蓝色。对于非智能手机的购物操作体验，更加舒适易操作。而且还支持支付宝、手机网银、语音支付等多种支付方式，方便又快捷。另外，还能够在手机上处理信息、查物流、付款、评价和退款等。同时，还支持搜索历史、已关注产品的离线访问，为手机用户节约流量。

淘宝手机客户端 Java 3.1 版针对性能速度进行优化，图片、网页打开速度都有所加快，比浏览器访问更快，有效减少用户的等待时间。

（3）细节设计贴心人性化。淘宝手机客户端 Java 3.1 版新增关键词搜索联想功能，多样选择，让用户更方便地找到相关宝贝。更为贴心的是，不用再反复地输入已搜索过的宝贝名称，找寻已浏览过的宝贝，Java 3.1 版新增了保存搜索历史、保存最近浏览历史功能。

同时，新版本新增了宝贝类目筛选导航，分类的选择让用户购物方向感更强，可以快速找到自己需要的关联宝贝。

淘宝手机客户端 Java 3.1 版新增支付宝卡通功能，多张卡通用户在余额不足时显示卡通选择。支付更加方便、快捷、人性化。

淘宝手机 Java 3.1.0 适用更多的手机机型，包括诺基亚、索尼爱立信、摩托罗拉、三星等知名厂商的非智能手机都能安装使用。

二、淘宝塞班 S60v5 客户端

手机淘宝 2011（S60v5）Beta 是淘宝公司推出的基于 Symbian（塞班）平台 S60 第五版操作系统的淘宝购物软件，于 6 月 16 日发布。手机淘宝用户抢先体验手机淘宝 2011（S60v5）Beta，随时随地跟踪物流订单，搜索查价。

（1）淘宝桌面购物。便于用户快捷地使用淘宝购物搜索，缩短进入网页浏览的路径，搜索桌面提供动态广播实时提醒（物流通知、折扣活动），天气桌面可定制自己关心的城市，订单管理桌面实时查询物流及确认订单。

（2）实时物流查询。根据用户每笔订单以最新物流跟踪状态顺序查看，用户可以通过在线旺旺方式联系卖家。另外，提供快递公司及其面单号通过电话呼出联系卖家及物流公司的方式随时查询。

（3）购物搜索查价。支持输入框搜索联想，减少用户手动输入，同时记录历史关键词，便于重复查询。

（4）定制城市天气。支持全国城市免费天气信息订阅查询。

资料来源：百度百科，http://baike.baidu.com，2011-06-18.

问题讨论：
1. 总结案例所阐述的手机淘宝客户端在安全性方面的特点。
2. 在跨平台支付方面，手机淘宝具有哪些优势以及有待改进的地方？

本章小结

在移动商务的过程中，用户需要把主机或内部网络连接到 Internet 上；需要把数据和信息通过 Internet 传送出去/接收进来；更令人感到安全威胁的是，通过网络把货款划入或划出用户的银行账户，所有这些活动都会使进行电子交易的各方考虑到安全问题，如何保证交易的可信性、信息的安全性成为最为关键的问题。

尽管移动商务给工作效率的提高带来了诸多优势（如减少了服务时间，降低了成本和增加了收入），但安全问题仍是移动商务推广应用的"瓶颈"。

移动商务的安全技术包括移动通信中的数字加密技术、CA 认证、移动商务交易方自身安全技术、SET 安全协议、SSL 安全协议。

移动支付工具大致可以分为三类：①电子货币类，如电子现金、电子钱包等；②电子信用卡类，包括智能卡、借记卡、电话卡等；③电子支票类，如电子支票、电子汇款（EFT）、电子划款等。

移动商务所遇到的安全问题包括：隐私问题、真实性问题、保密问题和认可问题。隐私问题主要涉及个人的行踪和活动。这要比简单地保护一个人的 E-mail 或接入地址复杂得多，因为利用移动商务网络，黑客可能对个人进行跟踪。真实性就是要确保数据传输过程中没有被修改。保密性主要是要确保所进行的商务交易不被恶意的第三方看到，由于每个人都可以使用无线应用，这也就是说每个人都有机会对无线网络发起攻击。与有线网络或现实世界相似，无线领域也存在认可问题，必须采取一定的措施，以便确认交易中的特定一方是在自觉地进行交易。

本章复习题

1. 简要阐述移动商务所面临的安全威胁。
2. 简述电子商务与移动商务的区别。
3. 在移动商务交易中存在哪些安全威胁？举一个现实生活中的例子，并分

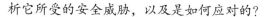

析它所受的安全威胁，以及是如何应对的？

4. 比较说明有线网络和无线网络的安全性的区别。

5. 什么是 PKI？简述 PKI 的组成部分。举例说明 PKI 在电子商务/政务中的应用。

6. 简述数字证书的工作原理和作用。

7. 比较说明 PKI 与 WPKI 的特点及应用。

8. 详细说明两种电子支付安全协议 SET 和 SSL 的原理，并阐述两者各自的优缺点。

9. 举例说明目前存在的几种移动支付形式和各自特点。

10. 列举两个移动商务在实际生活中的应用案例。

135

第五章

移动商务的标准与法律保障

学习目的

知识要求 通过本章的学习，掌握：

- 移动商务的标准
- 影响移动商务发展的法律
- 移动商务中的消费者权益
- 移动商务的立法环境与原则
- 移动商务新的立法方向

技能要求 通过本章的学习，能够：

- 了解移动商务的相关标准和研究现状
- 了解移动商务发展中的相关法律问题
- 认识开展移动商务活动中的消费者权益保护问题
- 了解移动商务立法的必要性、原则、现状和未来展望

学习指导

　　1. 本章内容包括：移动商务标准化；影响移动商务发展的法律问题；移动商务中的消费者权益问题；移动商务的立法环境与原则；移动商务呼唤新法律。

　　2. 学习方法：抓住重点，结合实际理解标准和法律；注意移动商务中消费者权益的保障优势与不足；理解移动商务的立法环境与原则，与同学讨论移动商务新的立法方向。

　　3. 建议学时：8学时。

 **引导案例**

淘宝网购物的方法与消费者权益保护

随着网购陷阱的日益增加，可能很多网民会产生这样一种想法，"既然网购如此危险，那我还是老老实实地去商场买东西吧"。这可是对网购的一种误解，即使在商场，消费纠纷也并不少见。实际上，只要掌握正确的网上购物方法，就可以让你远离网购陷阱，买到称心如意的商品。接下来，以在淘宝网购买商品为例，来介绍一下正确的网上购物方法。

第一步：在淘宝上买东西，首先便得成为网站注册用户。按网站提示，完成注册后，淘宝网将会往你的电子邮箱发送一封确认邮件，单击其中的"确认"按钮，便可激活刚才所注册的账号。在注册成功页面，单击"点击激活支付宝账户"按钮，在跳转页面中填写相关信息后，便可启动支付宝账户了。

第二步：在淘宝网中找到中意的商品后，先别急着下单，而是可以通过"淘宝旺旺"与卖家进行沟通，聊聊商品，顺便再砍砍价。达到最终的购买协议后，便可单击"立即购买"按钮，开始下单的流程。

提示：①选择的商品一定要支持支付宝，这是对你最安全的保障。遇到以诸多理由要求直接汇款的卖家，建议直接取消交易。②尽量选择开店时间长，信用高，好评率高的卖家，以确保自身利益。③在处理交易纠纷时，淘宝网只认可"淘宝旺旺"聊天记录，因此与卖家沟通时，尽量使用"淘宝旺旺"，并在聊天过程中留下明确的交易细节，以备不时之需。

第三步：在接着出现的下单页面中，填写你的收货地址、购买数量、运送方式等信息后，单击"确认无误，购买"按钮，便会转向到货款支付页面，选择一家网上银行后单击"确认无误，付款"按钮。在接着出现的网页中单击"去网上银行付款"按钮，便会立即转向到选择的网上银行，填写网上银行相关信息后，便会立即将货款打入支付宝。

提示：保证收款人与网上注册的真实名字一样，一般不要汇给他（她）的同学、朋友之类，以免给发生问题后的确认工作带来麻烦。

第四步：接下来，在淘宝网的操作告一段落，我们可以耐心地等待卖家发货。收到快递送来的商品后，建议拆开包装，立即检查商品质量，是否与描述相符，以及在运输过程中有没有损坏，如果发现问题，就可以拒收商品。如果商品完全无缺，并且与描述相符，那么需要登录淘宝网，进入"我的淘宝"，确认收到商品并同意支付费用。可别忘了这一条，否则，卖家可是收不到通过支付宝中转的货款的。

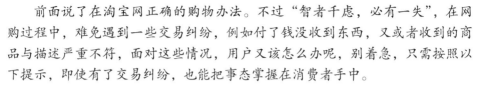

前面说了在淘宝网正确的购物办法。不过"智者千虑，必有一失"，在网购过程中，难免遇到一些交易纠纷，例如付了钱没收到东西，又或者收到的商品与描述严重不符，面对这些情况，用户又该怎么办呢，别着急，只需按照以下提示，即使有了交易纠纷，也能把事态掌握在消费者手中。

一、保持冷静

发生交易纠纷后，切忌心烦意乱，而是应该在第一时间内先与卖家取得联系，如果能够交涉成功，那是最好，如果交涉失败，那也不建议在论坛中公布自己的受骗经历，这样不仅于事无补，反而会打草惊蛇，给下一步行动带来不必要的麻烦。此时应该积极地收集交易相关的各类凭证，例如"淘宝旺旺"的聊天记录，E-mail 截屏等，为后续行动做准备。此外，不要轻信一些声称可帮你摆平对方的陌生人，如果把资料交给他们，最终吃亏的还是你。

二、向网站提交投诉

如果与卖家交涉失败，那就需要在成交 3~60 天内启动投诉程序。登录淘宝网，依次点击"我的淘宝"—"已买到的宝贝"—"投诉"，就可以就该交易向淘宝网提交投诉信息。点击"发表新看法"按钮，然后单击"相关图片"处的"浏览"按钮，就可以上传相关的证据图片（图片大小限制在 120kb 以内，图片格式仅限 JPG、JPEG）。淘宝网收到投诉后，便会对相关信息进行分析，如果你所提供的证据充分，那就能够为你挽回经济损失，而卖家也会受到相应的惩罚。

139

三、报警

如果确定卖家的行为构成欺诈，且金额已经达到我国《刑法》规定的 600 元起算点（对方涉嫌刑事诈骗罪），那么我们除了在淘宝网启动投诉程序外，还可以携带交易过程中的相关凭证到当地公安机关网监科报案，淘宝网在收到警方的正式公函后，也会提供相应的协助处理。

总之，交易纠纷并不可怕，只要我们沉着冷静，并且在交易过程中注重相关凭证的保留，那么通过各种手段，不难追回我们的经济损失，骗子卖家也会受到相应的惩罚。此外，网络消费维权，并不是一朝一夕可以解决的问题，网络购物环境的改善，还需要我们的共同努力。

资料来源：电子商务专业实践网，www.zk365.com，2011-04-12.

问题：

1. 淘宝网在消费者权益保护方面存在哪些问题？

2. 淘宝网在消费者权益保护方面应当采取哪些有力措施？

第一节 移动商务标准化

移动商务作为一个新兴的产业，正处于其发展的初级阶段，各种技术、格式和过程都缺少统一的标准作依据，这就在一定程度上给移动商务的发展带来了障碍。尽快制定移动商务相关的各项标准，在技术、运行、信息传递等方面进行统一，会大大促进移动商务的发展。由于移动商务是电子商务的一种新形式，而且电子商务的相关标准已经成熟，因此建立移动商务标准工作要充分借鉴电子商务的相关标准。本节首先介绍了电子商务的前身 EDI 的各项标准，同时，对移动商务发展的重要技术支持——无线网络标准及其他移动技术标准进行了介绍。

一、EDI 标准

电子数据交换（Electronic Data Interchange，EDI）是目前为止最为成熟和使用范围最广泛的电子商务应用系统。其根本特征在于标准的国际化，标准化是实现 EDI 的关键环节。早期的 EDI 标准，只是由贸易双方自行约定，随着使用范围的扩大，出现了行业标准和国家标准，最后形成了统一的国际标准。国际标准的出现，大大地促进了 EDI 的发展。随着 EDI 各项国际标准的推出，以及开放式 EDI 概念模型的趋于成熟，EDI 的应用领域不仅只限于国际贸易领域，而且在行政管理、医疗、建筑、环境保护等各个领域得到了广泛应用。目前，移动商务正处于其发展初期，如果能够借鉴 EDI 标准建立一套完整的移动商务标准体系，对移动商务的迅速发展将有很大的推进作用。

（一）EDI 标准体系

EDI 标准体系是在 EDI 应用领域范围内的、具有内在联系的标准组成的科学有机整体，它由若干个分体系构成，各分体系之间又存在相互制约、相互作用、相互依赖和相互补充的内在联系。中国根据国际标准体系和中国 EDI 应用的实际以及未来一段时期的发展情况，制定了 EDI 标准体系，以《EDI 系统标准化总体规范》作为总体技术文件。该规范作为中国"八五"重点科技攻关项目，是这一段时间内中国 EDI 标准化工作的技术指南，处于主导和支配作用。根据该规范，EDI 标准体系分基础、单证、报文、代码、通信、安全、管理应用七个部分。

（二）几种主要的 EDI 标准

1. UN/EDIFACT

联合国行政、商业与运输电子数据交换组织（United Nations Electronic Data Interchange for Administration Commerce and Transport，UN/EDIFACT）是国际 EDI 的主流标准。当今 EDI 国际标准主要就是指 UN/EDIFACT 标准和 ISO 标准。UN/EDIFACT 标准是由联合国欧洲经济委员会（UN/ECE）制定并发布的，而 ISO 标准由国际标准化组织制定并发布。并且这两个组织已形成了良好的默契，UN/EDIFACT 标准中的一部分已经纳入 ISO 标准中，UN/EDIFACT 的很多标准都涉及 ISO 标准的应用。UN/EDIFACT 标准比较偏重当前的应用；而 ISO 的一些标准和研究结果则测重未来的发展。

EDIFACT 由一整套用于 EDI 的国际间公认的标准、规则和指南组成，其公布得到了包括美国在内的世界各国的支持，美国也逐步地从 ANSI X.12 标准过渡到使用 EDIFACT。EDIFACT 的产生为电子报文取代传统的纸面单证奠定了基础，从而使得跨行业、跨国界的 EDI 应用成为可能。由 UN/ECE 发布的 EDIFACT 标准和规范已达近 200 个，它们大致分为基础类、报文类、单证类、代码类、管理类等。

2. ANSI X.12

当前主要存在两种 EDI 报文格式相关标准：一种是上面介绍的适用于行政、商业和运输业的国际标准 EDIFACT；另一种则是美国的适用于各行各业的美国国家标准 ANSI X.12。EDIFACT 标准，是国际社会公认的 EDI 国际标准，支持这一标准的国家和地区越来越多，其中许多国家已将其转化为自己的国家标准；而 ANSI X.12 由于开发、应用时间较早，目前仍在北美地区流行。

ANSI X.12 和 EDIFACT 的体系结构相似。在 EDIFACT 系统中，将特定的电子单证（如订单、发票等）称为报文，而在 ANSI X.12 系统中，称为交易集。ANSI X.12 现已发布 100 多个交易集标准。

3. FEDI 规范

金融电子数据交换（Financial Electronic Data Interchange，FEDI）是银行与其商务伙伴间以标准方式进行的支付、相关支付信息或金融相关文档的电子交换。目前有四种支付标准方式用于 FEDI，分别是现金集中与支付（Cash Concentration or Disbursement，CCD）、现金集中与支付补遗（Cash Concentration or Disbursement plus addenda，CCD＋）、合作贸易交换（Corporate Trade Exchange，CTX）、合作贸易支付（Corporate Trade Payments，CTP）。用这四种方式能使贸易伙伴通过其金融机构，以标准方式进行支付与支付相关信息的电子传输。

移动商务作为一种新兴的商务模式，有其自身的特殊之处，但归根结底，移动商务是电子商务的一种新的发展模式，是商务与更新的信息技术—移动技术相结合的产物，除部分依赖技术有所不同外，很多方面可以借鉴电子商务的发展方式。由于 EDI 发展时间比较长，在贸易、行政管理、医疗、建筑、环境保护等各个领域都形成了成熟的标准体系，深入研究 EDI 标准体系对移动商务标准的建立有很重要的实际意义。

二、无线网络标准化研究与发展

互联网和无线技术形成的无线网络是实现电子商务向移动商务转变的关键。无线网络的出现为移动商务的发展提供了技术支持，使客户可以随时随地通过任何设备进行商务活动。因此，无线网络标准化对移动商务的发展是十分重要的。

无线局域网（WLAN）是一种低成本的无线接入技术，作为 GPRS 或 CDMA2000 的补充技术，或新的家庭联网方式，它使越来越多的设备供应商涉足此领域。目前应用得比较成功得 WLAN 技术是 802.11，此标准虽然已经经历了 10 多年的发展，但目前仍在不断的改进和发展之中，以适应安全认证、漫游和 QoS 等方面的要求。

802.11b 和 802.11a 是 1999 年出台的标准，它们分别工作在 2.4GHz 和 5GHz 频段，前者采用直接序列扩频（DSSS）技术，传送速率可达 11Mbit/s，后者则采用正交频分复用（OFDM）技术，传送速率可达 54Mbit/s。此后，在媒体接入控制/链路连接控制（MAC/LLC）层面上进行扩展，形成了 802.11c 以及 802.11d 标准。当前，IEEE 正进行 802.11e，f，g，h，i 等标准的制定，它们各有侧重。

三、影响移动商务发展的相关标准

（一）CDMA 相关标准

1. TD-SCDMA

为了完成 TD-SCDMA 在 3GPP 作为低码片速率的 CDMA TDD 技术的标准化，CWTS 积极参加 TSG-RAN 的各工作组会议，提交了大量文稿，成功地在 2001 年 3 月的 3GPP 的 Release 4 中完成。之后，积极参与 Release 4 的相关更新工作，目前已基本完成 TD-SCDMA 参与性技术文件的制定。

对于基于第二代 GSM 网络的 TD-SCDMA 标准（即 TSM），已经完成 2.0 版本及用于 3G 技术试验的相关设备规范和测试规范。

2. W–CDMA 无线技术及 UMTS 核心网络

近年来，CWTS 一直在积极地跟踪 W–CDMA 技术的发展，开展了相应的研究工作，并积极地向 3GPP 提交文稿。完成了基于 1999 年版本的 W–CDMA 无线接口、无线接入网（RAN）、核心网协议等 30 多个标准预开项目的研究。

在此基础上，已经基本完成了用于 3G 技术试验的，基于 3GPP R99 版本的 W–CDMA 无线接口、无线接入网（RAN）、核心网等近 30 个技术规范及测试规范参考性技术文件的起草和审查工作。

3. CDMA2000 系列标准

在 3G 系统领域，CDMA 工作组已经完成了基于 Release 0 的 CDMA2000 1x，IOS4.0/4.1 和 ANSI–41E 的无线接口、无线接入网和核心网等几十个参考性技术文件项目的起草和审查。

由于 CDMA2000 系统的技术特性，移动应用部分接口和电路交换部分的设备仍然引用了 CDMA 系统的标准。

该测试标准分为两部分：一是信息产业部组织 3GTEG 试验使用的测试标准，主要侧重于与第二代 CDMA One 以及射频部分不同的功能和性能方面，以验证 2G 频段 CDMA2000 系统的成熟性；二是为运营商 CDMA2000 系统而准备的测试规范，内容比较全面，以确保商用设备的实施。

（二）RFID 标准

射频识别技术（Radio Frequency Identification，RFID）是一种无接触自动识别技术，其基本原理是利用射频信号及其空间耦合、传输特性，实现对静止的或移动中的待识别物品的自动机器识别。RFID 技术对移动商务发展是十分重要的。近年来，RFID 技术进入物流，促进供应链等开放流通过程，引起广泛关注。当前射频识别主要在以下六个方面应用：

（1）车辆的识别，如铁路系统车号射频识别系统。

（2）高速公路收费及智能交通系统。

（3）电子钱包、电子票证。

（4）货物的跟踪、管理及监控。

（5）生产线的自动化及过程控制。

（6）对动物的跟踪及管理。

随着大规模集成电路技术的进步以及生产规模的不断扩大，射频识别产品的成本也在不断下降，更由于射频识别的自身特点和优势，其应用越来越广泛，并进一步引发了对标准的巨大需求。国际 SC31 第四工作组承担了射频识别技术在项目管理应用中技术与标准化研究工作。射频识别技术主要在项目信息化编码（包括编码的数据格式、语法、结构）、编码在自动识别技术载体中的存储处理、识别处理及相关识别设备和识别系统的一致性，以及通信协议等方面进行标准化研究。

2007 年 6 月，我国信息产业部正式发布《800/900MHz 频段射频识别（RFID）技术应用规定（试行）》的通知，该试行规定的发布，为 RFID 在移动商务、移动支付等领域的应用排除了技术应用障碍，将使中国 RFID 行业的制造商和供应商可以有针对性地提供相应的产品和服务，对推进中国的相关产业发展、技术进步和国家信息化具有重要意义，也将对全球 RFID 市场以及供应链、零售业、主要产品市场等产生巨大影响。

（三）传感器网络标准

过去几年，国内外无线传感器网络技术的发展和应用取得了很大的进展。在家庭自动化、工业自动化、楼宇控制、智能计量和电源管理等市场尤为显著。同时，无线传感器网络的标准制定工作进展迅速，大大减少了智能传感器和无线传感器网络的复杂性。例如，国际电机及电子学工程师联合会（IEEE）的 1451 工作组（IEEE1451）建立了一个智能传感器即插即用（Plug-and-Play）的标准，使所有符合标准的传感器能和其他仪器和系统一起工作。

这一系列标准被称为 IEEE1451 的智能传感器（包括传感器和驱动器）接口标准，包括界定不同接口的不同标准用来连接传感器和微处理器、仪表系统以及控制异地网络。在这些标准中，IEEE1451.5 部分是目前很多研发活动的集中点。IEEE1451.5 部分规定了能使与 1451 兼容的传感器和其他设备进行无线通信的技术。

IEEE 目前也正在制定无线个人区域网路（WPAN）的两个标准 IEEE802.11 和 IEEE802.15。其中，IEEE802.15.4 标准正逐渐被接受成为低速率无线个人区域网络（LR-WPANs）物理层和媒体访问控制的标准。另外，无线传感器网领域还有两个基于 IEEE802.15.4 的工业标准：ZigBee 和 Wireless HART。ZigBee 是一种作为一个开放的全球标准而制定的无线技术，是为解决低成本、低功耗无线传感器络的特殊需求开发的。该标准充分利用 IEEE802.15.4 的无线收发器物理层规范，并采用在全球均可经营而无须特殊许可的频率范围：2.400~2.484 千兆赫，902~928 兆赫和 868.0~868.6 兆赫；Wireless HART 是另一个由 HART 通信基金会开发的开放标准的无线网络技术。该协议采用了时间同步、自我组织和自我修复的网状网络结构。该协议目前支持通过使用 IEEE802.15.4 标准的无线电媒体并在 2.4GHzISM 波段操作。

（四）三网融合的标准

目前，我国的三网融合正处在起步阶段，相关的标准正在讨论与制定的过程中，中国通信标准化协会在第九次会员大会上已明确表示，2011 年我国将开展多项三网融合标准的制定，包括内容管理、核心网、宽带接入、传输网和 IP 承载网、业务平台及业务、终端及安全等多个方面。这对完善我国三网融合标准体系，推进三网融合试点和规模发展均具有积极深远的意义。

三网融合标准的制定，必将对三网所涉及利益的重新分配，广电与电信两大部门之间的利益博弈问题无法回避。此前 10 年间，就是因为广电与电信两大部门的利益纠葛，导致三网融合举步维艰。而今，标准的制定是对两者利益的再分配，将更深层次地触及广电与电信的利益，阻力、纠纷、博弈在所难免。

第二节 影响移动商务发展的法律问题

移动商务作为未来全球经济的宠儿，代表着未来贸易的发展方向，它会给我们带来无限商机。与此同时，移动商务的跨越式发展也给现行的法律体系带来了新的挑战。移动商务法律的完善与否将成为移动商务能否健康、有序、深入发展的关键因素。移动商务作为一个新兴事务，影响其发展的法律问题有很多。本节主要从移动交易安全、知识产权、税收问题等方面来讨论影响移动商务发展相关法律问题。

一、移动商务交易安全的法律问题

（一）移动商务交易安全的具体要求

网络和移动商务的开放性、虚拟性和技术性使得网络和移动商务过程中的信息和信息系统极容易受到攻击，交易安全是交易的主体决定选择利用网络进行移动商务的最重要的因素，是移动商务的生命所在，没有交易安全，就没有移动商务的存在与发展。从交易的角度考虑，移动商务需要考虑以下安全问题：①有效性；②真实性；③机密性；④完整性；⑤不可抵赖性；⑥审查能力。

（二）移动支付安全问题

移动支付业务就是将移动网络与金融系统结合，为用户提供通过手机方便地进行商品交易、缴费等金融服务的业务。目前，中国的移动支付业务发展重点不是很明显。从简单的小额支付到与银行信用卡捆绑的缴费业务、查询业务等，移动公司在各地所推出的支付业务之间的关联性并没有给用户以整体的业务推广、发展策略思路，结果导致相关的手机和业务菜单以及手机操作似乎都没有标准的、大众易于接受和学习的方式。中国已经加入世界贸易组织，未来的移动商务必然要与国际接轨，移动支付也将面向各国用户，移动支付的前景是美好的，若抓住机遇，把移动支付的蛋糕做大；电信、网络、金融等相关行业都将从中获得可喜的回报。

中国目前尚无有关移动支付的专门立法，仅有中国人民银行出台的有关信用卡的业务管理办法。为了适应移动支付发展的需要，需要用法律的形式详细规定移动支付命令的签发与接受，接受银行对发送方支付命令的执行，以及移动支付的当事人的权利和义务以及承担的责任。

二、知识产权

知识产权和无形产权相联系，是法律规定并受法律保护的。知识产权的所有者拥有对该产权的一系列特有的处置权，法律禁止知识产权的非所有者在未经同意的情况下处置知识产权。

随着无线通信技术和移动商务的发展，关于保护知识产权的讨论更加如火如荼。移动商务以开放的 Internet 为基础环境，资源共享的方便，同时方便了无授权软件自由下载等侵权行为。除了专利、版权和商标外，域名、网址之类的问题也是火上浇油。在移动电子商务之中，域名作为企业在 Internet 上的标志和形象，与实际商务活动中的商标很相似，同样属于知识产权的范畴。域名抢注问题在移动电子商务的推进过程中越来越突出，与商标的被抢注一样，域名的被抢注同样是企业的知识产权被侵犯。商标被抢注后，目前企业有商标法可以求助，而域名的抢注问题却很难有一个统一的法规来制约。若域名的抢注问题不解决，对移动商务的开展将会造成恶劣的后果。

另外，在 Internet 上存在大量电子书籍的任意下载，侵犯了原著作者的版权，也侵犯了网上电子书店的利益。网上大量的无授权软件下载以及一些网络使用者不负责任地把并非自己财产的正版软件随意上载以提供他人共享的行为，都毫无例外地掠夺了软件开发者的劳动成果，也是对网上软件市场的沉重打击。

这些混乱的侵权行为要求政府尽快制定和实施相关的法律规范，加强对 Internet 网络的管理，制约侵犯知识产权现象的发生。

从某种意义上讲，知识产权就是一种无形资产，由于其具有专有性、排他性、地域性、实践性等特点所以显得特别重要。移动商务这种全新的交易形式当然也涉及许多知识产权保护问题，同时由于移动商务所依赖的移动通信和无线技术以及交易方式具有很大的特殊性，使移动商务领域的知识产权保护问题面临着许多新的问题。

三、税收问题

随着中国移动手机用户大幅提高，移动交易的交易量将迅速发展。中国目前无线 Internet 上的无形产品交易的税收征管在法律上仍是一个空白，中国税收在设计上尚未对移动交易做出明确规定。

移动商务用手机直接完成认购、支付价款、数字化信息商品的支付等全部交易过程，如用手机直接进行电子书籍、电脑软件的交易，完成金融服务和下载统计资料等，交易的特征是所有交易流程均由无线网络完成，赖以课税的基础实物流程流失，由此也产生了一系列的税收难题，例如，征税对象认定问题，交易行为难以认定，居民税收管辖权难以落实，国际税收管辖权相互冲突等。另外，移动商务成为逃避税的新途径。由于移动商务交易的特点和各国税收制度的不尽完善，给逃避税提供了更多的机会，各国财政也因此蒙受损失，世界各国对移动商务征税的意见并不统一。

（一）国际上有关电子商务的几种征税方案

（1）把电子商务领域视为特殊关税区，免征关税和销售税。

（2）针对电子商务以信息为载体的特点，开征以网络传输信息流量为课税对象的"比特税"。

（3）设立以网上资金支付流量为课税对象的"资金流量税"。

（二）中国电子商务税收的基本原则

中国对电子商务，一方面要积极扶持，促进其发展；另一方面又要维护国家主权，保证财政收入。因此，构建电子商务税收框架的指导思想，应该是立足中国国情和电子商务的特点，以现行税制为基础，以鼓励扶持为先导，具有灵活性和柔韧性，达到既保证国家财政收入，又促进电子商务发展的目的。在这一指导思想的支配下，制定电子商务税收政策应遵循的原则是：

（1）中性和公平性。

（2）普遍性和前瞻性。

（3）整体性和系统性。

（三）对中国电子商务税收改革措施的建议

（1）尽早出台相关税收法规，改革与完善税制。

（2）建立符合中国税收实际和国际通行的税收征管体系，积极开发现代化征管手段。

（3）规范管理体系，加大稽查力度。

（4）加强国际税收协调与合作。

四、其他影响移动商务发展的问题

(一) 垃圾信息

垃圾信息（Spamming）是指未征得接受人的同意，也不考虑信息的合适性，而不加选择地发送信息（如垃圾邮件）。垃圾信息使原本就有限的带宽更加紧张，在某些情况下，还会使 ISP 彻底瘫痪。管理营销活动中的垃圾信息的主要法律之一是《电子邮箱保护法》（Electronic Mailbox Protection Act）。该法案的出发点是商务宣传应接受政府的监管，同时会对带来重大负面影响的垃圾信息应受到控制。

垃圾信息浪费了消费者的时间和金钱，但是迄今为止对这种不请自到的广告和短信服务（SMS）仍没有有效的法律制约手段。过滤软件和删除按钮可能是个人对付此类电子广告的最好武器。尽管消费者有权控制传统的广告手段，如电话、广播和印刷品，但是新技术要求与之相适应。

(二) 网上拍卖

eBay 和 Bidland 这样的拍卖网站允许用户张贴和搜索网上拍卖会上出售的各种商品。政府分等级对拍卖进行了规范。在北卡罗来州，明文规定拍卖人必须先申请执照。相关条文同样适用于网上拍卖。这意味着，北卡罗来州的居民要想在拍卖网站上出售物品，必须先通过州政府举行的许可考试并支付一定的费用。张贴的物品如果没有许可证，就会被课以罚款。

一些发达国家，包括法国、德国、意大利和荷兰在内，通常也要求拍卖者申请许可证，但对于个人参与网上拍卖，则没有这样的要求。但是，这些国家对拍卖的商品有一定的限制，其中许多规则都是在网上强制实施的。例如，日本针对 Yahoo! 拍卖采取限制上架的措施，对于不合法的商品种类，将强制其下架，并且禁止拍卖者再行添加任何一种商品进行拍卖。

对于网上拍卖网站，侵权是另一个迫切需要解决的问题。全球最著名的拍卖网站 eBay，从其网站上进行的交易中抽取手续费。许多大型的拍卖网站都使用智能代理（一种能持续在网上搜索信息的程序），在其他拍卖网站上扫描消费者希望购买的物品。然后将这些物品列在大型网站上。这样一来，大型的拍卖网站的运作就依赖于从其他网站获取信息。所以，它们更应该注意保护自己的版权不受其他网上服务侵犯。

为了保护 eBay 此类机构，美国出台了信息收集反隐私法案（Collection of Information Antipiracy Act, CIAA），这样一来，起诉其他机构时，收集物品和报价单就容易多了。对此，支持方称，缺乏此类保护，会导致 eBay 这样的公司限制用户对其网站的访问。反对方称，由于减少用户对公共信息的访问，加大了对比货物的难度，CIAA 将制约 Internet 的发展势头。

欺诈是网上拍卖站点最感头疼的另一个问题。欺诈活动包括哄抬竞价、虚假的标注和雇用"托"，以从中牟利。

（三）用户协议

很多情况下，用户在进入网站之前，都要应网站要求，同意接受该网站所提供的服务或产品的相关条款。如果是打包软件和其他实际的产品，用户协议就是拆封合同（Shrink-wrap Agreement）。该协议会打印在产品包装外，消费者一打开包装，就会看到该协议。在 Internet 上，用户协议通常点进（Click-through）后提供。用户协议在弹出式窗口中显示，用户在进行下一步操作前，必须明确表示同意接受协议上的条款。

根据美国法律，用户协议的有效性与其措辞有关。对 Web 用户而言，用户协议要容易发现，容易理解。除此之外，用户还必须主动表明自己接受该协议中的条款。这通常通过点击"我接受"或"我同意"之类的按钮来完成。网站所有者应该持有每一份用户协议的记录，以作为法律依据。

（四）网络犯罪

在没有国界的 Internet 世界，网络犯罪现象日益普及；在数字时代，罪犯可能乔装打扮且很少带枪。现在，高科技罪犯通过破译计算机密码进入你的主机，模仿商人或是拍卖者出售并不存在的东西。他们或是盗窃你的钱财，或是窃取你的信用卡账号。当然，上述的威胁并非没有防范。各国的执法部门不断加强人员培训和技术改进，设立网络警察对时刻变化的网络犯罪行为进行跟踪检查。

149

第三节　移动商务中的消费者权益问题

移动商务作为一种全新的商业运营模式，具有快捷、方便、高效、成本低及可进行灵活交易的优势，因而赢得众多企业和消费者的青睐。移动商务的出现，给企业带来了更多的商机，也给消费者带来了一种全新的购买方式。但由于目前中国网络信息流、物流、资金流制度及相应的法律法规尚不健全，从而如何保护移动商务应用的消费者的合法权益就成为亟须研究的重要课题。

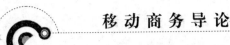

一、移动商务中消费者权益保护问题

（一）移动电子商务新业务的推广——对消费者选择权的保护

消费者的选择权是消费者根据自己的意愿自主地选择其购买的商品和接受的服务的权利。消费者的选择权有以下几方面的内容：

（1）消费者有权根据自己的需要和意愿选择商品和服务，其他人不得干涉。

（2）消费者有权自主选择作为其交易对象的经营者，购买其商品或其接受服务，任何经营者不得强迫消费者接受其提供的商品和服务。

（3）消费者对经营者经营的商品和服务有权进行比较、鉴别、挑选，购买自己满意的商品和服务。

（4）消费者有权自主地作出决定。在比较、鉴别的基础上，消费者有权决定接受或者不接受某种商品或服务。只要在挑选过程中未对经营者的商品造成损害，经营者不得强迫其接受。

（二）信息披露——对消费者知情权的保护

知情权是消费者依法享有的了解与其购买、使用的商品和接受的服务有关的真实情况的权利。消费者以满足生活需要而购买商品或接受服务，因而，商品或服务只有在能满足消费者需要的情况下才会为消费者购买，否则，其需要就不能得到满足。而某种商品或服务是否能满足其需要，只有对该商品或服务了解的基础上才能知晓。同时，有些商品具有一定的危险性，消费者正确地进行消费也依赖于对商品的有关真实情况的了解。消费者的知情权包含两方面的内容：①消费者有了解商品或服务真实情况的权利，即经营者向消费者提供的各种情况应是客观的而不是虚假的；②消费者有充分了解有关情况的权利。一般地说，对商品或服务中与消费者有关的一切信息，消费者都有权了解。中国《消费者权益保护法》第 8 条规定："消费者享有知悉其购买，使用的商品或者接受服务的真实情况的权利。消费者有权根据商品或者服务的不同情况，要求经营者提供商品的价格、产地、生产者、用途、性能、规格、等级、主要成分、生产日期、有效期限、检验合格证明、使用方法说明书、售后服务，或者服务的内容、规格、费用等有关情况。"

由于移动电信运营商处于优势地位，消费者处于弱势地位，为维护消费者的利益，必须限制移动电信运营商对其优势地位的滥用。美国的《电子资金划拨法》主要是通过规定金融机构向消费者提供有关电子资金划拨的充分信息，即通过对消费者知情权的充分保护来保护消费者利益。借鉴美国经验，移动电子商务的小额电子资金划拨，也应当通过充分的信息披露，以维护消费者的知情权。

（三）消费者电子信息保护——对消费者隐私权的保护

技术进步给世界各国的法律体系带来很大的挑战。隐私就是一个问题，它影响了 Internet 和无线技术在全球各地的普及，消费者在不知情的情况下，其个人信息便被他人滥用。人们通过无线设备（如 PDA、手机和掌上电脑）进行通信时，个人隐私更容易受到威胁，传输的信息会被中途截获，用户所在的位置会被精确定位。

无线通信的主要优势是能够提供基于地理位置的服务。定位技术能使无线运营商为紧急救援人员和其他团体提供精确的用户位置信息。这类信息使出现紧急情况的个人、无线广告客户和消费者受益匪浅，但同样引发了人们对隐私问题的关心。最近各国宪法中还没有明确保护个人隐私权，无线通信由于其特殊性，更容易侵犯个人隐私。

美国通信强制法律援助法案（Communications Assistance for Law Enforcement Act，CALEA）要求无线运营商在其数字网络中装有电子监视设施。有了这条法规，执法机关就可以截获和记录手机电话的呼叫方、接听方、通话内容以及手机用户的位置。通过提供这种能力，基于位置的服务便为出现紧急情况的个人、警方、无线广告客户和消费者带来了好处，但这种定位技术的负面后果是无法预测的，它已经引发了严重的问题。一旦个人随身带上手机、PDA 或采用了定位技术的笔记本，他所在的位置就能被他人知道。反对方担心这种技术会滋生绑架案和其他非法活动，犹如这项技术可帮助救援人员和警方轻易找到伤患人员和失窃车辆一样。

二、移动商务的消费者权益保护的措施

（一）国际电子商务立法中关于消费者权益保护的规定

1. 欧盟国家的消费者权益保护

欧盟的《消费者保护（远距离销售）规则》于 2000 年 10 月 31 日起实施，它明确规定了远距离销售中的经营者或供应商缔约前的义务：供应商（含货物出卖人和服务提供者）在缔约前应当向消费者提供清晰的、可理解的、确定化的信息。该信息应当包括供应商的姓名，地址，货物或服务的规格或描述，货物或服务的价格（包括各种税），支付、交付和履行的各种安排，要约的有效期和消费者解除合同的权利（如果适合的话）。在销售者主动打电话到消费者家里推销时，必须言明其代表的公司名称和打电话的商业目的。这一义务与欧盟电子商务指令中强加给 Internet 服务提供商的义务是一致的。除此之外，还应给消费者额外的提示信息，包括解除合同的权力行使的条件和程序，售后服务和保证以及投诉地点，在解除的情形下归还原物于供应商的要求和谁负责返

151

还原物的费用的信息。另外，根据欧盟的此项规则，除非有例外情形，在货物交付或涉及服务条款的合同缔结日起 7 日以内（被称为 Cooling off Period，即冷却期），消费者享有无条件解除合同的权利。在供应商没有以适当方式提供必要信息的情况下，冷却期将延长 3 个月；如果信息是在 7 天之后提供的，那么，从信息提供之日起算。一旦合同被解除，供应者必须在收到通知 30 天内做出回应。

2. 亚洲及环太平洋经济合作组织（以下简称经合组织）消费者权益保护

1998 年，经合组织的渥太华会议上，与会者一致认为，为促进全球电子商务，保护消费者合法权益，增强消费者对电子商务的信任至关重要。会议通过的四个文件中，有两个和电子商务的消费者权益保护有关，分别是《在全球网络上保护个人隐私宣言》和《关于在电子商务条件下保护消费者的宣言》，前者同意经合组织应当为有关保护个人隐私的指导方针提供实用指导，后者认为各国政府、工商界、消费者及其代表必须继续共同合作以确保消费者能获得透明而有效的保护。这里的消费者信任包含两个方面的内容：一个是传统《消费者权益保护法》意义上消费者保护的内容；另一个是网上交易安全的内容，即让消费者相信网络交易的真实性、可靠性。这两个方面共同的目的是使消费者信赖这种交易方式，使消费者在网络环境下发生的交易同样受到与普通交易一样的保护。这一点可以从经合组织渥太华会议通过的《建立用户和消费者的信任全球行动计划》涉及的四个方面看出。这四个方面是：保护个人信息；消费者授权、市场营销和广告道德；保密和信息合法访问的有关问题；数字签名和认证机构。因此，消费者信任是一个有别于消费者保护的新概念，是网络环境下消费者保护的特殊问题。

（二）对中国移动商务消费者权益保护的政策建议

综观中国现有法律规定，对电子商务消费者权益的法律保护，散见于《民法通则》、《合同法》、《消费者权益保护法》、《电信条例》、《计算机信息网络国际联网管理暂行规定》、《计算机信息网络国际联网安全保护管理办法》等规定，内容简单、散乱，缺陷不少，可操作性不强。虽然每一次新法出台、旧法修订都会有所突破与完善，但仍然不能适应电子商务迅速发展所要求的对消费者权益保护的迫切需要。

加强中国对电子商务消费者权益的法律保护，通过立法、司法、管理、技术等手段全面构建电子商务消费者权益的保护体系，当前最主要的是要做好以下工作：

（1）完善中国《消费者权益保护法》、《产品质量法》等法律法规，建立电子商务环境中有助于保障消费者知情权的法律体系，如完善《消费者权益保护法》

关于交易安全保护、产品"三包"规定、损害责任认定等方面的条例；完善《产品质量法》中关于产品包装的规定和关于管辖范围的认定等方面的条例。必要的时候要出台专门的电子商务消费者权益保护的法律法规，构建完善的法律体系。

（2）建立有助于保护消费者的电子商务信用体系。从计划经济到市场经济，我们需要建立信用体系，因为市场经济是一种更为开放、更需要法制与监督机制的经济；而从市场经济再到网络经济，我们更需要建立完善的信用体系，因为网络经济和市场经济相比，又是一种更为开放与灵活的经济模式。开放与灵活带来更大的市场与更多的商机的同时，也必然带来更高的风险，而面对种种风险与不确定因素，光靠商家的自觉是远远不够的，这就需要我们建立完善的法制体系与信用体系。

（3）建立消费者隐私权保护的措施并积极推动实施。目前，全球都在采取措施对个人隐私和个人数据进行保护，比如在全球电子商务行动计划中提出了有关保护用户隐私的两条基本原则：①对用户的保护，尤其是在个人隐私、保密、匿名和内容控制方面，应当通过政策加以保证。这些政策必须以自由选择、个人行使权力和产业为主的解决方案为依据，而且应该遵守相应的法律。②商业界应该为用户提供可用的手段，使他们有权在个人隐私、保密、内容控制和适当环境下匿名等方面进行选择。

在中国，人们没有重视保护隐私的传统，此领域的立法工作还很落后。公众对隐私问题的认识还有许多误区，对保护自己和他人的隐私的意识还很薄弱，社会上广泛地存在着各种各样的侵犯隐私的行为和现象，甚至有些还是公然实施的。因此，我们必须充分认识到在中国实施隐私权保护的艰巨性、重要性和紧迫性。一是在全民中普及有关隐私和隐私权保护的基本知识，作为精神文明建设的重要组成部分来抓，以提高中国公民的文明水平和自我保护意识。二是切实抓紧有关隐私权保护的立法工作，制定专门的隐私权法，并修订其他相关的法律，形成统一的、前后一致的法律体系，使隐私权保护在中国有基本的法律保障。三是加强行业自律，要求各种商业机构制定出有关保护个人隐私的行业守则或规章，从制度上保证消费者的利益不受到伤害，与顾客建立一种真正的互信关系。四是加强中国自己的信息安全技术的开发与应用，为保护个人隐私提供强大的技术后盾。此外，制定有关保护个人隐私的法律，应本着最小限度收集个人数据、最大限度保护个人隐私的原则来制定法律，以消除人们对泄露个人隐私以及重要个人信息的担忧，从而吸引更多的消费者进行电子商务活动。

迄今为止，还没有具体的法规规范定位技术的用法。行业领先者和政府担心相关法规会减慢无线行业的发展。但综合多方面的因素，业者显然迫切需要制定严谨的安全度量标准来防止定位技术的滥用，切实保护个人隐私不受侵犯。

第四节　移动商务的立法环境与原则

移动商务的立法问题得到了有关国际性、地区性组织和许多国家政府的高度重视，尽快在全球范围内营造良好的移动商务法律环境，是政府部门在移动商务发展过程中所应发挥的主导作用，及时制定并出台相应的法律法规，鼓励、引导、维护移动商务沿着健康的轨道发展，成为当前世界各国立法工作的一项重要任务。

一、移动商务的法律环境

21 世纪之初，移动商务的跨越式发展给现行国际法律体系带来了新的挑战。移动商务立法是推动移动商务发展的前提和保障，已成为目前国际关注的重点，尽快在全球内营造良好的移动商务法律环境，已成为国际社会的共识。

（一）移动商务的特征及其对法律的要求

移动商务的自身特征决定了它不仅为全球经济的发展营造了良好大氛围，同时对社会各个领域特别是立法提出了许多新的要求和挑战。

1. 无国界性

移动商务是通过无线互联网进行交易的，而无线互联网的一个重要特征就是全球联通、跨越地域的界限。通过任何一个移动设备就可以访问世界任何一个角落，商家可以随时随地寻找资源和推销产品。无线互联网使得商家信息流可以随着移动设备的移动而移动，这样业务人员可以真正做到随时随地获得，携带和传递商业信息，使信息流无处不在、无时不在，大大缩短了企业与市场的距离，提高了企业对市场的响应能力。于是，移动商务的主体面对的是一个自由的全球性的大市场，而不局限于有线网络的交易。这就期待着高度一体化的商业和法律规则，而各国社会制度、政治状况、经济发展程度、现有法律法规、文化传统等千差万别的实际情况之间的协调成了最大的难题。

2. 信息的数字化

由于移动设备和无线 Internet 传输的都是表示一定信息的电磁信号，于是以无线 Internet 为载体、移动设备为特征的移动商务双方的谈判记录、使用的资金甚至标的本身都是数字化的。这种虚拟的信息资源对商家的商家信用提出了更高的要求，并且以这种数字形式存在的信息具有极大的流动性，无线可复制性，知识的传播从而具有了前所未有的便捷。

3. 技术进步快

移动商务领域的技术进步速度已经超过了一个国家适时地调整其法律框架的能力。即使试图对法律框架进行大的变革以适应移动商务的需求，也由于新的意想不到的问题的不断出现和变革速度上悬殊差距，使得适时的法律调整总跟不上移动商务高速发展的步伐。在移动商务的法律框架缓慢成长的同时，一些非完全技术革新因素（例如，技术与工业之间发展循环周期的缩短；Internet的网民数量剧增；一些国家冒风险地进行一些移动商务方面的政策法规调整等），也引发了一种跨领域规则的迫切而显著的需要。移动商务导致了一场在数字化市场中对法律框架的根本性反思。

（二）移动商务立法的必要性

1. 移动商务的发展需要法律的保障

从总体上说，与移动商务的迅猛发展相比，与之相关的法律法规显得滞后。不仅发展中国家如此，即使发达国家也并未彻底解决。从目前中国的立法情况来看，国内关于移动电子商务方面的法律很不完善，在目前的技术和管理情况下，对政府而言，网络贸易已经成了税收的"漏斗"；对消费者而言，移动购物的权益和安全性无法得到保障；由于移动金融发展的不完善，个人信息随时可能被盗窃，移动交易的安全性远远低于有形交易，尤其是个人隐私问题得不到保障；对生产厂家而言，欺诈可能是无处不在，信誉无从得到保证。一系列侵犯移动交易安全和信息安全的恶性事件不断地给人们敲响警钟。

2. 移动商务立法有利于促进移动商务的发展

基于移动设备的移动电子商务作为一种更直接、更方便的商务模式受到人们普遍关注，由于移动商务交易安全、电子签名和认证等众多问题阻碍着移动电子商务的普及，移动商务的立法就显得尤为必要。面对移动商务的美好前景，世界各国都在积极寻求新的解决方案来促进移动商务的快速发展。

3. 移动商务立法还存在大量的问题需要完善

目前在世界范围内虽然有了联合国贸法会《电子商务法》及一系列国际统一规则，但不完全是移动商务的法律规范，只是起到参考作用；由于各国法律制度的差异性，在许多方面没有做出具体性的规定，有的只提出一个总原则，留待各国的国内法今后解决。与此同时，尽管许多国家对国内的原有立法进行了相应的调整，但仍限于局部性与临时性的对策，专门性与基础性的立法很少。在移动商务实践中，仍多以当事人之间协议的方式来弥补法律法规范的不足，具有很大的局限性。由上可见，移动商务的法律问题目前还远未解决，而这一解决最终将取决于各国立法的彻底调整以及有关国际统一规则的最终确立。

4. 中国移动商务的法制建设任重道远

首先，中国尚处于社会主义建设初级阶段，现行涉及商务的法律法规，基本都是针对传统的商务活动而建立的，实践中已有很多不能适应移动商务的迅速发展。其次，发达国家和发展中国家在发展移动商务方面必然存在着利益冲突，围绕如何制定规则和应当遵守什么样的规则等原则性的问题也必然会进行力量和智慧的较量。最后，移动商务的全球性的特点使得中国移动商务的法律建设既要考虑国内的环境，又要与全球移动商务的法制建设同步，如果中国有关使用现代信息技术的法规与国际规范有较大的差异，就会限制中国企业积极参与国际竞争。

(三) 移动商务立法所面临的困难

与日新月异的技术发展和移动商务模式的更新相比，由于法律固有的稳定性和立法认识能力的限制，与移动商务相关的法律显得跟不上节拍。一方面是法律在一些移动商务带来的新领域里呈现空白；另一方面是传统法律与移动商务行为不协调。这方面的弊害主要是使商家无法预见自己行为的法律后果，对既得利益缺少安全保障，同时，那些不协调的法律可能直接阻碍移动商务的发展。

移动商务立法有其特有的困难因素：

（1）由于移动商务的无国界性，越来越要求移动商务立法的国际一致性。

（2）移动通信技术的突飞猛进、日新月异，更新换代的速度常常以月计，而立法程序相对较慢。

（3）目前与经济生活密切相关的主要法律，如《消费者权益保护法》、《合同法》、《公司法》等都建立在传统的有形商业之上，与无形的"网络经济"并不完全适用。

（4）从世界范围来看，移动商务在体系、组织、模式、法律、管理和技术等各方面都未完全成熟。

二、移动商务立法原则

在构建移动商务法律体系的过程中，应当把握一些立法原则，即制定法律的基本出发点，制定过程中应当遵循的方向和准则。移动商务立法的基本原则贯穿于整个移动商务的立法，对各项移动商务制度和法律环境起统率和指导作用。

结合中国国情，为不断完善中国移动商务发展的法律环境，中国移动商务立法应遵循如下原则：

（一）协调性原则

移动商务进行立法应充分借鉴国外先进的立法经验，与国际立法相互协调，使立法最大限度地与国际接轨，避免因过分强调立法的国家权力性和国情而阻碍移动商务的发展。这是因为移动商务是一种世界性的经济活动，它的法律框架也不应只局限在一个范围内，而应适用于国际间的经济往来，得到国际间的认可和遵守。

移动商务进行立法应与现行立法中的有关书面、签名等规定和有关《远程合同立法》、《消费者保护法》、《跨境交易法》等相互协调。移动商务仅在一定程度上但并没有彻底改变现行的交易环境和交易方式，如利用网上交易的电子商务也具备以无线网络为平台的移动商务所具有的交易双方当事人互不谋面、无纸化的特征。

应协调好移动商务过程中出现的各种新的利益关系，如版权保护与合理使用、商标权与域名权之间的冲突、国家对移动商务的管辖权之间的利益冲突等，尤其是要协调好移动商家与消费者之间的利益平衡关系，没有消费者的广泛参与，就没有移动商务的健康发展，移动商务立法应使消费者获得不低于其他交易方式的保护水平。

（二）超前性原则

移动商务的进行离不开有关技术的支持，如保障交易安全的电子认证、电子签名、电子支付制度等都是以密码技术、信息通信技术与其他相关技术的支持为基础的，如果立法将电子签名、电子认证、电子支付等制度依附于某一特定的技术，而随着技术的不断发展，将使得建立在先前某一特定技术基础之上的电子认证、电子签名、电子支付等移动商务法律制度不能适应新技术条件下移动商务对安全的需要。移动商务的技术性特征要求对移动商务所涉及的相关技术和范畴进行立法时必须采取超前性原则，以适应移动商务技术和移动商务自身不断发展的客观需要，追踪移动商务的最新发展，保持法律的连续和稳定。

（三）兼容性原则

兼容性原则指移动商务立法要与过去的、现在的和将来可能出现的技术手段、技术标准相兼容。

在信息和无线网络时代，技术进步和社会发展日新月异，这就对以移动通信技术和无线网络技术为基础的移动商务立法提出了特殊的要求。移动商务立法对所有涉及的诸如移动商务签名、认证、原件、书面形式、数据电文、信息系统、相关技术等有关范畴应遵循兼容性原则，而不能局限于某一特定的技术手段和技术标准，以适应技术和社会快速发展的要求。

（四）安全原则

安全原则是指移动商务立法应充分考虑移动商务对交易安全的需要。安全性原则要求与移动商务有关的交易信息在传输、存储、交换等整个过程不被丢失、泄露、窃听、拦截和改变等，要求网络和信息应保持可靠性、可用性、保密性、完整性、可控性和不可抵赖性。从国外立法的有关规定来看，都是通过规定电子签名、电子认证、电子支付等具体制度来保证信息和交易安全，把交易安全作为立法的基本原则和重要使命。

（五）鼓励促进原则

随着移动电话、电子邮件和电子数据交换等现代化通信手段在商务交易中使用的急剧增多和进一步的发展，以非书面电文形式来传递具有法律意义的信息可能会因这种电文本身的法律效力的不确定性而受到影响。为此，需要通过法律加以鼓励和引导，从网络基础设施建设，以及与移动商务相关的技术发展和技术标准、税收、市场准入等方面着手鼓励和促进移动商务的发展，向移动商务的各类参与者提供一套虚拟环境下进行交易的规则，确定如何消除此类法律保障，创造一种比较安全可靠的法律环境，平等对待基于书面文件的用户和基于数据电文的用户，充分发挥高科技手段在商务活动中的作用，鼓励应有现代信息技术进行交易活动，使移动商务的应用成为可能或为此创造方便条件，从而促进经济增长并提高国际、国内贸易效率。

（六）引导原则

由于目前国内移动商务的发展水平和社会公众对移动商务的认知程度较低，因此，政府应担负起引导职责，从政策、法律上为移动商务创造良好、宽松的经营环境，努力引导企业和社会公众积极参与移动商务。

（七）灵活性原则

灵活性原则要求从本国的实际情况出发，在与国际接轨的同时保留鲜明的民族特性，把鼓励和发展移动商务作为立法的前提，适度规范、留有空间、利于发展。

第五节　移动商务呼唤新法律

移动商务带给世界的是全新的商务规则和方式，它带给社会、经济、法律等各方面的影响，已远远超过了以往任何一项新技术的应用，并对现行法律提出了挑战，由于移动商务的交易过程涉及商家、金融、电信、公证、ISP 和消费者等许多方面，其中任何一个环节出现问题，都可能引发纠纷，这就需要有相关的立法来规范。积极探索和研究移动商务的立法问题，加快建立具有中国特色的移动商务法律体系，对推动移动商务的发展具有极其重要的意义。

一、国际电子商务立法现状

（一）主要国际组织的电子商务立法

1. 联合国

联合国国际贸易法委员会是联合国负责国际贸易法律协调和统一的组织，在电子商务立法领域做了大量推动工作。

1996 年 6 月，联合国贸易法委员会制定了《电子商务示范法》。2000 年 9 月，该委员会电子商务工作组制定了《电子签名统一规则》，并提交联合国会议正式讨论通过。2001 年，该机构又审议通过了《电子签字示范法》，该法现已成为国际上关于电子签章的最重要的立法文件，并在促成全球电子商务安全环境方面做出重要贡献。2005 年 11 月，该机构又通过了《国际合同使用电子通信公约》，并于 2006 年 1 月 1 日起开放供各国签署。

2. 国际商会

国际商会于 1997 年 11 月发布了《国际数字签署商务通则》，被认为是第一部真正意义上的电子商务的全球性自律性规范。为使贸易术语进一步规范，国际商会两次对《国际贸易术语解释通则》进行修订，并于 1999 年公布了《2000 年国际贸易术语解释通则》。国际商会制定的《UCP500 电子交单附则》（"eUCP"）也于 2002 年 4 月 1 日正式生效。2005 年 4 月，国际商会发布了经过修订的《营销和广告使用电子媒体指南》。此外，国际商会在 2004 年制定了《国际商会 2004 年电子商务术语》（载于《国际商会电子订约指南》），为当事人提供了两个易于纳入合同中的简短条款。目前国际商会还在制定《电子贸易和结算规则》。

（二）美国

1995 年 5 月 1 日，美国的犹他州颁布了《数字签名法》。随后，美国又先后制定了《全球电子商务纲要》、《统一电子交易法案》及《全球及全国商务电子签章法》三部重要电子商务法。2000 年 6 月 30 日，美国总统克林顿签署了一项法案《国际与国内商务电子签章法》。这被认为是网络时代的重大立法，它使电子签名和传统方式的亲笔签名具有同等法律效力，被看作美国迈向电子商务时代的一个重要标志。

（三）欧盟

欧盟于 1999 年 12 月通过了《电子签名指令》，该法由 15 个条款和 4 个附件组成，主要用于指导和协调欧盟各国的电子签名立法。其中比较有特色的四个方面：电子认证服务的市场准入、电子认证服务管理的国际协调、认证中的数据保护、电子认证书内容的规范。

欧盟又于 2000 年 5 月通过了《电子商务指令》，这两部法律文件构成了欧盟国家电子商务立法的核心和基础。

（四）俄罗斯

俄罗斯除了制定和公布了《俄罗斯网络立法构想》、《俄罗斯联邦信息和信息化领域立法发展构想》、《2002~2004 年大众传媒立法发展构想》等纲领性文件，同时还先后起草和修订了《电子公文法》、《俄罗斯联邦互联网发展及利用国家政策法》、《信息权法》、《个人信息法》、《国际信息交易法》、《电子合同法》、《电子商务法》、《电子数字签名法》等法律法规，对电子公文的制作与传输、互联网的发展、信息权的保护、电子合同与电子数字签名的法律地位，以及电子商务活动中应遵循的原则等问题进行了详细的规定。

二、中国对移动商务交易安全的法律保护

移动商务的法律保障问题，涉及两个基本方面：①移动商务首先是一种商品交易，其安全问题应当通过民商法加以保护；②移动商务交易是通过移动通信设备及其无线网络而实现的，其安全与否依赖于移动通信技术和无线网络的安全程度。中国的第一份"电子合同"已经签订，并已经进入了应用程序。一旦"电子合同"在中国国内得到广泛推广，那么以前企业家们为签订纸质合同而全国各地满天飞的情景将大为改观，商业效率大为提高。然而，电子合同通过网络化传输，其安全性是否经得起考验，这也是关系到"电子合同"前途的大事。

（一）中国现行涉及交易安全的法律法规分类

（1）综合性法律。主要是《民法通则》和《刑法》中有关保护交易安全的条文。

（2）规范交易主体的有关法律。如《公司法》、《国有企业法》、《集体企业

法》、《合同企业法》、《私营企业法》、《外资企业法》等。

（3）规范交易行为的有关法律。包括《经济合同法》、《产品质量法》、《财产保险法》、《价格法》、《消费者权益保护法》、《广告法》、《反不正当竞争法》等。

（4）监督交易行为的有关法律。如《会计法》、《审计法》、《票据法》、《银行法》等。

（二）涉及网络安全的行政法规

国务院颁布的《中华人民共和国计算机信息网络国际联网管理暂行规定》和公安部颁发的《计算机信息网络国际联网安全保护管理办法》是对移动商务具有重大影响的重要行政法规。它确立了安全管理的新思路，具体包括以下四个方面：

（1）体现促进经济发展的规则。

（2）体现保障安全的原则。

（3）体现严格管理的原则。

（4）体现与国家现行法律体系一致性的原则。法规在加强 Internet 出入信道的管理、确定市场准入制度、规定安全管理制度与安全责任及行为处罚做出了明确的要求，在保障网络安全方面做出了一定的贡献。

三、构筑移动商务法律体系

移动商务不仅涉及商务和技术领域，而且还作用于法律和公共政策、社会和行为、经济等方面。需要考虑知识产权保护、隐私权保护、关税和贸易管理、出口管制、移动合同合法性等一系列法律法规问题，而且涉及面很广，内容复杂，关系到《国际法》、《民法》甚至《刑法》。因此，一方面要完善立法，制定新的法规；另一方面要考虑移动商务中出现的新问题，对传统立法和电子商务立法做必要的调整，构筑移动商务法律体系，以促进移动商务的健康发展。

（一）构筑移动商务法律体系的必要性

移动商务作为今后的重要经贸方式之一，已成为各国巩固和提高经济竞争力的战略发展重点。但移动商务发展与无线技术进步同步，其速度极快，而一般政府和立法机构对其认识相对落后。为避免国家的管制和立法可能阻碍移动移动商务的发展，各国对移动商务的立法通常持谨慎态度。我们建议为移动商务立法，需规范移动商务安全，明确移动商务的财税课征和市场准入，解决移动商务运营中的数据保护、安全认证、知识产权、域名以及消费者保护等亟待解决的问题。

目前中国移动商务发展非常迅速，但仍处于初始阶段。目前移动商务发展的时间不长，交易额小，移动支付系统尚未建立，移动商务框架体系尚不成熟，在现阶段制定全面的移动商务法条件不具备。为推动移动商务的开发和应用，中国应当加强有利于移动商务发展的政策法规环境建设，目前已有的相关法律法规适用于移动商务的应从新规定，不适应移动商务发展的须进行修改和完善。

（二）构筑移动商务法律体系的途径

为促进移动商务的发展而构建移动商务的法律体系并不是脱离传统电子商务的法律思想另起炉灶，而是应当继承电子商务法律体系的合理内涵，并与传统法律保持密切关系。这是因为：移动商务虽然在今后的经济生活中占很大的份额，但是电子商务形式仍将与移动商务协同发展，并且相互发生密切联系，对电子商务和移动商务适用两套完全不同的法律规范则不利于两种经济形式的交流；何况，移动商务是电子商务的一个新分支，它们都是一种商务形式，它们的发展都带有传统商务的烙印，在发展的理念和法律需求上也有共通的一面。

基于以上考虑，在对移动商务的法律体系的构建中，首先应当考虑原有电子商务法律对移动商务行为的适用，对于原有电子商务法律不能适应移动商务发展的，应从以下途径着手改造：

（1）先分别立法，制定单行法规，如移动合同规则、移动支付规则、移动网上税收规则、移动广告等，待时机成熟后，再进行综合立法。这种方法能够及时解决移动商务发展过程中的具体问题，并可在实践中不断积累经验，逐步提出比较完善的综合立法的思路。但因缺乏宏观思考、全局性不足，各单行法规很难实现统一化和一体化。

（2）先综合立法，出台移动商务基本立法，然后对各个具体问题制定单行法规。这种立法思路有利于从宏观上把握移动商务这一新事物的发展趋势，有利于统一移动商务活动中对关键问题的看法。基本法制定出来后，可以指导、规范实践活动，并随发展现状而及时进行修正。同时，单行法律也需要经常修改和变动，但因有基本法进行整体指导和规范，可相应减少由此产生的诸多矛盾冲突。这种形式也是国际上普遍采用的方法。联合国《电子商务法》第七条涉及了电子签字问题，之后才开始制定电子签字的统一规划，目前这一规划仍在制定过程中。所以，着手研究移动商务的关键问题，建立移动商务基本法，应是目前可以选择的较好的立法形式。

（3）创造有利于移动商务发展的配套法律体系。这个配套体系必须有针对性，即帮助克服移动商务发展的障碍。一方面，增加国家信用，即在移动商务活动中由国家授权的非营利性机构提供信用保证和进行监督，使从事移动商的交易当事人放心；另一方面，建立和完善信用评级制度，促使企业重视自身的信用和形象，这是发展移动商务的长远之计。

 **本章案例**

移动商务面临的隐私和法律问题

一、垃圾短信息

在移动通信给人们带来便利和效率的同时，也带来了很多烦恼，遍地而来的垃圾短信广告打扰着我们的生活。在移动用户进行商业交易时，会把手机号码留给对方。通过街头的社会调查时，也往往需要被调查者填入手机号码，甚至有的用户把手机号码公布在网上。这些都是公司获取手机号码的渠道。垃圾短信使得人们对移动商务充满恐惧，而不敢在网络上使用自己的移动设备从事商务活动。目前，还没有相关的法律法规来规范短信广告，运营商还只是在技术层面来限制垃圾短信的群发。目前，信息产业部正在起草手机短信的规章制度，相信不久的将来会还手机短信一片绿色的空间。

二、定位新业务的隐私威胁

定位是移动业务的新应用，其技术包括：全球定位系统 GPS（Global Positioning System），该种技术利用 3 颗以上 GPS 卫星来精确（误差在几米之内）定位地面上的人和车辆;基于手机的定位技术 TOA，该技术根据从 GPS 返回响应信号的时间信息定位手机所处的位置。定位在受到欢迎的同时，也暴露了其不利的一面——隐私问题。移动酒吧就是一个典型的例子，当你在路上时，这种服务可以在你的 PDA 上列出离你最近的 5 个酒吧的位置和其特色。或者当你途经一个商店时，会自动向你的手机发送广告信息。定位服务在给我们带来便利的同时，也影响到了个人隐私。利用这种技术，执法部门和政府可以监听信道上的数据，并能够跟踪一个人的物理位置。如果定位技术被恐怖分子利用，他们通过定位通信用户的位置，可以对其抢劫和绑架而实施犯罪活动。

三、移动商务的法律保障

电子商务的迅猛发展推动了相关的立法工作。目前，已经有 60 多个国家就电子商务和数字签名发布了相关的法规。美国犹他州 1995 年颁布的《电子签名法》则是全球最早的电子商务领域的立法。

2005 年 4 月 1 日，中国首部真正意义上的信息化法律《电子签名法》正式实施，电子签名与传统的手写签名和盖章将具有同等的法律效力，标志着我国电子商务向诚信发展迈出了第一步。《电子签名法》立法的重要目的是促进电子商务和电子政务的发展，增强交易的安全性。

移动商务的另一个应用就是娱乐行业。据 IDC 公司的研究报告，2006 年移动游戏的总产值将高达 50 亿美元，其消费者达到 1 亿人。随着生活水平的提高，越来越多的青少年拥有手机、PDA 等移动设备。游戏对青少年具有较大的诱惑力，而在什么类型的游戏适合青少年有着不同的法律规定，在移动游戏领域也出现了相应的隐私和法律问题。在美国，游戏是实行分级制度。哪一级的游戏适合儿童玩都有着详细的规定。在法国、韩国和日本，对于限制儿童接触不良网络游戏方面都是通过技术屏蔽、税收和家庭公约等途径进行法律和制度上的管制。为了引导未成年人的网上娱乐活动，我国相关部门鼓励社会各方面"积极创作、开发和推荐"适合未成年人的网络游戏产品，净化网络文化环境。2005 年 8 月 5 日，文化部游戏产品内容审查委员会正式公布了第一批适合未成年人的网络游戏产品。

随着移动网络从 2.5G 到 3G 的演进和移动数据速率的提高，面向移动商务的领域快速发展。本书讨论了移动商务发展中面临的安全、隐私和法律问题。移动商务是一个系统工程，移动商务的发展不仅依赖于技术的成熟，也受法律、社会和管理等诸多因素的制约。在我国，随着计算机、互联网及电信技术的发展和人们生活水平的提高，移动商务为企业信息化创造了巨大的市场空间。目前，我国已经拥有近 8000 万手机用户和数目众多的 PDA，这些移动终端构成了移动电子商务巨大的潜在市场。

资料来源：IT 中国，http://www.techtarget.com.cn/，2010–11–30.

问题讨论：

1. 移动商务所面临的问题和障碍，需要哪些法律保障？
2. 我国移动商务立法需要寻求哪些新的途径？

本章小结

移动商务作为一个新兴的产业，正处于其发展的初级阶段，各种技术、格式和过程都缺少统一的标准作依据，这在一定程度上给移动商务的发展带来了障碍。尽快制定移动商务相关的各项标准，在技术、运行、信息传递等方面进行统一，会大大促进移动商务的发展，由于移动商务是电子商务的一种新形式，而且电子商务的相关标准已经成熟，因此建立移动商务标准工作要充分借鉴电子商务的相关标准。

移动商务作为未来全球经济的宠儿，代表着未来贸易的发展方向，它会给我们带来无限商机。与此同时，移动商务的跨越式发展也给现行的法律体系带来了新的挑战。移动商务法律的完善与否将成为移动商务能否健康、有序、深入发展的关键因素。移动商务作为一个新兴事务，影响其发展的法律问题有很多。

移动商务作为一种全新的商业运营模式，具有快捷、方便、高效、成本低及可进行灵活交易的优势，因而赢得众多企业和消费者的青睐。移动商务的出现，给企业带来了更多的商机，也给消费者带来了一种全新的购买方式。但由于目前中国网络信息流、物流、资金流制度及相应的法律法规尚不健全，从而如何保护移动商务应用的消费者的合法权益就成为亟须研究的重要课题。

移动商务的立法问题得到了有关国际性、地区性组织和许多国家政府的高度重视，尽快在全球范围内营造良好的移动商务法律环境，是政府部门在移动商务发展过程中所应发挥的主导作用，及时制定并出台相应的法律法规，鼓励、引导、维护移动商务沿着健康的轨道发展，成为当前世界各国立法工作的一项重要任务。

移动商务带给世界的是全新的商务规则和方式，它带给社会、经济、法律等各方面的影响，已远远超过了以往任何一项新技术的应用，并对现行法律提出了挑战。由于移动商务的交易过程涉及商家、金融、电信、公证、ISP 和消费者等许多方面，其中任何一个环节出现问题，都可能引发纠纷，这就需要有相关的立法来规范。积极探索和研究移动商务的立法问题，加快建立具有中国特色的移动商务法律体系，对推动移动商务的发展具有极其重要的意义。

165

本章复习题

1. 什么是 EDI？如何理解 EDI 与移动商务的关系？

2. 什么是 RFID？举例说明 RFID 在移动商务中的应用。

3. 影响移动商务发展的相关标准有哪些？试述无线网络标准化研究和发展的历程。

4. 移动商务消费者权益保护包括哪些内容？

5. 美国在建设移动商务的政策法律环境方面做了哪些工作？

6. 移动商务交易的法律问题有哪些？如何保障移动商务交易的安全？

7. 论述移动商务立法的必要性。

8. 为什么要保护知识产权？知识产权保护问题有哪些？

9. 保护网络隐私的两条基本原则是什么？

10. 网络犯罪的行为主要有哪些？当前中国网络犯罪的特点是什么？

11. 电子商务法律法规的立法原则有哪些？

12. 简述国际上有代表性的电子商务征税方案及其优缺点。

13. 移动商务法律面临的问题有哪些？中国应如何建设移动商务的政策法律环境？如何构筑中国移动商务法律体系？

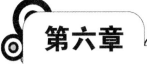

第六章
企业移动商务的创建和运行维护

学习目的

知识要求 通过本章的学习，掌握：

- 企业移动商务创建的影响因素和相关步骤
- 企业移动商务创建的目的和前期评估方法
- 企业移动商务创建所需的准备工作
- 企业移动商务的创建实施流程
- 企业移动商务的运行和维护措施

技能要求 通过本章的学习，能够：

167

- 了解企业移动商务创建的影响因素和相关步骤
- 了解企业移动商务创建的目的和前期评估
- 了解企业移动商务创建的准备
- 了解企业移动商务的创建实施
- 了解企业移动商务运行和维护管理

学习指导

1. 本章内容包括：企业移动商务创建的影响因素和相关步骤；企业移动商务创建的目的和前期评估；企业移动商务创建的准备；企业移动商务的创建实施；企业移动商务的运行和维护。

2. 学习方法：独立思考，抓住重点；与同学讨论企业移动商务创建的影响因素和相关步骤；能够运用所学的知识进行企业移动商务创建评估；讨论企业移动商务的创建实施过程和运行维护方法等。

3. 建议学时：8学时。

 **引导案例**

上海光明乳业移动商务解决方案（一）

在本案例中，主要介绍上海光明乳业移动商务解决方案，通过遵循需求分析、方案设计和方案创建实施三个步骤来探讨上海光明乳业移动商务方案。同时，对上海光明乳业移动商务的解决方案进行总结和分析。

一、需求分析

（一）保鲜事业部上海销售部现有管理模式

管理架构如下：

（1）整个保鲜事业部负责保鲜类产品和常温类产品，下辖东区、西区、北区、东郊、西郊和大卖场六个区域级销售分部。各区和其下属各中心同时负责保鲜类产品和常温类产品的销售。

（2）东区、西区和北区销售部下面下辖销售中心，具体为：东区下辖三中心，西区下辖一、二、四中心，北区则下辖五、六中心。各中心为最基层管理单位，由中心经理负责，管理和监督本中心范围的销售工作，业务员的工作由中心经理指派。大卖场、东郊和西郊下面不设销售中心，业务员直接向其经理负责。

产品类型如下：

（1）同一家店的湿货和干货分两张大单填写，即湿货大单和干货大单，因此，在此项目中业务员应分别能在Palm上输入湿货和干货订单数据。

（2）在此项目中只考虑产品的正常订单数据，不考虑赠品数据。即在此项目中，业务员只是通过移动设备将订单输入和补损数据输入。

（二）手工采集订单工作流程

连锁超市手工采集订单的工作流程如图6-1所示。上海共有客户3000多家，录入员平均每天录入3万个订单行的数据记录。而且，系统经常在订单上传和导入时出现数据丢失的情况，即ERP得到的订单数据少于下载的订单数据。更为重要的是，采用人工方式采集数据，步骤繁琐，容易出错，浪费了巨大的人力物力，并且效率非常低。

二、方案设计

（一）光明乳业移动订单业务设计

此项目业务需求的原则应保证实施后的业务流程简洁、规范和高效，减少

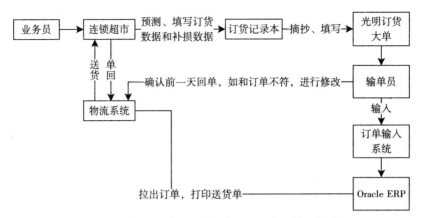

图 6-1 上海光明乳业连锁超市手工采集订单工作流程

中间繁重的人工录入环节，使外部订单数据能及时准确的传送到 ERP，以进行精确的生产和资源配置计划，节约成本和减少浪费。同时，还应有订单审核界面来审核确认和修改异常订单。另外，此项目不对 ERP 内部的订单处理格式做任何修改，即 ERP 内部仍保留原来的工作模式；当此项目所构建的平台出现问题时，应有相应的应急方案，至少可立即恢复到目前的工作模式，最大限度地减少损失。

其具体业务设计如下：

（1）业务员直接将第二天的订货数据输入 Palm，每家店湿货为一个订单，干货为一个订单。

（2）应在 Palm 上设置订单输入时间记录，订单和其相应的输入时间应一起同步到后台系统。

（3）将所有当天所有订单数据都存放在 Palm 上，然后通过电话线和 Modem 以 Internet 方式将订单数据同步临时订单数据库。

（4）应设置访问权限，即业务员通过用户名和密码才能登录，登录后只可查看选择他本人负责的超市和能向这些超市出售的产品价目表。

（5）管理层重新分配业务员所负责的超市时，业务员应能通过在 PDA 上更新同步来获得自己所负责超市信息。

（6）Palm 订单数据在进入 ERP 前，应先被导入到临时订单数据库，各中心的订单审核员可基于此临时订单数据库进行订单审核修改和简单业务数据统计分析。

（7）各中心的订单审核员应在 Web 界面上管理和审核本中心的 Palm 订单，并可通过此界面基于临时订单数据库进行简单业务统计分析。

（8）数据同步进来并经审核后，导入ERP的接口数据表，可由ERP直接进行读取和处理。

（9）从临时数据库导出的订单经转换后的订单应一式两份，其中一份以数据格式导入ERP数据接口表。

（10）应设置数据标记以防止Palm上已同步过的数据再次被同步进来。

（11）数据同步时首选Internet连接，出现问题时业务员回自己所属中心，通过中心内部PC将数据进行同步。当上述两种方式都出现问题时，业务员可将存在PDA上的数据摘抄到目前的订货大单上，再通过目前的录入界面进行录入。

光明移动订单项目实施后其工作流程如图6-2所示：

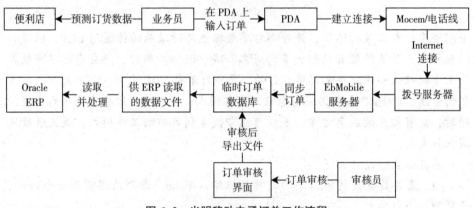

图6-2 光明移动电子订单工作流程

（二）光明乳业移动订单功能设计

Palm客户端的功能：

（1）业务员可在Palm上分别输入保鲜事业部的干货和湿货数据。由于目前一家店的干货和湿货分由两张大单输入，因而在Palm上也分两次输入，如先输入一家店的湿货数据，存储后再输入干货数据。

（2）业务员可通过菜单方式在Palm上查询产品信息（产品代码、名称和单价），并在输入订单时通过点选的方式输入产品数据。

（3）业务员可通过菜单方式输入店家（客户编码和客户名称），业务员Palm上存储的客户应为其本人所负责的客户。

（4）业务员可在Palm上查询已输入的订单，方式为：客户+日期。

（5）业务员在将Palm同光明内部服务器建立连接后，将数据完整无误的同步临时订单数据库，以供审核。

移动电子订单服务器功能：

（1）服务器端设置访问权限，当业务员将 Palm 同服务器建立连接并登录后，可将其负责的客户及能向这些客户出售的产品信息下载下来。

（2）订单数据同步进来后先进入临时订单数据库，订单审核员在本销售中心通过 Web 管理界面审核当天同步进来的订单。

（3）应对临时订单数据库设置访问权限，使各中心审核员通过上述 Web 管理界面审核本中心业务员同步进来的订单。

（4）此 Web 管理界面应具有下列功能：

①订单浏览，在此界面上浏览所有 Palm 订单，包括订单的输入时间，输入订单的业务员。

②订单审核和修改，当发现异常订单时，同客户或业务员进行确认，然后在此界面上进行修改。

③订单查询，通过输入业务员和超市编号查询订单。

④订单导入，将审核后的数据文件提供给 ERP 和物流系统。

⑤业务员管理，包括业务员分管的超市分配。

⑥简单业务统计，中心经理、审核员或业务员可在此界面上作相应统计。

资料来源：上海光明乳业的移动商务平台.电子商务世界，2009（9）.

💡 问题：

1. 上海光明乳业移动商务的创建主要受到哪些因素的影响？

2. 上海光明乳业是如何进行移动商务创建的准备工作的？

第一节　企业移动商务创建的影响因素和相关步骤

企业实施移动商务的内涵在于为移动用户提供自由和价值，彻底改变消费者的生活结构。企业实施移动商务并不是一个简单的过程，而是涉及与之相关的各个方面。企业要真正取得移动商务革命的成功，就必须重视和了解其发展过程中的影响因素。因此，只有具备移动商务发展的基础环境和相关支持，才能推动实施移动商务的企业在全球范围内的迅速发展。在本节中，主要介绍影响企业创建移动商务的因素以及企业创建移动商务的相关步骤。

一、影响企业创建移动商务的基础因素

影响企业创建移动商务的产生主要有以下五个因素：高速发展的无线技

术、合理的经营模式、增长的用户基础、电子商务的发展及合理的收费形式。

（一）高速发展的无线技术

高速发展的无线技术为企业移动商务提供了技术上的支持，它使得企业完成随时随地的交易有了存在并发展的可能性。无线技术是企业移动商务发展的基础，没有无线技术的发展就不存在移动商务。因此，企业实施移动商务要想获得成功，必须要有强大的技术支持。

（二）合理的经营模式

企业移动商务的发展还需要有与之相适应的经营模式。强大的技术支撑是企业发展移动商务的基础，但要使商务模式真正走向成功还需要先进的经营模式作为保证。常用的营销模式包括无线产品营销、推广营销、价格营销、细分市场、锁定目标、市场定位。

（三）增长的用户基础

企业移动商务的全面应用还要依赖于其不断增长的用户基础。有需求才会有应用的发展，因此，增长的用户群是企业不断扩张移动商务的又一基础。

拥有庞大的用户群体给经营者提供了网络效应（Network Effect）。用户是企业移动商务发展的核心。大量的用户意味着电信运营商的实力，会促使更多的内容提供商加入到经济产业链中，吸引更多的用户，从而使电信商更具实力，走向良性循环的境界。近年来，中国移动通信发展迅猛，市场不断扩大，庞大的用户群体给运营商提供了网络效应。

有调查显示，中国移动用户的年龄以年轻人为主，主要集中在 20~35 岁（比例为 84.0%）。这其中包含了消费群体中的中高端用户，这些用户有追求时尚的需求，又具备一定的经济能力，他们愿意支付一定的费用来获取移动个性化服务。同时随着手机上网观念的深入，利用 GPRS 手机上网受到不少高端用户的青睐，GPRS 手机发展很快，已占用户的 12.2%。调查还显示了手机市场消费需求的主要期望是对手机功能的期望。调查表明，手机用户已不满足于现有的语音与网络功能，人们希望它能具备更多的功能。

由此可见，消费者对于手机功能的期望，不仅仅是一种通信工具，一种便携产品，更希望手机尽可能地整合一些娱乐功能特别是音乐功能以作随身消遣之用。

（四）电子商务的发展

电子商务给移动商务提供了生长的环境，而移动商务也将以计算机为主要工具的电子商务扩展到了无线领域，使它在更加宽广、更加便捷的领域里运作起来。电子商务的发展为移动商务提供了一个好的环境平台，更利于移动商务的全球推广。

互联网络的全球化和市场化，推动了全球电子商务的快速发展。电子商务的市场发展潜力是无穷的，因为一方面，潜在消费者的发展速度惊人。随着网络的完善，法律的健全，电子商务作为一种新型的交易方式，被越来越多的生产企业、流通企业以及消费者带入了一个网络经济、数字化生存的新天地。另一方面，电子商务交易额快速增长。据国际著名咨询公司 Forrester 估计，2002年全球电子商务交易额大约为 22935 亿美元。到 2006 年达到 12.8 万亿美元，占全球零售额的 18%，年均增长率在 30% 以上。至 2010 年，全球电子商务交易额已经达到了 26 万亿美元。

（五）合理的收费形式

企业移动商务的发展还决定于其合理的收费政策和形式。

价格因素始终是决定用户使用的关键因素，企业移动商务的开展也不例外。尽管现在移动商务已经在不同程度上进行收费服务，但鉴于付款方式及消费者的心理承受等因素的影响，还没有成型。

二、影响企业创建移动商务的其他相关因素

企业实施移动商务的其他相关因素涉及移动设施、社会、经济、政府、法律、人等各个方面，它们共同协作，影响着企业对移动商务实施的各个过程。

（一）社会发展需求的促动

人类社会发展的总趋势是由技术经济的低级状态向着高级状态转变的。从人类技术发展历史看，以往的各种技术已经把人类社会的物质文明提高到了一个相当高的程度（当然这是以发达地区为代表而言的）。

173

在信息时代里，信息技术的广泛应用已经渗透到人类社会、经济的各个领域。在经济全球一体化的今天，各个国家的商务实体需要随时随地地在全球范围内进行采购、定货、生产、配送、交易、结算等一系列的经济活动。所有的商流、信息流、资金流、物流等贸易要素都在全球范围内流动，那么进行商务活动的主体也要具备流动性，用电子商务方式来获取这些流动的信息已不能满足人们的要求，这就使得企业移动商务在此基础上发展起来。

现在，美国、西欧、日本等发达国家的企业在实施移动商务方面的研究和利用已具规模，而新兴的发展中国家的企业这几年也开始注重移动商务的开发利用，否则，将永远不会摆脱在经济上对发达国家的依赖。

移动商务可以满足日益复杂的社会需求。随着无线网络技术的完善，如今传统的电子商务模式面临着一次新的革命，即从有线的电子商务形式到移动的电子商务形式，人们的生存状态和方式又将发生质的突变。

（二）人的知识与技能的推动

企业移动商务的推动最离不开的就是人的作用。

首先，移动商务是一个社会性的系统，而社会系统的中心是人；其次，移动商务系统实际上是由围绕商品交易的各方面代表和各方面利益的人所组成的关系网；最后，在移动商务活动中，虽然十分强调工具的作用，但归根结底起关键作用的仍然是人。因为工具的发明、制造、应用和效果的实现都是靠人来完成。所以，强调人在企业移动商务中的决定性作用是必然的。也正因为人是企业移动商务的主宰者，进而有必要考察什么样的人才是合格的。

很显然，企业移动商务是互联网技术、移动信息技术和商务活动的有机结合，所以能够掌握移动商务理论与技术的人才必然是掌握互联网技术、现代化移动信息技术和商务理论与实务的复合型人才。而一个国家或地区能否培养出大批这样的复合型人才，就成为该国、该地区发展移动商务的最关键因素。

（三）经济发展水平的持续提高

企业移动商务也是经济发展水平持续提高的产物。社会化大生产和市场经济以及全球经济一体化的发展，需要不受地点和时间、不受气候和环境限制的移动商务。移动商务的出现，满足了企业随时随地进行商务运作、摆脱有线上网限制的需求，这是完全不同于以往的商业网络模式。

（四）政府和企业共同推进

政府和企业在移动商务的发展中扮演着至关重要的作用。他们是移动商务真正应用的参与者和承载者。缺少了政府的支持和企业的实践应用，"移动商务"将仍然停留在概念形式，而无法产生巨大的经济和社会效应。

首先，国家和政府应大力扶持整个移动商务的产业；其次，政府要大力推动内容服务提供商的发展，内容服务对移动商务发展的影响巨大；最后，企业和国家政府共同合作，重视和发展移动商务，并制定出相应的科学战略规划。

（五）各行各业的积极参与

移动运营商、金融机构、信用卡公司、能够提供良好的端到端解决方案的应用开发商以及服务批发商等，是支撑起一个强大、可行的移动商务行业的关键参与者。对每一个参与者来说，它们都需要有一个清晰的角色定位，以便能够把握机会或者是能够准确进行人力、财力等资源投资，来发展移动商务。

三、企业移动商务创建的相关步骤

（一）企业移动商务创建的目的和前期评估

在正式进行企业移动商务的创建时，首先必须要明确企业移动商务创建的目的，并进行相关的前期评估。如果不能首先清晰地明确企业移动商务创建所要实现的目的，那么企业移动商务创建就变成了无的放矢，单纯为了创建而创建，也就失去了企业移动商务创建的意义，从而导致企业移动商务的失败。同时，在明确企业移动商务创建目的后，还要进行有效的前期评估，特别是成本和效益评估，以确定去企业移动商务创建能促进企业的经济转换，有利于未来企业的发展。

（二）企业移动商务创建的准备

在明确了企业移动商务创建的目的，并进行了有关的前期评估后，就进入到了企业移动商务创建的准备阶段。企业移动商务创建的准备主要是对企业移动商务系统的实施进行分析和设计。相对而言，企业移动商务创建的准备阶段是整个移动商务系统创建的关键一环，也是比较烦琐的一环。在这一时期，企业决策层的支持是推动企业移动商务系统创建实施的重要力量。

（三）企业移动商务的创建实施

企业移动商务创建就是将移动计算技术与其他信息技术结合，实现战略设想和功能框架所依附的应用平台，实施并具体化企业移动商务系统。事实上，企业移动商务的创建实施阶段是企业移动商务的具体化阶段。有了前期的评估和准备，移动商务创建只需按照一定的步骤和规范就能够迅速的创建起来。一般来说，企业移动商务的创建包括两个方面：一是企业内部网的创建，二是企业前台移动商务网站的创建。同时，由于商务活动的特殊性，企业移动商务的创建还要特别注意安全方面的控制。

第二节　企业移动商务创建的目的和前期评估

任何事物在人为的创建之前，必然要首先明确其产生的原因和目的。企业移动商务的创建也不例外。企业移动商务创建必然要达到一定的目的，实现一定的目标。同时在明确目标的同时，还要进行必要的前期评估，特别是成本和效益评估。本节主要介绍企业移动商务创建的目的和企业移动商务创建的前期评估。

一、企业移动商务创建的目的

企业创建移动商务的目的主要体现在企业移动商务对商务活动主要环节、企业客户群和企业运作的影响上。因为无论企业要创建怎样的移动商务，其目的都蕴涵在上述三个方面的某一两个或包含全部，即改善商务活动的主要环节，增加企业客户群和提高企业的运作能力。

（一）企业移动商务对商务活动主要环节的影响

企业的商务活动主要包括五个主要环节：市场、销售、订货、支付以及售后服务。其基本的商务流程可以如图 6-3 表示。

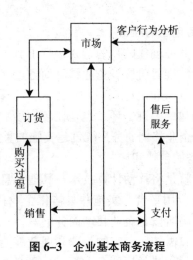

图 6-3 企业基本商务流程

在移动商务环境下，这些环节都可能有一定的变化，各环节需要实现的基本目标及可能的变化如下：

1. **市场**

（1）移动商务和传统市场活动的目标是一致的：寻找新的客户；优化产品；交叉销售产品；客户管理。

（2）移动商务应特别解决的问题：对于 B2C（企业到客户）的商务活动应具备保持和巩固客户的能力，通过新的移动化手段增加吸引客户的能力。对 B2B（企业到企业）应采取新的手段，为企业提供更新、更灵活的移动销售方式。

2. **订货**

（1）移动商务的订货过程与传统的支付不完全相同，表现在：实时的采购过程；在线报价和价格计算；远程协商；电子支付。

（2）移动商务中需要特别注意：安全的移动支付环境；保证购买行为的可信和真实；B2C 模式中，应支持智能卡、信用卡、借贷卡等方式。

3. **销售**

（1）移动商务的销售活动则不尽相同：为客户提供可组合的、灵活的购买计划；提供方便易用的产品搜索；为客户的财务组合提供帮助。

（2）移动商务应特别解决的问题：客户通过移动网络执行销售任务，意味着通过移动商务系统浏览、发现最终的购买清单。要支持这一点，应当提供足够的备选产品和客户主动搜索工具。在客户的搜索过程中，在客户发现需要购买的产品前，应由系统分析客户的行为，以便尽快地发现客户潜在需求，主动为客户服务。购买行为发生后，应当记录客户地搜索过程，分析其行为及发生再次购买行为地可能性。

4. 交付

（1）移动商务的交付包括产品的交付过程，它对交付过程起全程信息支持作用；交付过程可视化，订单可追踪。

（2）移动商务需要特别注意的是：移动商务中交付过程应当是可定制的，包装、运输、递交过程可以预先设计，应允许客户的个性化需求，允许用户对供应过程进行动态调整，如变更交付日期、运输方式等。

5. 售后服务

（1）移动商务对传统服务提供更新支持，这些支持反映在服务方式、内容及服务速度等方面：提供随时随地、动态的客户服务；服务的及时反馈；一对一个性化服务；自助式服务等。

（2）移动商务特别应注意：在移动商务中，服务是商务活动的起点而不是终点；个性化的满足。

企业的商务活动除以上环节外，还包括企业内部的管理活动（如财务、人力资源等）、供应链管理（运输、保管、配送等），这些都需要移动商务活动中随时随地管理理念的贯穿，以及移动商务技术的有力支持，这些内容在有关章节中已有所介绍。

（二）企业移动商务对企业客户群的影响

为了向顾客提供更优质的服务，减少不必要的购物中间环节，提高运作效率，缩短交易时间，企业就必须与顾客建立直接的联系。通过移动商务为顾客提供以下四种形式的服务：

（1）为客户移动谈判和完成商品交易提供方便。

（2）为客户提供最方便的检索手段，促进交流。

（3）使更多的客户了解企业产品，为企业提供新的商机。

（4）为客户提供低成本、高价值的新服务。

（三）企业移动商务对企业运作的影响

一般而言，企业开展移动商务，利用移动通信技术可以为企业提供以下几种明显的商业机会。

（1）拓展市场范围。

（2）维系客户关系。

（3）提高工作效率。

总之，应在企业开展移动商务之前，明确企业创建移动商务的目的，并着重分析以下内容：企业哪些商务活动会受到移动商务技术的影响而可能发生变化；可以采取哪些新的方式开展商务活动，是否需要采用新的服务方式开展企业的商务活动，原有的商务活动是否用新的方式取代；是否需要向用户提供个性化服务。在此基础上，才能谈及其他细节问题。应从企业的实际情况出发，制定一个稳妥的移动商务战略。

二、企业移动商务创建的成本评估

移动商务由于具有潜在的增长性而日益受到企业的高度重视。人们通常认为，移动商务能给企业带来巨大的商机，但却容易忽视开展移动商务的成本。当企业决定投资开发移动商务系统时，在接下来的几年里，该企业必须继续追加投资，以确保前期投资的回报。因此，企业可能会陷入一种两难的选择：激烈的市场竞争使得企业必须不断进行创新，积极开展移动商务，但未来难以控制的成本和难以预测的收益又常使企业裹足不前。因此，正确认识移动商务的成本，对于企业进行网络及其他信息技术的投资是十分必要和紧迫的。一般而言，开展移动商务的成本包括内部成本和外部成本两大类。

（一）内部成本

内部成本包括五种成本：

（1）硬件成本。

（2）软件成本。

（3）移动商务系统的运行与维护费用。

（4）人员成本。

（5）风险防范成本。

（二）外部成本

外部成本包括两种成本。

（1）企业间的通信成本。

（2）观念转化及信用成本。

三、企业移动商务创建的效益评估

具体来讲，开展移动商务将使企业从以下六个方面获益。

（一）树立良好的企业形象

良好的企业形象对于一个企业的生存和发展至关重要，传统的商务环境中，企业需要长期的努力才能达到一定的知名度。在电子商务环境下，尤其是移动商务环境下，企业可以在很短的时间内做到这一点。首先，企业通过在Internet上建立自己的企业网站，开辟一个可以全面展示企业的虚拟空间，及时向公众公布企业的各种经营数据、新产品信息及服务承诺，经济、快捷地建立良好的公众形象。其次，移动商务可以帮助企业及时获得来自市场和顾客的反馈信息，有利于对市场需求迅速做出调整和反应，更好地服务于顾客，提高企业的声誉。最后，率先建立网站并能提供友好的界面和优质的产品与服务的企业，是其竞争实力的表现。

（二）降低交易成本

1. 降低采购成本

移动商务中，企业可以实时的变更采购计划，并及时通知到采购人员，避免预先订购、重复订购，降低了采购成本。

2. 降低营销成本

首先，创立和维护企业移动商务系统需要一定的投资，但是与其他的销售渠道相比，使用Internet的成本较低。其次，网上提供客户服务可以大大减少客户拨打免费咨询电话的次数，从而节省了开支和人员投入。

（三）降低管理成本

移动商务管理企业活动的一大特点是无纸办公。通过企业内部网，上级可以向指定的或所有的下级下发文件，下级也可向上级传送工作报表等文件，一些绝密的文件可以通过加密方式传输；档案管理仅需要一台带有数据库程序的服务器就可以实现，而且还可以利用查询系统快速地调出文件；如需打印的文件可以通过打印服务器使一个组织共用一台打印机，既节省了办公成本，又利于办公设备的管理。另外，由于信息的流通，会议的时间也可以减少，旅程也相对减少，还可以节省大量的人工，从而降低了内部管理成本。

（四）减少库存

如果产品生产周期长，企业需要高原材料的库存量来保证生产进度、需要高成品库存量来保证按时交货，这不仅增加了运营成本，而且减慢了对客户需求变化的反应速度。而只强调低库存量又可能造成供货短缺，企业若想既满足客户不断变化的需求，又降低运营成本的适当库存量，只有在提高劳动生产率和库存周转率基础上才能实现。移动商务可以做到这一点，甚至可以做到"即时产销"，从而实现"零库存"，即在与原材料供应商、中间商甚至消费者之间共享信息资源的条件下，将实时的市场需求信息融入生产体系，使需求量、生产量、原材料供应量协调一致，保证生产出的产品无须库存等待就可及时地到达消费终点。

(五) 降低客户服务成本

企业可以将产品介绍、技术支持、常见问题解答等信息全部放在企业的移动商务网站上，并利用信息中心及时地向客户进行推消息服务，这样，企业的客户服务部门的工作量将大大减少，客户服务成本也将随之下降。任何一个厂商的支出必然要分摊到供应商和客户的身上，只有降低支出，才会为客户和供应商带来福利，才会提高客户满意度，与供应商建立良好的合作伙伴关系。

(六) 提高经营管理效率

企业之间的移动商务交易活动将原料采购、产品生产、需求与销售、银行汇兑、保险、货物托运及申报等过程无须人员干预在最短的时间内完成。买卖双方交易的洽谈、签约以及货款的支付、交货通知等过程都在移动办公中进行。通畅、快捷的信息传输可以保证各种信息之间互相核对，防止伪造信息的流通，克服了传统贸易方式费用高、易出错、处理速度慢等缺点，极大地缩短了交易时间，使整个交易快捷、方便、有效。另外，移动商务因能提供在任何地点、每天 24 小时不间断的服务而有利于企业扩大销售市场，提高客户满意度。

第三节　企业移动商务创建的准备

在企业明确企业移动商务创建的目的，并进行了基本的前期评估之后，便进入了企业移动商务创建的准备阶段。准备阶段是一个比较烦琐的过程，但却是企业移动商务创建的比较关键的一个阶段。在本节，主要介绍企业移动商务创建的一般准备和移动商务创建准备的关键。

一、企业移动商务创建的一般准备

(一) 制订实施移动商务的计划

企业开展移动商务需要做很多事情，包括定义顾客群，调查移动商务对业务的影响，确定移动商务的目标，进行成本效益分析，确定由谁提供和更新移动商务系统的内容，人员的组织，软硬件的选择，ISP 的选择，信息的收集，系统的建设与维护，搜索引擎的注册，确定移动商务系统需要提供哪些交互性应用，数据库的选择等。针对以上这些具体的任务，企业应根据自己的实际情况确定哪些需要纳入实施计划，以及每项任务的时间、人员的安排，确保企业的移动商务建设有条不紊地实施。

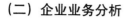

（二）企业业务分析

开发一个移动商务系统前，必须对企业的业务范围以及业务情况进行分析。只有这样，开发出的移动商务系统才具有实用性，才能达到移动商务系统的真正目的。对企业业务进行分析应主要包括以下四点：

（1）分析企业属于哪个行业？

（2）分析移动商务能给企业带来哪些具体的好处？

（3）企业的运作情况如何？其市场占有率是在扩大还是在缩小，利润如何？

（4）企业的业务在未来是否要进行扩展？

（三）设计适合本企业的移动商务系统

1. 设计原则

企业移动商务处案件的设计原则包括适合性、可靠性、安全性、可扩展性、美观性、实用性、交互性、宣传性等。

2. 从企业的角度进行设计

决定如何设计企业移动商务系统的一个有效方法是检查企业的商业战略。比如，目前的两种主要商业战略：客户关系管理（CRM）和大规模定制（Mass Customization）。如果说企业追求的是客户关系的市场营销发展战略，移动商务系统就要能够尽可能支持这个战略。如果企业追求的是大规模定制的战略，那么移动商务系统必须具有收集数据的功能来支持这个战略。下面我们分别从所提到的两个商业战略来分析如何设计一个移动商务系统应具备的功能。

客户关系管理战略要求企业从客户的观点出发来考虑如何能为客户提供更多、更好的价值，要求能够解决好客户可能遇到所有的问题，它贯穿企业必须具备的许多功能，包括销售管理，营销策划，具体实施，分销策略和售后服务。在移动商务的应用上，其中最主要表现为三个方面，分别是销售自动化、客户服务自动化和市场营销自动化。

因此，从客户关系管理的商业战略考虑，一个移动商务系统的功能应该包括以下四个方面：

（1）销售自动化即网上销售。

（2）客户服务自动化。

（3）市场营销数据收集、分析自动化。

（4）其他支持功能。

大规模定制战略是指商家为消费者提供个性化的产品，而价格又和传统大批量生产的产品相差不大（Duray 和 Milligan，1999），和客户关系管理相近，大规模定制同样强调对客户提供增值服务。不同的是，大规模定制集中在产品生产上对不同的客户根据需求提供不同的产品，其关键是通过降低固定资产来削减成本。移动网络能使客户和商家更快地进行双向互动交流，企业移动商务系统因而能够使商家从每一个订单开始更好地了解客户的需求。然而，如何通过网站界面来了解客户需求，进行产品定制却是复杂的事情，这就要求系统设计时尽量考虑到客户需求，通过帮助让客户进行购买需求和决策分析，同时让客户感到在网上定制自己所需要的产品很方便。

3. 从客户的角度进行设计

移动商务系统应该为客户的购买决策提供支持。传统的消费者购买决策过程包括五个阶段：问题识别、寻找信息、选择评估、购买决策和购买后的行为。问题识别阶段发生在消费者感知到他目前的状况和想要的状况存在差别时。消费者一旦有了需求，就会尽量寻找信息来设法满足这个需求。信息收集帮助消费者认清各种竞争的品牌、产品及它们的特点。如果消费者认为产品不能很好地满足需求的话，他们在信息寻找过程中也不会花很多工夫。信息收集的结果影响到消费者对可选择产品的特点、特性的认识，从而决定购买哪个产品。消费者会根据自己的经验，内部或外部信息来形成对产品的信任，或形成产品形象。经过对可选择的对象进行评价后，消费者决定购买认为能够更好满足自己需求的产品。还有一些潜在因素影响消费者购买决定，如品牌选择、挑选卖家、购买量、购买时机、付款方式等。购买后的行为包括消费者满意或不满意的水平。企业总是通过尽量满足客户需求来巩固和客户的关系。所以，一个有效益的企业移动商务系统要能够提供与消费者购买决策各个阶段相关的信息。

（四）设备与环境的准备

这里主要指企业移动商务平台的选择。良好的移动商务平台是建立一个好的移动商务系统的基础。一般来说，移动商务平台的选择包括网络系统、硬件、操作系统、数据库及网络安全措施的选择。

（五）管理及人员的准备

在移动商务环境下，传统的管理模式已经不能适应移动商务发展的需要，企业应做好向现代管理模式转变的准备。从物流、资金流、信息流集成的角度出发，应建立一个反应快速、流通顺畅、灵活多变的供应链系统，只有这样才能保证协调企业内部、供应商、合作伙伴之间的关系，满足客户的个性化需求，快速回笼资金；同时在采购、制造、管理、销售等环节上加强预算和资金控制，节省成本，才能把节省的利润空间留给客户，为客户提供更为便宜的产品。因此，企业要为开展移动商务准备所需的管理人员、技术人员、市场人员、服务人员。

（六）取得企业决策者的最大信任和支持

高层领导如销售副总、营销副总或总经理，他们必须是移动商务建设的支持者。这样他们才可以在实施过程中起到不可或缺的重要作用：首先，由于移动商务的实施必然涉及企业组织结构的改造和业务流程的优化，因此需要这样的领导来为其设定明确的目标，并且推动工作的进行，化解工作过程中产生的矛盾和平息可能产生的阻碍；其次，他们可以为项目实施团队提供来自各职能部门的优秀人才，可以为实施团队提供足够的财力、信息和争取达到目标所需的必要时间；最后，他们要确保企业全体员工认识到实施移动商务对企业生存的重要性，并在项目出现问题时，激励员工解决问题而不是打退堂鼓。

（七）建立以客户为中心的管理理念和企业文化

在实施移动商务的过程中，企业一定要有一个以客户为中心，将客户视为战略性资产的远景规划，建立合适的管理模式，逐步认识建立和维持良好的客户关系已成为获取独特竞争优势的最重要的手段；需要培养各部门管理者协同合作的观念，并在实际工作中努力打破部门壁垒，培养企业所有人员都坚持以客户为中心的企业文化。

二、企业移动商务准备的关键

（一）转变观念，珍惜机会

开展移动商务首先应该树立起新的观念，具体包括：①确立信息化、知识化管理的观念。加大信息化设备投资，实现企业经营管理信息的采集、处理、存储、传输和分配的自动化，实现知识化、信息化管理。②确立知识是关键生产要素的观念。充分理解知识是生产和经济增长的内在因素，接受新经济增长理论收益递增模型，即知识可以提高投资的回报，而高回报又可对知识积累产生正反馈放大效应。③确立经营管理的人性化观念。移动商务下以知识为核心，以信息化为结构体系的生产经营管理更加强调企业的团队文化和文化人的参与，人性化观念不可缺少。④改变传统资产的狭隘观念，确认企业的无形资产，及其在高新科技企业的资产主体地位。总之，移动商务首先带来的应是企业观念的创新和转变。

目前，移动商务正处于发展的初级阶段，因此大部分企业有条件在移动商务领域进行平等、自由竞争；移动商务关系到国计民生和未来综合国力，政府应采取大力扶持政策；因为移动商务的潜在利益巨大，资本市场融资相对容易，因此企业应把握这一良好契机，适当、适时介入移动商务领域。

（二）改革管理方法

企业应实现硬、软管理相结合，并逐步过渡到软管理。硬管理指机构、组织、计划、控制等技术性、经济性管理；软管理指通过企业文化建设激发员工的荣誉感，达到使员工自我管理、自我控制、自我激励的目的。而在激励机制上，应弱化对过程的控制，将绩效评估作为对员工考核的重要手段，同时给员工以更大的时间弹性和空间自由，强化个性化管理，放松经济性强制管理，充分发挥员工的积极性和创造性。

（三）加强硬件建设

企业内部应在政府基础设施建设基础上，加快企业信息化建设的步伐，拓展电子商务业务领域，同时要遵守国家及有关部门制定的相关法律法规、技术标准和安全管理规定。

（四）重视人才培养

企业应该从资本决定论向人才决定论转变，把企业的竞争定位为人才的竞争，同时采取切实可行的措施来保证人才对企业资源的合理运用，并明确这种合理运用将为企业带来更高的效益。

（五）克服可预见性弊端，防患于未然

主要是商务活动本身的风险问题，外部的风险可由政府通过制定相应法规加以规避，而内部的风险只能由企业自身去加以防范。一方面，移动商务的广泛推行，使企业对商务活动的控制变得更加无形和抽象；另一方面，从事移动商务人员的风险也在增加，企业的移动商务设施，可以同时用于其他非正常途径，而且不易察觉。因此企业应不断总结经验，建立风险防范制度，以保证电子商务的良性发展。

184

第四节　企业移动商务的创建实施

企业移动商务创建就是将移动计算技术与其他信息技术结合，实现战略设想和功能框架所依附的应用平台，实施并具体化企业移动商务系统。通过这种改革给传统的商务带来巨大的实质性变革，同时也促进了企业采购、生产以及销售等一系列活动采取新的形态，给整个社会经济生活，乃至社会的其他方面带来深远的影响。具体来说，企业移动商务创建包括企业内部网的建设以及企业前台移动商务网站的建设两个部分。在本节中，首先整体介绍企业移动商务应用的体系结构和系统功能层次，然后对企业内部网和前台移动商务网站的建设分别进行阐述。

一、企业移动商务应用的体系结构和系统功能层次

（一）移动应用的体系结构

移动应用体系结构是整个移动商务技术平台的框架：从拓扑结构的角度，它指的是移动应用中的功能组建的部署位置和互相通信协作的方式；从系统功能层次的角度，它代表了移动应用系统的分层功能模型。图 6-4 所示的是一个涵盖了 SMS 手机、WAP 手机、PDA、PC 四种终端访问方式的移动应用系统的架构。传统的 Web 应用扩展到移动应用后，系统架构中需要增加一些重要的组件。

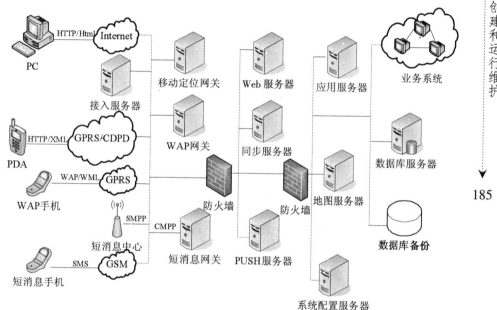

图 6-4 移动应用系统架构

1. 短消息网关、短消息中心和 PUSH 服务器

短消息网关和短消息中心是 SMS 应用中特有的组件。短消息的通信是异步进行的，发送和接收短消息是不同的两个事件，短消息的传送通过电信短消息中心的存储转发进行，PUSH 服务器则为短消息的推送提供统一的接口和控制机制。

2. WAP 网关和接入服务器

WAP 网关是开展 WAP 应用的重要组建，负责 WAP 栈和 Internet 栈之间的相互转换以及 WML、WMLScript 的编码工作。

3. 同步服务器

同步服务器担当了企业数据库和移动用户之间的枢纽，可以帮助他们建立多对多连接，保持不同平台上数据的一致。

4. 移动定位网关和地图服务器

提供基于位置的服务的移动应用系统需要配备移动定位网关，这是一个承上启下的综合性管理平台，它一方面提供各种二次开发接口，提供地理信息服务、定位等功能；另一方面为移动运营商提供维护管理功能。

（二）移动应用系统功能层次

从软件配置角度考虑，移动应用系统应该包括六个层次，如图 6-5 所示。

系统配置层
应用整合层
应用逻辑层
安全控制层
设备识别层
通信管理层

图 6-5　移动应用系统功能层次

通信管理层位于最底层，完成对不同网络、不同通信协议的支持，终端软件通过提供可供选择的连接方式来屏蔽这种差异，使上层应用不受影响。

设备识别层在通信管理层之上，完成对移动终端的识别，使得程序能够根据不同设备类别选择输出策略，转换文字格式、图片格式，从而保障应用逻辑的响度独立于硬件平台。

安全控制层用于确保数据访问的私有性和数据传输的完整性。

应用逻辑层完成业务逻辑的执行及业务界面的显示。

应用整合层是将企业的后台系统如 ERP，外部系统如供应商使用的 Web 网站，其他门户网站如业务员 Web 系统等与移动应用系统进行整合的层次。

系统配置层集中了移动软件的运行环境设置，系统参数设置，安全策略开关选项，加密数据复制备份，以及数据同步选项等功能。

二、内部网的建设

对企业来说，实际的内部网建设通常外包给专业技术公司或专业技术人员进行，若企业本身有足够的技术实力，也可以自己去做。通常包括以下四方面的工作。

（一）建立服务器

内部网络需要根据内部网要求安装各种服务器，包括数据库服务器、WAP服务器、电子邮件服务器、FTP服务器、账户服务器、域名服务器、移动商务服务器等。为实现信息的存储及交流，通常需要建立一个企业级或根据企业的规模大小再加装若干部门级的数据库服务器。WAP服务器的功能之一是可以向企业内部提供一个可以访问的站点，借此可以完成企业内部日常的信息访问；FTP服务器可提供文件的上传、下载功能，为网络管理和用户提供方便；电子邮件服务器可以利用E-mail加强内部的信息传递；账户服务器提供企业内部网络访问者的身份认证，不同的身份对各种服务器的访问权限不同；移动商务服务器与数据库服务器通过WAP服务器来提供对内部和外部的移动商务业务的处理服务；由于IP地址是用一串数字表示，很难记忆，通常可能通过安装域名服务器来实现域名解析，因此需要建立域名服务器等。

（二）浏览器的安装及移动终端的配备

客户端主要的软件就是内部网的浏览器，主要有Microsoft公司的Microsoft Internet Explorer或Netscape公司的Netscape Nevigator，用它们来实现对服务器的访问。同时还要为那些需要在移动的工作环境中访问企业内部网的工作人员配备必要的移动终端设备，如手机、PDA等。

（三）与原有系统的集成

内部网必须充分利用企业原有的信息系统资源，如硬件、软件、数据库等，将内部网特有的WAP平台建立在原有系统之上，才能充分发挥内部网的长处。因此，建立一个内部网，并不仅仅是WAP服务器、浏览器及移动终端应用等几个部分的组合，与原有系统的无缝集成也是其中很关键的任务。

（四）建立内部网的安全保护

内部网的安全是一个有关企业信息安全及开展移动商务的重要环节。目前内部网中常用的安全策略主要有：

（1）用户身份认证。

（2）访问控制。

（3）数据加密。

（4）审计。

三、企业移动商务网站的建设

企业在建立好企业内部网后，就需要相应的前台将这些功能展示出来。建立企业移动商务网站的目的：提升、树立企业形象，提高企业的知名度，拓展营销渠道；扩大市场，提高营销效率；改善服务，提高企业服务质量；改变企业的业务流程，将企业移动商务内部网络的功能及优越性更好的外在表现出来。因此，企业还需要建立企业移动商务网站（一般为基于 WAP 的移动商务网站）来完成这项功能。移动商务活动所必备的基本功能决定了移动商务网站的功能。解决好移动商务网站的发布与管理问题，才能使得这些功能得以充分的展示，这些问题包括 WAP 网站的系统架构，网站内容的发布以及网站正常运行后的日常管理与维护。

（一）基于 WAP 的移动商务网站解决方案

移动互联网是建立在 WAP 技术之上的，要真正得到应用，需要三个环节，即 WAP 网关的建设、WAP 内容服务器和 WAP 终端，其中缺一不可。WAP 网关的建设一般由运营商（移动通信公司或与大的 ISP 等有关的企业）来建设；WAP 终端由通信硬件生产厂家来制造；有了可以上网的移动终端和无线互联网基础，还需建立 WAP 内容服务器，为移动用户提供可以浏览的内容。如图6-6 所示。

图6-6 移动互联网

WAP 网站有两种基本解决方案：WAP 内容网站+公共网关、WAP 内容网站+WAP 网关。WAP 网站是寄存于 Web 服务器上的，是 Internet 业务向移动终端的延伸，所以 WAP 网站需要 Web 服务器，WAP 网站可以与 Web 网站共用同一服务器，也可以独立使用。

1. WAP 内容网站+公共网关

这一种方案投入比较少，而且维护费用少，适合一些中小企业。具体实施方案也可根据企业的需求做一选择，如表6-1 所示。

WAP 则选用一些开放的公共网关如中国移动通信或中国联通或其他公司的 WAP 网关，但是要支付服务费。

表6-1   WAP内容网站＋公共网关解决方案1

名称	Web 服务器	WAP 服务器	说　明
方案一	专线 T1/EI	专线 T1/EI	配置灵活,利于维护、开发有特色、功能强大的复杂的应用网站。 优点:可自由选择开发平台、编程语言,采用新技术等 缺点:费用高
方案二	主机托管	主机托管	优点:配置灵活,可自由选择开发平台、编程语言,采用新技术等 缺点:维护,开发不是很方便
方案三	租用虚拟主机	租用虚拟主机	配置取决于所租用主机的配置,可开发功能简单的一般性网站 优点:费用少,维护简单 缺点:无自由配置和选择开发语言的权力,无法应用最新的一些技术

2. WAP 内容网站+WAP 网关

这种方案投入比较多,而且维护费用高。适合一些大型有实力的企业。具体实施方案也可根据企业的需求做如表6-2所示的选择。

表6-2   WAP内容网站+WAP网关解决方案2

名称	WAP 网关	Web 服务器	WAP 服务器	说　明
方案一	可以有很多选择,如诺基亚、爱立信、PHONE.COM 或其他公司等的 WAP 网关	专线 T1/EI	专线 T1/EI	配置灵活,利于维护、开发有特色、功能强大的复杂的应用网站。 优点:可自由选择开发平台、编程语言,采用新技术等 缺点:费用高
方案二	可以有很多选择,如诺基亚、爱立信、PHONE.COM 或其他公司等的 WAP 网关	主机托管	主机托管	优点:配置灵活,可自由选择开发平台、编程语言,采用新技术等 缺点:维护、开发不是很方便
方案三	可以有很多选择,如诺基亚、爱立信、PHONE.COM 或其他公司等的 WAP 网关	租用虚拟主机	租用虚拟主机	配置取决于所租用主机的配置,可开发功能简单的一般性网站 优点:费用少,维护简单 缺点:无自由配置和选择开发语言的权力,无法应用最新的一些技术

(二)基于 WAP 的移动商务网站内容的发布

由于 WAP 在信息传输的部分是使用 HTTP 来进行的,与现有的 WWW 信息平台一样。因此,现有的 Web Server 都可以通过对配置的调整成为 WAP Server,提供对无线装置的服务。不论使用何种 Web Server 软件,例如 Microsoft IIS、Netscape Enterprise Server、Apache 或是任何一种,只要加入 MIME Type 设定,就可以提供 WAP 服务了。

(三)基于 WAP 的移动商务网站的维护与管理

要想使移动商务网站正常运行,就必须对网站内容进行更新和维护。企业应对移动商务网站的日常维护开发一套专门的维护系统。该系统应当包含以下功能：①信息发布功能：主要是对企业介绍、促销活动等信息的发布与管理；②商品信息的维护功能：主要是针对增加新的商品种类、更新商品价格、缺货信息、删除已不存在的商品等信息的处理；③客户订货信息的维护与处理功能：主要提供对客户订购的商品及数量、付款情况等信息的查询与处理功能；④客户反馈信息的处理功能：主要提供对客户反馈信息的察看及向有关主管人员转发的功能，以便及时处理客户反馈信息。

第五节　企业移动商务的运行和维护

在某种程度上，建立企业移动商务比维护和管理企业移动商务要容易得多，因为建立企业移动商务的创建只是一个开始，一旦移动商务系统投入运营就需要不断地维护和管理。因此，每个较大的移动商务系统都要有专门的管理员来完成每日的网站管理和维护工作。在本节中，主要介绍企业移动商务的运行管理和维护管理。

一、企业移动商务运行维护管理的重要性

企业移动商务投入使用后，其主要工作就是管理工作。这里所说的管理工作是指对移动商务本身的管理（即运行管理）。这里的管理主要是讲技术上的，而不是指一个信息中心或计算中心的行政管理。

所谓运行管理工作或维护工作就是对系统的运行进行控制，记录其运行状态，进行必要的修改与扩充，以便使系统真正发挥其作用。从最广泛的意义上讲，任何机器设备及工具都有一个运行与维护的问题。然而，对于企业移动商务系统来说，这一工作尤其具有特殊的意义。因为一个大型系统，它具有"样品即产品"的特点，不能像其他产品一样，先制造一个模型式样品，在试用中发现问题，然后再生产正式的产品，它只能在运行中边用边改。再加上系统受外界因素影响很大，比其他软件面临更多的变化，因此对移动商务系统来说，维护的工作量很大。有人粗略的统计，世界上大多数的软件工作人员是在修改或维护现存的系统，只有部分工作人员在研制新系统。在一个信息系统生存的全部时间中，运行的费用要占到80%。由此可见，运行管理和维护工作在企业移动商务系统中处于十分重要的地位。

二、企业移动商务的运行管理

企业移动商务运行管理工作主要如下：

（一）维护企业移动商务系统的日常运行

维护系统的日常运行包括数据收集工作、数据整理工作、数据录入工作及运行的操作工作、处理结果的整理分发工作。此外，还应包括系统的管理工作及有关的辅助工作（如硬件维护、服务器管理、空调设备管理、用户服务及管理等）。

（二）记录企业移动商务系统的运行情况

记录企业移动商务系统的运行情况是科学管理的基础。数据的情况、处理的效率、意外情况的发生及处理，这些都必须及时地、确切地、完整地记录下来，否则，就谈不上企业移动商务系统功能的评价与改进。

记录的手段有两大类：手工记录和自动记录。手工记录方式实行起来比较方便易行，也不用增加多少费用开支和资源要求。然而，如要求不严，制度不紧，就很容易流于形式，不能被严格执行，从而降低了记录数据的价值。

（三）有计划地经常发布企业和商品信息

在企业移动商务系统中，及时更换商品品种，去掉过期商品，商品价格变动时要及时在网站体现，有组织地对系统进行必要的改动，例如主页变更、软件工具升级等，以保证系统能正确地执行用户要求的任务，同时适应不断变化的环境条件。

191

（四）定期对企业移动商务系统数据进行备份

定期对系统数据进行备份，以便病毒或意外情况造成破坏时，可对系统数据进行恢复减少损失，保证系统连续运转和积累数据的连续性。

（五）定期或不定期地对系统的运行情况进行分析与评价

对系统的运行情况进行定期或不定期的分析与评价也叫审计。一般说来，半年或一年总要进行一次，以便确定系统发展改进的方向。

以上这些工作可以由不同的人员来完成的，第（一）、（二）、（四）项是属于具体的工作，它们分别由信息收集管理人员、系统操作人员完成。这些工作人员必须经过严格的训练，具有高度的责任心，具有严格的工作态度，具有科学处理问题的能力。操作人员应对系统所用的机器设备有深刻的了解。第（三）项应该是系统主管人员亲自掌握。对于数据库则要有数据库管理员，负责对数据库进行更新和修改。各级工作人员要积极努力工作，了解、熟悉自己的工作，互相配合，密切协作。这些工作人员和用户都应该对系统和系统运行工作提出修改和建议。但具体的修改必须经过认真讨论，从全局出发，由专业的程序员和系统分析人员来进行，必须慎重，不可只顾局部而不考虑全局。所以，为何修改，何时修改，都必须由系统的技术主管来掌握和决定。虽然系统的主管人员并不一定是当初研制时的系统分析和设计的负责人，但是他必须对系统的功能、结构有十分清晰和全面的理解。这样，他才能对每一次修改的收益、代价及影响范围作出正确的判断，从而作出正确的决定。第（五）项工作——审计工作，是由系统主管人员自己组织进行的，有时可能需要组织外面的专门的审计人员进行。进行这项工作需要具有广泛的、丰富的知识和经验，通过对系统作出正确的评价，可以指出企业移动商务系统今后的改进和发展方向。

三、企业移动商务的维护管理

系统维护工作并不仅仅是技术性工作，为了保证系统维护工作的质量，需要付出大量的管理工作。系统投入运行后，系统维护工作就已经开始了。系统维护工作，首先必须建立一个维护组织，确定进行维护工作所应遵循的原则和规范化的过程，其次建立一套适用于具体系统维护过程的文档及管理措施，以及进行复审的标准。

（一）企业移动商务维护管理过程

企业移动商务系统投入运行后，应设系统维护管理员，专门负责整个系统维护的管理工作；针对每个子系统或功能模块，应配备系统管理人员，他们的任务是熟悉并仔细研究所负责的那一部分系统的功能实现过程，甚至对程序细节都应清楚，以便于完成具体维护工作。系统维护就是对系统进行修改变更，这是直接与业务功能密切相关的，为了从全局上协调和审定维护工作的内容，每个维护都必须通过一个维护控制部门和系统管理部门共同组成，才能予以实施。这个维护控制部门，应该由业务管理部门和系统管理部门共同组成，以便于从业务功能和技术实现两个角度控制维护内容的合理性和可行性。具体来讲，企业移动商务系统的维护管理过程如下：

（1）每个维护请求都应该以书面形式的"维护申请报告"向维护管理员提出，对于纠错性维护，报告中必须完整描述导致出现错误的环境；对于适应性和完善性维护，应在报告中提出简要的需求规格说明书。

（2）维护管理员根据用户提交的申请，召集相关的系统管理员对维护申请报告的内容进行核实和评价。

（3）维护控制部门从整个系统出发，从业务功能合理性和技术可行性两个方面对维护要求进行分析和审查，并对修改所产生的影响做充分的估计。

（4）通过审批的维护报告，由维护管理员根据具体情况制定维护计划。对于纠错性维护，估计其缓急程度，如果维护要求十分紧急，严重影响系统的运行，则应安排立即开始修改工作；如果问题不是很严重，可与其他维护项目从维护开发资源上统筹安排。

系统维护之所以要按照严格的步骤进行，是为了防止维护人员未经允许擅自修改系统，当然维护审批过程的环节过多也可能带来反应速度慢的问题，因此当系统发生恶性或紧急故障时，也即出现所谓"救火"的维护要求时，需立即动用资源解决问题，以保证业务工作的连续进行。

为了评价维护的有效性，确定系统的质量，记载系统所经历过的维护内容，应将维护工作的全部内容以文档的规范化形式记录下来，主要包括维护对象、规模、语言，运行和错误发生的情况，维护所进行的修改情况，以及维护所付出的代价等，并作为系统开发文档的一部分，形成历史资料，以便于日后备查。

（二）系统维护修改建议的提出

系统的修改的建议可从以下不同的角度提出：

（1）系统主管人员或上级审计上人员经过审计发现问题，提出修改的要求。

（2）操作人员在工作中发现错误及缺点，提出修改的要求。

（3）环境变化与商品品种变化、价格变动等所提出的修改要求（包括社会条件的变化及机器硬软件配置的变化）。

如前所述，这些变化可以归结为改错、改变及改进。改变的内容常见的有：①要求提高效率（速度或吞吐量）。②要求增加控制功能（如计算某种统计量）。③要求改变数据结构（如每项的行数，某项计算中的比例等）。④要求增加某些安全保密措施等。

这些要求对系统的影响是不相同的。增加控制功能及修改输出格式往往只牵涉到最底层的某些模块，影响比较小。增加新的加工功能和安全保密措施，牵涉到某些算法和判断，略微复杂一点，但是对系统结构的影响还不大。数据结构及某些环境参量的变化则会影响多个模块，而且影响模块的传输数据的格式，对系统影响则比较大。最难考虑的是提高效率的要求，因为这不是一个因素造成的，这时必须通过审计，全面分析系统运行情况，找出问题之所在，才能谈到具体的修改办法，而且还会经常牵涉到系统结构的变化与设备的更新换代，因此是最为复杂的。

一般来讲，修改对于系统来讲是有副作用的，即由于修改而出现的错误或其他不合要求的行为，主要来自三个方面：①对源代码的修改可能会引起新的错误，一般可以通过回归测试发现这类副作用；②对数据结构进行修改，如局部或全局变量的重新定义、文件格式的修改等，可能会带来数据的不匹配等错误，在修改时必须参照系统文档中关于数据结构的详细描述和模块间的数据交叉引用表，以防局部的修改影响全局的整体作用；③任何对源程序的修改，如不能对相应的文档进行更新，造成源程序与文档的不一致，必将给今后的应用和维护工作造成混乱。我们在系统维护中，应注意以上三个问题，以避免修改带来的副作用。

另外，在安排系统维护人员工作时应注意，不仅要使每个人员的维护职责明确，而且对每一个子系统或模块至少应安排两个人进行维护工作，这样可以避免系统维护工作对某个人的过分依赖或由于工作调动等原因，使维护工作受到影响而落空。应尽量保持维护人员队伍的稳定性，在系统运行尚未暴露出问题时，维护人员应着重于熟悉掌握系统的有关文档，了解功能的程序实现过程，一旦维护要求提出后，他们就应快速、高质量地完成维护工作。

我们应注意系统维护的限度问题。系统维护是在原有系统的基础上进行修改、调整和完善，使系统能够不断适应新环境、新需求。但一个系统总有生命周期结束的时候，当对系统的修改不再奏效，修改的困难很多且工作量很大，以及改进、完善的内容远远超出原系统的设计要求时，就应提出研制新系统的要求，从而开始新系统的开发。

本章案例

上海光明乳业移动商务解决方案（二）

一、方案实施

（一）概述

严格来讲，这一解决方案分为总体解决方案和各事业部的移动商务解决方案两个部分。总体解决方案是帮助光明集团构建一个 ERP 系统外围的 B2B 数据交换平台；移动商务解决方案是帮助各个事业部解决订单采集处理的移动商务化。虽然是两套解决方案，但它们之间并不是孤立的，而是有机地融合在一起的。移动商务解决方案是基于总体解决方案并与之集成为一体。在移动商务解决方案中，各个事业部也是共享数据交换平台的。

同时，这一解决方案也涵盖了 B2C 的电子商务模式，即客户可在 Web 上进行网上电子交易。虽然目前的解决方案中订单的审核仍由人工进行，但这一平台有很强的可扩展性，今后可根据需要在这一平台上扩展自动审核功能和在线支付功能。

（二）产品简介

在这一移动商务解决方案中，包含两个主要软件产品：EbGateway 和 EbMobile，分别简介如下：

1. EbGateway

EbGateway 是一个提供电子数据文档转换服务的网关服务器软件，它可提供 EDI 文档、XML 文档以及电子文本文档之间的格式转换，将外来的目标系统不能处理的文档格式转换为可被最优化处理的格式。它基于 PKI 的安全认证机制，可以追踪记录每次文档传送信息，并提供加密、签名等安全认证，使得文档不会被篡改，交易双方无法抵赖。它同时集成了数据转换需要的三大块功能，即基于 PKI 的安全认证功能，工作流中的数据转换功能，以及企业应用接口（EAI）功能。因此，它是作为数据交换平台中的数据转换服务器的理想选择。

2. EbMobile

EbMobile 是提供信息收集的移动商务软件。它分为 Client 端和 Server 端两部分，Client 端软件运行在 PDA 上，服务器端软件即为 EbMobile Server，它处理 Client 端传来的信息并将其同步到数据库中再由后台应用程序进行处理。它适合于流动工作人员高效及时地同公司总部进行信息传递。从光明集团的角度讲，它非常适合于那些采集超市和网点订单的业务员，以便他们能及时准确地将订单传送到公司总部。

（三）光明集团总体解决方案

1. 系统架构

下面是解决方案的主体部分：系统总体架构（见图 6-7）。此架构中的数据交换平台可有效连接各类客户与光明集团内部系统的信息交流，大大减轻了 ERP 负担。同时，由于基于此数据平台的移动商务的应用，订单信息的传送变得及时、高效，并可大大节省录入成本。

（1）架构图中右边线框内部分即为光明集团所需的数据交换平台。

（2）均为可实施电子化的客户，它们通过 Internet 传输 EDI、XML 或文本文件的电子订单，如可通过电子文本传送订单，即可视为小型客户。订单需业务员采集的客户指的是那些没有实施电子化的客户如小超市、便利店、网点、站点等需业务员每天采集订单的客户。Web 订单客户指的是那些网上订购的客户。传真订单客户指的是那些如外地分公司、本市网点、站点服务的通过传真形式传送订单的客户，这类客户或者无法实施电子交易，或者由于订单来往不需很及时、频繁，基于成本考虑不适合用移动商务采集模式。

（3）此架构图中所有未经审核的订单均先被导入订单数据库，经审核员通过订单审核界面审核并经客户确认后，再由 EbGateway 分别导入 ERP 和物流系统进行处理。ERP 系统只负责处理有效的订单，这样 ERP 系统的负担就大大减轻。

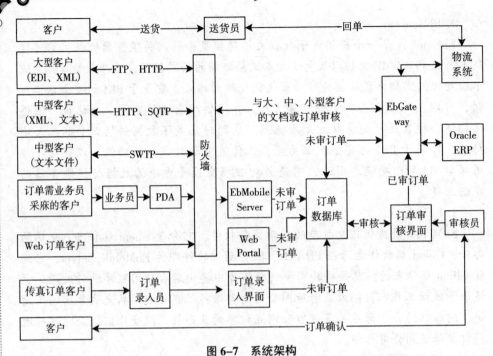

图6-7　系统架构

（4）通过此数据交换平台，ERP 系统和物流系统就能各司其职，二者之间不再直接进行交流，而是通过 EbGateway 传送相关有效信息。

（5）EbMobile 的 Client 端运行在 PDA 上，它可以与 EbMobile 的 Server 端通过无线和有线两种方是进行连接。根据目前国内的具体情况，推荐使用 Modem 有线连接。

（6）订单审核界面可为 Web 管理界面，订单审核员或管理员可通过它进行订单审核，查询和业务员业绩管理。

（7）光明集团已有自己的 WebPortal，它可与 EbMobile Server，订单数据库以及订单审核界面整合为一体。

（8）EbGateway 与 OracleERP 和物流系统之间需有适配器（Adaptor）进行连接，这些适配器可根据订单文档的格式进行二次开发。

2. 工作流程

图6-8~图6-14以流程图的形式描述各种从订单传递到送货回单的工作流程。

（1）采用 PDA 进行订单采集的工作流程。此种订单采集方式主要适用于保鲜事业部的业务员到各小超市采集订单以及瓶袋事业部的业务员或块长直接将订单输入到数据平台上。

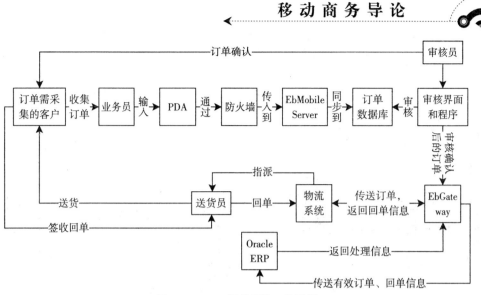

图 6-8 PDA 订单采集工作流程

（2）可实施电子化交易客户的订单工作流程。此工作流程指的是那些具有自己的 ERP 或 MIS 系统的可实施电子化交易的客户通过自己的系统提交订单的工作流程。

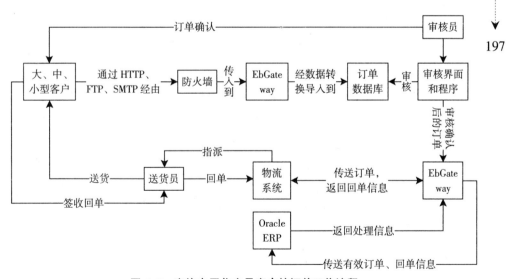

图 6-9 实施电子化交易客户的订单工作流程

（3）客户通过 Web 下订单的工作流程。此工作流程指的是客户在光明集团的 Website 上下订单的工作流程，此流程中的订单审核工作可根据需要扩展为由应用程序自动审核，并在网上让客户确认。

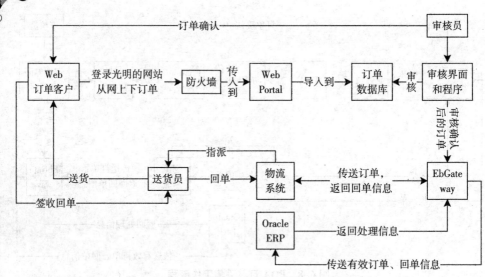

图 6-10　通过 WEB 下订单的工作流程

（4）客户通过传真下订单的工作流程。此工作流程适用于那些无法实施电子交易的，订单来往不是很频繁的客户通过传真方式提交订单，像常温事业部、工业原料事业部的客户的订单提交工作。

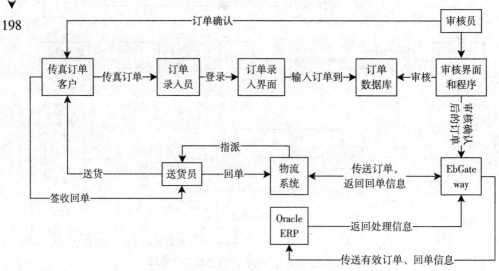

图 6-11　通过传真下订单的工作流程

（5）可实施电子化交易的客户与光明 ERP 进行信息交换的工作流程。此工作流程指的是那些可实施电子化交易的大、中、小型客户系统与光明集团的 ER-P 系统进行非订单信息交流的工作流程。信息传送 EbGateway 后，EbGateway 可分析其格式，如果为非订单信息，则经转换后导入 ERP 系统。

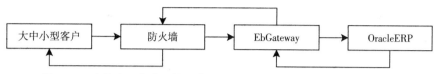

图 6-12　实施电子化交易的客户与光明 ERP 进行信息交换的工作流程

（四）移动商务解决方案

移动商务解决方案是总体解决方案的一部分，它主要应用于对不能实施电子化交易客户的订单采集工作。

1. 方案基础

移动商务解决方案的原理是基于 EbMobile 的。EbMobile 分为 Client 端和 Server 端两部分，Client 端软件运行在 PDA 上，服务器端软件即为 EbMobile Server，它处理 Client 端传来的信息并将其同步到数据库中再由后台应用程序进行处理。

2. 方案架构

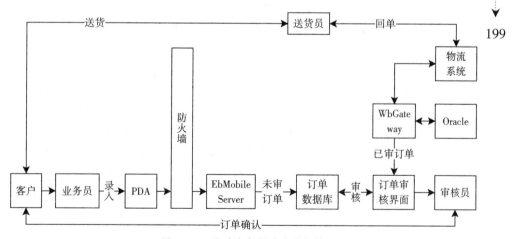

图 6-13　移动商务解决方案架构

3. 工作流程

工作流程如图 6-14 所示。

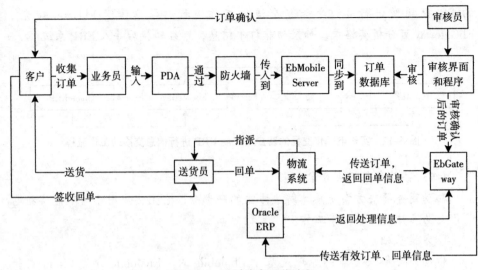

图 6-14 移动商务工作流程

二、解决方案分析

(一) 方案技术特点

(1) 移动商务和其他应用集成到数据交换平台上。

(2) 使用开放型技术,可扩展性强。

(3) 采用多层系统架构,使应用层和数据层分离。

(4) 灵活性强,具有量身定做的特点。

(二) 实现的目标

通过上述数据交换平台的构建,光明集团可大幅提高其原有系统的工作性能,降低订单录入成本。此外,随着企业的不断发展,壮大,其功能也会不断延伸,最终将逐步发展成为一个完善的、多功能的 B2B 的数据交换平台,为光明集团的全面信息化建设打下一个坚实的基础。下面可以从光明集团的具体目标要求来分析数据平台帮助光明集团实现的目标:

(1) 减轻 ERP 负担,加快系统响应速度和提高系统安全系数。

(2) 减少订单录入成本,提高订单录入及时性、准确性和工作效率。

(3) 能承担 ERP 系统与外界系统的数据交换。

(4) 能逐步发展完善成为一个 B2B 的数据交换平台。

(三) 获得的收益

这次光明乳业成功构筑的 B2B 数据交换和移动商务平台,实现了光明乳业依托高端信息技术进行科学管理、提高业务效率、充分利用资源的原定目标,为企业今后的良性发展奠定了良好的基础。在该项目投入应用后,为企业带来了各方面的利益。

（1）保护了原有投资，充分利用了已有资源。

（2）提高订单处理效率和准确率。

（3）增加公司的销售能力。

（4）提高企业形象。

资料来源：上海光明乳业的移动商务平台. 电子商务世界，2009（9）.

➡ **问题讨论：**

1. 上海光明乳业移动商务的创建实施包括哪些工作流程？

2. 上海光明乳业移动商务在运行过程中需要怎样的维护工作？

本章小结

企业实施移动商务的内涵在于为移动用户提供自由和价值，彻底改变消费者的生活结构。企业实施移动商务并不是一个简单的过程，而是涉及与之相关的各个方面。企业要真正取得移动商务革命的成功，就必须重视和了解其发展过程中的影响因素。因此，只有具备移动商务发展的基础环境和相关支持，才能推动实施移动商务的企业在全球范围内的迅速发展。

任何事物在人为的创建之前，必然要首先明确其产生的原因和目的。企业移动商务的创建也不例外。企业移动商务创建必然要达到一定的目的，实现一定的目标。在明确目标的同时，还要进行必要的前期评估，特别是成本和效益评估。

企业明确企业移动商务创建的目的，并进行了基本的前期评估之后，便进入了企业移动商务创建的准备阶段。准备阶段是一个比较烦琐的过程，但却是企业移动商务创建比较关键的一个阶段。

企业移动商务创建就是将移动计算技术与其他信息技术结合，实现战略设想和功能框架所依附的应用平台，实施并具体化企业移动商务系统。通过这种改革给传统的商务带来巨大的实质性变革，同时也促进企业采购、生产以及销售等一系列活动采取新的形态，给整个社会经济生活，乃至社会的其他方面带来深远的影响。具体来说，企业移动商务创建包括企业内部网的建设以及企业前台移动商务网站的建设两个部分。

在某种程度上，建立企业移动商务比维护和管理企业移动商务要容易得多，因为建立企业移动商务的创建只是一个开始，一旦移动商务系统投入运营就需要不断地维护和管理。因此，每个较大的移动商务系统都要有专门的管理员来完成每日的网站管理和维护工作。

本章复习题

1. 影响企业创建移动商务的基础因素有哪些？请简要阐述。

2. 请简要介绍企业移动商务创建的步骤。

3. 企业创建移动商务目的包括哪些方面？

4. 企业的成本评估和效益评估有哪些？

5. 企业创建移动商务的一般准备有哪些？

6. 请简要介绍企业移动商务的体系结构和系统功能层次。

7. 如何建设企业移动商务中的内部网？

8. 如何建设企业移动商务中的商务网站？

9. 企业移动商务运行管理的工作包括哪些？

第七章

移动商务发展策略与现代企业管理

学习目的

知识要求 通过本章的学习，掌握：

- 移动商务与企业资源管理的关系
- 移动商务与客户关系管理的关系
- 移动商务在新型组织发展中的作用
- 移动商务的营销方法
- 移动商务的发展策略

技能要求 通过本章的学习，能够：

- 了解移动商务对现代企业管理的影响
- 了解移动商务营销的策略
- 了解移动商务在新型组织发展中的作用
- 了解移动商务发展的现状、策略及应注意的问题

203

学习指导

1. 本章内容包括：移动商务与企业资源管理；移动商务与客户关系管理；移动商务与新型组织发展；移动商务营销；移动商务发展策略。

2. 学习方法：抓住重点，结合实际理解移动商务与企业资源管理和客户关系管理之间的关系；注意移动商务在新型组织的发展中所起的作用；制定移动商务的营销以及发展策略。

3. 建议学时：8学时。

引导案例

支付宝发布移动电子商务战略 推动行业发展

近日，阿里巴巴集团旗下子公司，国内最大独立第三方支付平台支付宝宣布，将推出手机支付业务，进入无线互联网市场并发布移动电子商务战略。支付宝相关人士表示，支付宝无线业务将以手机版淘宝网为起点，目标是打造国内最大的无线支付平台，支付宝下一步将拓展更多的无线互联网商户，为用户提供更为丰富的应用场景。

作为国内电子支付的领跑者，支付宝拥有最宝贵的用户资源，截至 2008 年 1 月 14 日，使用支付宝的用户已经超过 6300 万，除淘宝和阿里巴巴外，支持使用支付宝交易服务的商家已经超过 32 万家；涵盖了虚拟游戏、数码通讯、商业服务、机票等行业，在线支付市场份额超过 60%。专家分析指出，支付宝所拥有的用户资源是其未来决胜移动支付的关键。

一、移动电子商务商机暗涌

从事研究分析业务的英国 Data-monitor 公司提供的调研数据显示，2008 年，全球移动商务用户数量达到 16.7 亿，年收入达到 5540 亿美元，移动电子商务占全球在线交易市场 15% 的份额。但国内移动电子商务的发展依然不尽如人意。

据市场咨询机构易观国际研究，2007 年第 3 季度中国第三方电子支付市场交易总规模达 198.47 亿元，其中手机支付规模市场为 3.64 亿元，仅占整体市场规模的 1.83%。据 CNNIC 发布的第 21 次中国互联网报告显示，截至 2007 年 12 月 31 日，我国手机网民数达到 5040 万人，而国内手机用户数已经突破 6 亿，上网人数不足 1/10。

目前中移动已经在北京、天津、沈阳、深圳、秦皇岛、厦门、上海和广州 8 个试点城市搭建了 TD 网络，并进行了多次测试。有媒体称，中国移动在这些城市的 TD-SCDMA 网络可能在 2010 年 2 月底至 3 月初进行试运营，这意味着这些城市的手机用户即将率先进入 3G 时代。

随着奥运来临，3G 面临规模化应用，国内有 28.9% 的网民使用手机上网，庞大的手机用户群为移动商务奠定了基础。据此，业内专家预测国内移动电子商务市场即将迎来井喷期。2009 年，中国移动商务应用市场规模达到 300.5 亿元人民币，年复合增长率达到 30.9%。

二、支付问题成一大"瓶颈"

2007 年，国内移动电子商务市场有了进一步的发展：用友移动推出移动商街服务，中国移动推出"移动影音书刊俱乐部"，春秋航空公司推出移动票务服务，一些大型电子商务网站也试图在手机上构建购物平台，越来越多的商家的加入，对于移动电子商务市场的发展将有较大促进作用。但是，移动电子商务中的支付问题同样是一道制约"瓶颈"。

目前我国移动支付市场主要有两种形式：一是通过手机话费直接扣除，因受到金融政策管制的限制，目前只能提供小额支付解决方案；二是通过手机将信用卡与银行卡进行绑定，支付过程中直接从用户的银行账户扣款，以中国移动的"手机钱包"和中国联通的"手机银行"提供服务为主。

移动支付对于移动运营商而言仅相当于一般移动数据业务，移动运营商对于培养用户的动力不足，积极性不高；而第三方支付厂商培养用户的能力受限，用户应用场景严重不足，主要业务集中在查缴手机话费、购买数字点卡、电子邮箱付费、公共事业缴费等，距离真正的移动电子商务尚有很大差距。

市场咨询机构易观国际指出，此现状对具备动机和支付交易管理优势的第三方支付方也将是一次较好的发展机遇。互联网第三方支付厂商在网络支付领域积累了较多的经验与用户、商户资源，因此其具备优越的进入移动支付市场的资源准备。

三、布局无线推动行业发展

随着电子商务的蓬勃发展，移动电子商务已被认为是未来发展的一大热点。据了解，早在2004年，阿里巴巴已经初次试水移动电子商务。当时，阿里巴巴曾高调宣布和英特尔公司合作共同建设中国首个手机电子商务平台。2006年4月29日，阿里巴巴集团已将旗下两大子公司淘宝、支付宝分别注册了无线网址。而这距离无线互联网唯一的网络地址无线网址开放注册仅不足一个月时间。

被网民所熟知的支付宝，在模式上能迅速应用于手机电子商务，除了与各大商业银行的密切合作关系外，支付宝作为网上支付的"领头羊"，品牌深入人心，在产品和技术上都拥有较大的优势。通过多年的运营，支付宝积累了大量的商户资源，包括海南航空、第九城市、瑞星等各领域领先企业均与支付宝建立了深度合作，这些企业的相关产品与服务均适合手机移动支付，都将有望在移动支付领域与支付宝展开二度合作。

支付宝总裁邵晓锋表示，随着支付宝手机支付服务的推广，势必将引发移动电子商务市场的雪崩效应。"2007年，中国民航运输旅客超过3.85亿人次，倘若全部用电子机票，仅节约成本便有将近7亿元之多，市场需求显而易见。对于众多采用移动支付的企业来说，降低运营成本甚至只是一个方面。移动支付的便捷性很高，一旦市场被打开，市场规模将以几何规模增长。"行业分析人士如是评价。

资料来源: eNet硅谷动力, http://www.enet.com.cn, 2010-03-17.

➡ 问题:

1. 支付宝的移动商务战略在客户关系管理方面是如何建立竞争优势的?
2. 分析支付宝的移动商务战略的营销方法你能得到什么启示?

第一节　移动商务与企业资源管理

在市场经济环境中,任何企业都面临着竞争的压力,如何提升企业竞争力、创造企业的竞争优势是每个企业都关心的问题。移动电子商务的发展为企业提供了一个良好的机遇,它以现代化的电子技术和移动通信技术为基础,利用移动通信网络在信息传递和资源共享方面的特长,在企业资源管理方面起到了积极的作用,有效地创造企业在移动商务环境下的竞争优势。

一、移动商务与 BRP、ERP

(一) 业务流程再造 (BPR)

业务流程再造 (Business Process Reengineering, BPR) 理论于 1990 年由美国著名企业管理大师、原麻省理工学院迈克尔·汉默 (Michael Hammer) 首先提出。BPR 实际上就是运筹的概念,即运用系统的观点来优化和改进业务流程中的某个环节或整个业务运作的过程。从管理信息的系统的角度来认识,是利用信息技术对组织内或组织之间的工作流程、业务过程进行分析和再设计,以便减少业务承包,缩短完成时间和提高质量,最终目的是适应快速多变的市场需求。

移动电子商务本质上得益于数字化商务信息的低成本和高速度的传输,包括企业内部信息交流和共享、移动网际合作和电子交易在内的一整套商务过程。它利用网络把企业的业务系统与顾客、供应商及其他商贸环节连为一体,直接在网络上完成从进货到销售的商业行为。由于移动电子商务的业务载体和业务范围都发生了变化,所以移动电子商务会促使业务流程的重组。

(二) 企业资源计划 (ERP)

企业资源计划 (Enterprise Resource Planning, ERP) 以计划和控制为主线,以网络和信息技术为平台,集客户、市场、销售、计划、采购、生产、财务、质量、服务、信息集成、业务流程重组等功能为一体,面向供应链管理的现代企业管理思想和方法。目前，ERP 基于全球化市场竞争和合作，以及企业管理模式的发展，正朝着协同商务的方向发展，以实现更大范围的管理集成、信息集成和技术集成。

随着无线 Internet 技术的发展，ERP 的发展显露以下三个趋势：

（1）更加集成、灵活。

（2）支持移动电子商务。

（3）采用无线 Internet 技术。

（三）BPR 与 ERP、移动电子商务的关系

从层次的角度看，ERP 处于 BPR 与移动电子商务之间，起着承上启下的作用。

1. ERP 以 BPR 为基础

ERP 软件的应用需要改变传统的经营管理模式，即不能把手工系统的工作方式照搬到计算机系统。它将企业的经营管理活动按照其功能分为制作、分销、财务、人力资源管理等几大模块。这些功能的实现无疑要求企业对原有的组织结构、人员设置、工作流程进行重新安排。ERP 系统运行需要大量、有效的基础数据，而系统自身无法判断这些数据准确与否，这就需要对基础数据进行优化分析，也就是说企业在 ERP 应用前一定要开展管理咨询和业务流程重组，通过强化企业管理来确保基础数据的准确性。特别是中国大多数企业长期处于管理粗放的状况，这个阶段的工作就显得更为重要。例如，如果不对安全库存量、采购提前期、采购批量和市场行情等进行准确的分析和设定，那么利用 ERP 有效降低库存量和资金占用的功能就无法实现。所以，ERP 是以业务流程为导向，是用系统的观点来控制和运作企业所有的软、硬资源。它的主要内涵是改进和优化。ERP 软件将已经改进、优化的可以定量化处理的业务流程固化下来，用技术的手段来保证在企业范围内形成统一、及时的业务运作和考评平台。在 ERP 系统导入之前进行 BPR 改造，由公司管理层事先确定企业的经营策略及改革目标，通过流程改善和相应的组织变革，在选择并导入适合公司的 ERP 系统后，才能使 ERP 系统事半功倍，最终获得成功。

2. ERP 是移动电子商务的业务运作平台

在建立企业移动电子商务模式的过程中，最重要的是建设新的业务管理和应用系统，而这个应用系统中最有代表性的就是企业内部的 ERP 系统。初期，ERP 应用可为移动电子商务准备软、硬件平台和企业数据，环境成熟后，可在销售、采购、客户关系、商务办公自动化管理中支持移动电子商务模式，所以移动电子商务是建立在 ERP 基础之上的应用。

客户关系管理（CRM）是 ERP 功能的外延，客户关系是企业的外部资源，

实现与新、老客户的信息共享与互动是客户关系管理的基础。ERP 是供应链管理（SCM）的工具，SCM 是企业集团、企业联盟、行业内或跨行业范畴的信息共享，必须遵守若干共同的标准和规范，所以不是单个企业所能发展的。ERP软件应该支持 SCM 的功能，SCM 则应该考虑与不同厂商 ERP 软件的连接。因此，企业只有在建立运作良好的 ERP 系统，才能够为移动电子商务的发展、运作提供有力的支持，进而对企业供应链管理（SCM）、客户关系管理（CRM）产生重大的影响。

二、移动商务与供应链管理（SCM）

（一）供应链发展需要移动技术的支持

很多企业共同组成了大规模的全球性供应链，这加剧了企业之间互相影响的复杂性。在现今的竞争环境下，即便是大中型规模的企业也必须要对他们的供应链流程有很好的控制和清晰的了解。市场份额和收入的增长越来越取决于企业能否在适当的时间、适当的地点、提供适当的产品，供应链管理不再仅仅是个看起来不错的想法，而是企业必须采取的手段。

因此，利用 Internet 和企业使用技术来提高供应链的运转速度已经成为大势所趋——信息的采集和处理更加快速、准确，同时服务水平也达到最佳化。供应链中的基本要素，例如采购订单、发货清单、起运通知和材料清单仍然是相同的，只是利用 Internet 后，他们的处理过程变得更加快捷、更加便宜和更加准确。

这就需要用新的工具来改进供应链中的协作，而移动应用开始在实现实时的供应链方面发挥核心作用。因为缺乏获得动态数据的能力——例如准确的顾客需求信息以及对在途产品的跟踪，使得大部分传统的供应链应用软件的使用受到限制。随着技术的进步，所引发的变化令人吃惊，这预示着要将供应链推向一个新的发展前沿。

（二）移动供应链解决方案

采购、制造以及将成品运送到客户手中所需要的时间往往比顾客预想的时间要长，这是企业经常需要面对的一个基本问题。目前有几大市场发展趋势正在推动着对移动供应链项目的开发和投资，其目的就在于缩短交货期。

1. 从订货到付款过程的流线型化

顾客订货是供应链的驱动因素。但是，订货过程的复杂性，以及需要获得供应链上游的订单信息来对供应链计划的编制提供支持，这些因素都对从订货到付款整个过程的流线型化造成了非同寻常的压力。订单代表的是供应链的起点，而从订单到付款这一循环周期，表示的是实际的端到端的供应链流程。

2. 完成订货过程中协同的准确性

协同就是要求供应链中的各个阶段能够更好地配合、优化以及执行，以将供应链的效率最大化。这就需要企业获得越来越细节化的信息，而移动技术将很好地解决这一问题。移动解决方案能够提供应用范围广泛的无线手持设备和车载阅读器，配置这些设备能够提高仓储作业的效率，从而为改进库存管理提供技术支持。同时，移动应用可以提高物流和运输中的准确性，使经销商们能够更快捷地访问到货物的运送、跟踪和投递数据，把握运送过程中的每一个细节，将运输中的误差降到最低。

3. 更完善的资产跟踪和利用

客户希望了解订单的动态信息，他们对供应链执行过程中透明度的要求越来越高。同时，客户也越来越期望无论在什么时间、什么地方，只要他们想知道，他们就能够掌握自己所订购产品的位置和状态。或者，在供应链的执行过程中及时被告知无法达到企业交货条款和服务协议中所列标准的情况。因此，企业在对物资进行动态跟踪方面的投资会越来越大。这些投资将有助于企业减少库存、消除订单完成过程中产生的偏差、降低漏损以及减少退货。

4. 响应性更强的服务管理

为了维持并提高市场份额，企业必须承受边际利润的减少。作为应对之策，许多企业正在重新设计他们的售后服务和支持功能，以减少不必要的作业，减少流程的复杂性，这样做的好处是可以减少拖延、错误，降低成本。

（三）准时制（JIT）和有效客户响应（ECR）

1. 准时制（JIT）

准时制（Just In Time, JIT）作为重要的库存管理技术之一，也是移动电子商务条件下对生产领域物流的新要求。准时制强调物流到达目的地是准时的，既不能早又不能晚，恰好在需要的时候出现。在供应链的不同部分都可能用到准时制方法，因而出现了准时制生产、准时制库存、准时制交付等术语。准时制的目标是在保证正常生产供应的情况下，避免一切浪费（包括时间、人力、物料和能源等）。准时制的管理思想需要让国内供应链中的每个环节都精确无误地按时按量完成任务，保证产品在供应链畅通无阻地移动，实际操作时相当困难。使用信息技术能有效支持 JIT，而且能减少管理的工作量。Internet、EDI 能保障信息传递，增加各工序、各部门，甚至合作伙伴的沟通能力，提高效率。例如，HP 公司对"HP 制造管理Ⅲ"软件能支持多位置跟踪和 JIT 部件订货。

JIT 方法起源于生产制造领域，但后来却广泛应用于供应链管理的其他的领域。应用于采购和供应商关系管理出现了 JITⅡ，应用于零售管理出现了有效客户响应（ECR）。

很多企业在开始实践 JIT 系统时，往往都会把库存压力转嫁给供应商。例如克莱斯勒（Chrisler）公司刚开始在其进货后勤中引进 JIT 库存方案时，其供应商为了应付克莱斯勒公司随时变更的交付安排，只能大量增加库存。究其原因，主要是因为供应商没有足够的信息去预见克莱斯勒的要货变化。

JIT Ⅱ是指企业在实施 JIT 时，强调与供应商合作，增强双方的协调能力，减轻供应商的压力，保障公司原材料供应的通畅。JIT Ⅱ的主要方法是允许供应商访问一些生产、销售数据，而这些数据原来是企业的机密。

2. 有效客户响应（ECR）

在零售业，有效客户响应（Efficient Consumer Response，ECR）是指在商品分销系统中，为降低与消除分销商和制造商体系中不必要的成本和费用，为客户带来更大效率而进行密切合作的一种供应链管理策略。和 JIT Ⅱ类似，ECR 基于持续补充产品，其本质是由供应商管理零售商店的库存，由供应商管理进货时间和进货数量，从而保证商品不会脱销，同时又不会造成积压。和 JIT Ⅱ不同的是，ECR 并不是让供应商派人到零售商店蹲点，而往往是采用信息技术，通过计算机网络连接到零售商店的 POS 实时数据库，由用户需求和实际销售拉动商品供应。

与 ECR 类似的术语还有：供应商管理的库存（Vendor Managed Inventeries，VMI）、持续补充（Continuous Replenishment，CR）、直接商店递送（Direct Store Delivery, DSD）、快速反应（Quick Response，QR）等。

3. 移动商务环境中的 JIT、JIT Ⅱ和 ECR

JIT、JIT Ⅱ和 ECR 的目标是需求拉动，建立快速响应能力，这与移动商务中供应链管理的目标是完全一致的。这些方法实现的主要途径是信息共享，而移动商务为信息共享提供了前所未有的支持，因而在移动商务环境中，JIT、JIT Ⅱ和 ECR 这套管理方法是供应链的主要管理思路，但方法上可以完全改变。比如 JIT 中的看板系统可以利用 Intranet，使用浏览器方式操作，减少工序间的传递看板的时间，同时各工序的数据可以在整个企业内共享，易于管理。又如 JIT Ⅱ，在移动商务应用时供应商根本没必要派人入驻企业，只需要利用 Extranet，让供应商有权访问企业的生产、库存和配送等实时数据，达到入驻企业的效果。而且 Internet 和 Extranet 能把供应链中更多的企业联系起来，不仅包括围绕一个企业的供应商、商店，还可以包括供应商的供应商，客户的客户，形成一个庞大的供应链，利用各企业的有关管理人员形成一个虚拟的组织，采用需求拉动，利用 JIT 的思想进行供应链管理。

第二节　移动商务与客户关系管理 (CRM)

以客户为中心，提高客户满意度，培养和维持客户忠诚度，在今天这个移动商务时代显得日益重要。在无线通信网络迅猛发展后，各种信息化应用纷纷转投到无线网络应用中来，实现有线的 Internet 向无线的 Internet 网推进，也带来了整个商业模式转变。移动 CRM 方案将移动信息化应用与 CRM 相结合，以达到更先进、更有效的目标。无线通信技术与无线互联网的发展为 CRM 系统插上了移动的翅膀。移动 CRM 可以使客户收到及时的、满足自己需求的信息，而企业则可通过无线设备了解、管理、时时连接其销售骨干和营销队伍。

一、CRM 的定义

客户关系管理是企业运用多种信息技术搜集、分析、获取知识，持续改善服务的过程。它把销售的概念从单一销售人员所做的分散性行为扩展为与企业内每个人相关的连续性流程，指导思想就是通过掌握完整的客户信息，对客户进行系统化研究，准确把握并快速响应客户的个性化需求，为客户提供便捷的购买渠道、良好的售后服务和经常性的客户关怀，以改进对客户的服务水平，并对工作流程进行重组，以达到留住老客户、吸引新客户的目的。在企业具有正确的以客户为中心的经营理念和文化的背景下，它能提供有效的客户关系的管理，并支持有效的营销、销售和服务流程。

二、移动客户关系管理的竞争优势

移动客户管理系统突破传统 CRM 系统的局限，为客户提供定制的、基于现场的实时服务，为企业争取新客户，保住现有客户。移动 CRM 通过时时、有效的通信、服务、信息和个性化的解决方案来解决客户疑难、响应客户诉求和需要，为客户提供高品质的服务。

CRM 系统为企业构建了一整套以客户为中心的有关客户、营销、销售、服务与支持信息的数据库，帮助企业了解管理渠道，建立和优化了前端业务流程，包括市场营销、销售、产品的服务与支持、呼叫中心等。该系统可以进行深层次分析和挖掘，从而发现最有价值的客户、新的市场和潜在的客户，创造业务良机。该系统可扩展、可连接的特性可以与企业的 SCM、ERP 系统无缝集成，实现实时的数据交换，增强企业与供应商、合作伙伴、客户间的关系，加快客户服务与支持响应速度，增强企业在电子商务时代的竞争优势。

此外，CRM 是实现精准营销的核心，只有拥有准确而全面的客户资源，营销才能够准确地实现。精准营销是移动商务营销的主要策略之一，因此，将移动性与 CRM 相结合，可以更好地实现精准营销，更好地为移动营销服务，相互促进，形成良好的循环。

三、移动 CRM 的系统应用

完整 CRM 系统一般由业务操作子系统、客户合作管理子系统、数据分析管理子系统和信息技术子系统四部分组成。移动 CRM 应用在 CRM 体系的每一部分中都将有新的架构来实现应用的需求。如图 7-1 所示。

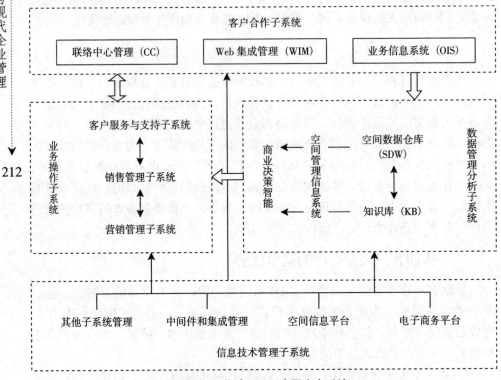

图 7-1 移动 CRM 应用生态系统

在业务操作管理子系统中，CRM 应用主要是实现基本商务活动的优化和自动化，主要涉及三个基本的业务流程：市场营销、销售实现、客户服务与支持。

在客户合作管理子系统中，移动 CRM 应用主要是为实现客户接触点的完整管理，以及客户信息的获取、传递、共享和利用以及渠道的管理，具体涉及企业不同职能部门的管理信息体系、联络中心、移动和 Web 渠道的信息集成、处理等问题。

数据分析管理子系统中的移动 CRM 主要涉及为实现商业决策分析智能的数据仓库建设、数据挖掘、知识仓库建设等工作。

在信息技术管理子系统中，移动 CRM 的各功能模块和相关系统运行都必须由先进的技术、设备、软件来保障。

总之，传统的 CRM 是通过明确的规则和优化的流程帮助公司与员工、与客户进行互动。但移动商务时代的企业又不得不给予客户更多的控制权，例如客户需求的类型、客户交互方式选择等。移动 CRM 应用，满足了企业开展个性化一对一营销的要求，将成为促进移动电子商务的重要力量。

四、企业应用移动 CRM 获得的优势

移动 CRM 将帮助企业在客户和工作人员的交互中更好地把握商机，随机应变，它的创造性、领先性管理理念和手段——即时、个性化的客户管理，在新的商务模式下推动了企业前端销售与服务组织的日常运作，为企业带来前所未有的新发展。

（一）移动 CRM 提高了企业对客户的响应、反馈速度和应变能力

移动 CRM 最大的优势就在于能够使客户得到即时的服务。企业一定要让客户在产生购买欲望或者服务请求最迫切的第一时间，能够迅速找到一名最合适的员工来准确处理、负责业务。目前，企业所管理的移动用户数目正在大幅度增加，因此，户外工作人员信息化成为商业活动一个很重要的问题，移动 CRM 在这方面有着它独特的价值。

（二）移动 CRM 提高了企业销售收入

根据世界最知名的商业技术调查公司 Gartne 的抽样统计，通过 CRM 采用主动式客户服务的企业，其销售收入增加了 15%~20%，我们更加有理由相信应用移动 CRM 更能增加企业的销售收入。

一方面，移动 CRM 为销售人员提供实时无链接的访问能力，使销售人员对客户重要信息的访问不再受地域和时间的限制，以便更有效地管理客户关系和销售流程，从而提高工作效率。销售人员还拥有实时更新业务报告和进行销售预测的能力，回顾客户信息并及时响应潜在客户和合作伙伴的需求，这对销售指标的制定和完成起到非常重要的促进作用。

另一方面，移动 CRM 的合作伙伴管理子系统还会积极地参与经销商管理，使生产和配送更及时，能够减少产品失效，降低配送成本，帮助经销商更好地

销售企业的产品，还可以建立有效的交叉销售，达到更优异的销售业绩。

（三）移动 CRM 改善了企业服务、提高客户满意度

客户对服务的满意度的评价受主观因素的影响很大，客户评价服务质量不仅看其技术质量，也看其功能质量（如服务人员是否对客户表示关心、服务的及时程度等），因此企业不仅要改善自身的服务能力和质量，而且需要有一些附加工作，如客户关怀上大做文章。

移动 CRM 可以提高企业的服务水平，包括自身业务素质的提高，可针对客户的不同需求制定有差别的服务措施，提高对客户要求的响应、反馈速度和解决问题的应变能力。

移动 CRM 强调了对于客户的个性化服务与关怀，提高了客户对企业的满意度，优化客户关系，减少客户流失，提高他们的忠诚度，从而减少了企业获取新客户所需要的成本。

（四）移动 CRM 帮助企业优化业务流程，建立协同工作机制

在移动 CRM 系统中，一方面对资源分门别类存放，另一方面可以对资源进行调配和重组。它就像魔方一样，可以根据需要千变万化地、围绕某个方面去整合资源，以满足新的经济环境以及市场和客户主导的、快节奏的、灵活多变的、多线程的市场现状。

通过可实时协调的工作流程将企业的各种业务紧密结合起来，把企业销售/服务的各项营销活动整合到统一的平台上，将个人的工作纳入到企业规范的业务流程中，提升企业整体管理水平，建立规范的销售、市场、服务等部门的协同工作流程，有效避免了销售组织和服务组织之间的壁垒。使原本各自为政的销售人员、市场推广人员、售后服务人员开始真正地协调合作，成为一支以客户为中心的强大团队。

（五）移动 CRM 提高了企业工作效率，降低成本

移动 CRM 强大的管理功能，使得企业海量的客户信息、业务记录、进程、销售预期、反馈信息等关键信息，在统一的业务平台上都得到了规范的管理，并在此基础上与现有的业务流程相适应，能够提供多项统计数据，显著减少了错误信息可能导致的不完整和不准确的数据收集。移动 CRM 转变文本商业流程为表单应用形式。这包括电话单、订购表、发票，甚至是 E-mail。移动设备能很好地提供即时生产率、数据质量和成本低廉化。基于表单应用的移动 CRM 能够去掉完成一个销售行为所需的多余动作，使交易可以瞬时完成，从而提高工作效率和客户满意度。

五、成功实施的关键因素

将移动性放到现有的企业管理框架中去，需要一个过程，而这个过程并非一蹴而就。移动框架和电子商务应用框架之间的管理问题是非常复杂的。在将移动方案与电子供应链的初步成果进行结合的时候，不仅仅依赖于具体企业组织的规模、复杂性、历史、政策和领导风格，还必须做出许多不同的选择以及权衡利弊的折中。在今后，对使用移动工具和新的流程如何响应，这个决策问题会变得越来越重要。但是，移动应用只是手段，而非最终结果。企业必须清楚地审视自己是否适合参与到移动行动中来，包括企业经营范围、组织形式、盈利模式等。只有认清自我，才能真正利用移动的优势促进企业的发展。

（一）取得企业决策者的最大信任和支持

高层领导例如销售副总、营销副总或总经理，他们一定是项目的支持者。这样他们才可以在实施过程中起到不可或缺的重要作用：首先，由于移动 CRM 的实施必然涉及企业组织结构的改造和业务流程的优化，因此需要这样的领导来为其设定明确的目标，并且推动工作的进行，化解工作过程中产生的矛盾和平息可能产生的阻碍；其次，他们可以为项目实施团队提供来自各职能部门的优秀人才，可以为实施团队提供足够的财力、信息和争取达到目标所需的必要时间；最后，他们要确保企业全体员工认识到实施移动 CRM 对企业生存的重要性，并在项目出现问题时，激励员工解决问题而不是打退堂鼓。

（二）建立以客户为中心的管理理念和企业文化

由于目前管理者中相当一部分人的管理理念依然停留在过去强调提高运营效率和创造利润的阶段，而忽视了建立和维持良好客户关系的重要性，缺乏全局观念，对部门间协同合作的重要性认识不够，在信息的及时沟通与交流上做得不够，在实际工作中忽视对客户信息的收集和整理，忽视对培养客户忠诚度作出努力，结果导致客户信息的缺失和客户流失严重的现象。

由于上述原因，在实施移动 CRM 的过程中，企业一定要有一个以客户为中心，将客户视为战略性资产的远景规划，建立合适的管理模式，逐步认识建立和维持良好的客户关系已成为获取独特竞争优势的最重要的手段，还需要培养各部门管理者协同合作的观念，并在实际工作中努力打破部门壁垒，培养企业所有人员都坚持以客户为中心的企业文化。

（三）关注企业实际业务流程和实际资源

在实施移动 CRM 的过程中，一定要注意，不要在一开始就把注意力放在技术上，技术只是促进因素，它本身绝不是解决方案。如果总习惯于用手工操作的思维方式去套用信息系统，就容易陷入到实施工程的"死角"中，仅仅用计算机、网络去模拟不同环节的手工操作，绝对不是发挥 CRM 管理的最佳方式。事实上，要成功实施移动 CRM，一定要从一开始就关注企业的实际业务流程，要花费相当的精力和时间去研究现有的流程和服务策略，在发现问题后，分析其产生的原因，讨论其改变的可能性以及改变的方法策略，并在此基础上结合移动 CRM 既定的功能结构提出相应的解决方案。在拟订解决方案时，还要关注企业的实际资源，包括人力资源、财力资源和信息资源，尤其是所处的移动电子商务时代所带来的复杂的生存环境等，避免一些不切实际的要求，以保证解决方案能切实可行的开展并被大多数员工所接受。

（四）保证与现有系统的整合

很多希望实行移动 CRM 的企业已经在企业的信息化建设上投入了很多的资金，面对昂贵的移动 CRM 整体解决方案，可能会犹豫。但事实上，只要与原有以建设运行的系统或管理手段妥善地整合，不仅可以节约资源，也可以收到好的成效。比如说，铁旅现有的网站已经可以为客户提供信息，在此基础上开发客户网上议价系统、网上社区，并与原有网站更好地结合起来，就可以达到更加理想化、更加经济的效果。

第三节　移动商务与新型组织发展

移动商务是技术和商务结合的产物，它的应用将对企业组织形式产生深远的影响，尤其是技术进步后产生的新型组织形式。学习型组织和虚拟企业是企业为适应社会进步和日益增长的竞争趋势而产生的新型组织形式。要想在全球化市场上立足，企业必须随时改变，以适应不断变化的市场和客户需要，而移动商务可以为企业组织形式带来深入的变革。

一、移动商务与学习型组织

（一）学习型组织概述

"学习型组织"这一概念是美国哈佛大学佛睿思特（Forrester）教授于 1965 年在《企业的新设计》（A New Corporate Design）中首先提出的，他在此文中非常具体地勾勒出未来社会中理想组织的一些特征，组织中员工与管理者的关系正逐渐从控制—服从的关系走向亲密的伙伴关系，组织不断学习，不断提高生存能力与创造能力。在此基础上，彼得·圣吉教授发展出学习型组织的蓝图——五项修炼的学习型组织。包括"自我超越"、"心智模式"、"共同愿景"、

"团体学习"、"系统思考"五项"修炼"和"组织结构"、"管理模式"、"组织文化"三种形式的创新。

综合以上观点认为，学习型组织是指：在这种组织中，个人、团队和组织是学习的三个层次，他们在由组织共同愿景所统领的一系列不同层次的愿景所引导和激励下，不断学习新知识和新技能，并在学习的基础上持续创新，以实现组织的可持续发展和个人的全面发展。

（二）移动商务对学习型组织建设的影响

以无线 Internet 作为主要载体的移动商务凭借其无可比拟的优势，以不可逆转的趋势极其迅速地改变着传统的商业运作模式。为了在将来的竞争中取得优势，世界各国都在发展自己的移动商务企业。在新的移动商务模式中，知识已经成为生产力因素中最重要的组成部分，通过企业知识管理，建立学习型组织，可以把移动商务企业的信息资源以及积累的时间经验和创新思想进行有效的挖掘、共享和利用，保持移动商务企业的竞争优势。

学习有三个层次，首先是个人学习，其次是组织学习，最后才是学习型组织。因此，企业的知识管理是形成学习型组织的基础。企业必须在发展知识战略、重塑企业知识文化、实现知识度量、设立知识主管等方面进行有益的探索。

1. 移动商务企业实施知识管理的战略选择

企业要想成功地实现企业的管理知识化，必须掌握两个核心的知识管理战略：

（1）技术的知识管理。移动商务的系统是在移动交易的引擎基础上建立的，这些引擎应与公司的交易流程相联姻，才能完成从获取顾客到货运仓储、记账和付款的全交易过程。两者的完美结合，需要公司的系统管理人员熟悉各种移动商务技术方案配置及它们的功能，掌握系统结构及操作界面，将它们融入企业的知识仓库。为此，企业应创建一个系统过程来持续地获取并管理移动商务所需的系统及工具的知识。更重要的是，这些系统管理知识还需不断更新，适应企业移动商务的发展。

（2）战略过程的知识管理。对于移动商务企业而言，必须首先追求自己的差异化战略，而不是互相模仿或仿效传统企业，必须从仅仅聚焦于价格中脱离出来，而应聚焦于产品选择、产品设计、服务、形象和其他能使企业差异化的领域。有些企业通过创造自己独特的方式取得了成功，也有一些公司通过 Internet 与传统方法之间权衡的细分市场，取得了成功。

2. 移动商务实现企业的知识管理的途径

（1）实现企业内部知识共享。以全面利用市场信息的工作流程为基础，更深入地在企业内部推动知识管理，调动员工的积极性。从简单地利用信息到分析信息和主动的产生新的信息，保证知识在企业内部能够流通起来，使企业能以对市场的深入理解为核心，全面地为市场提供优质服务。

（2）增进对企业外部知识的利用。这是一个信息整合的过程，通过从企业基层到顶层对信息的收集与使用的规范化，提高企业各层次的信息使用能力与专业化程度。

（3）加强企业知识网络建设。人类社会正步入知识经济时代，知识经济的一个基本观点是在人们相互交流时知识得到发展。为了充分利用知识使用的外因性，提高企业对相关知识的互动利用，企业必须加强知识网络建设。

（4）提高个人在知识管理链条中的作用。知识是个人认知过程的实现，而不是一种实物资产。同样，知识的创新也只能发生在人们的社会互动过程当中，在企业经营管理的各个环节都有可能发生创新。这就要求建立尊重知识、尊重人才、鼓励知识共享的企业文化，让员工个人在知识创新的过程中扮演核心角色，发挥其在知识管理链条中的作用。

（三）移动商务将推动学习型组织发展

信息技术与创建学习型组织具有密切的关系，学习型组织的创建过程实际上就是企业信息化实现的过程，学习型组织的创建需要借助于各种先进的信息技术。在此过程中组织必将建立便于组织内部交流的 Intranet，并在此基础上进行组织业务流程的重组，对各种管理信息系统进行整合，进而实现 ERP 在组织内部的应用。随着信息技术在组织内部应用的深入，组织必然产生与合作者进行交流的需求，从而 Extranet 得以实现和应用，柔性生产、客户关系管理、供应链管理、准时制等新的管理理念将逐渐融合到组织的管理中去。移动商务是基于现代信息技术发展而来的，移动商务的应用，不仅能延续企业信息化的优势，同时可以弥补目前信息化办公不可移动的缺陷，与现代化信息管理相辅相成，从而促进学习型组织的建设和发展。

信息技术的应用和学习型组织的建设具有密不可分的联系，两者相辅相成，信息技术的应用促进了学习型组织的建立，同时学习型组织的建立也加速了信息技术的发展和其在组织中的应用。如果移动商务在组织中得到良好的应用，必将成为学习型组织建设和发展的补充。

二、移动商务与虚拟企业

1997 年 11 月，国际商会在巴黎召开的电子商务会议上，美国政府认为如果能正确对待的话，电子商务的发展是未来 25 年世界经济发展的一个重要推动力，甚至可以与 200 年前工业革命对经济发展的促进相提并论。与会专家认为，Internet 将在地球上形成一个新的大陆，即第七个洲——虚拟洲，任何企业都将处在这个洲上，企业要发展，必须应用新的手段去竞争。

（一）虚拟企业概述

虚拟经营与虚拟企业并不是移动电子商务特有的经营方式与企业类型。一般认为，虚拟经营是指一个企业或多个企业以资源为核心，为实行特定的企业战略目标，依靠信息，通过一种网络式的联盟，实现资源的最佳组合和企业的快速发展。虚拟企业由于仅保留企业中最关键的功能和职能部门，而将其他的功能和职能部门虚设或省略，借助灵活的运营机制可以减少市场风险，充分利用资源。

虚拟企业的虚拟经营体现了一种经营理念的创新，它突破了传统的投资经营、实体经营的观念。首先是产权虚拟化，通过建立在互惠互利基础上的契约关系，优化资源，减低风险；其次是管理模式的创新，由于产权虚拟化，使得管理层次减少，网络化、动态化管理使得管理成本减低，决策更有效；最后是营销方式的创新，借助网络营销，可以使企业建立网络品牌，扩大市场空间，减低交易费用。虚拟经营是一种先进的、成熟的经营方式，它将成为 21 世纪网络经济的重要内容，并且未来的企业多是虚拟企业。

（二）虚拟企业的特点

（1）虚拟企业使得传统的企业界限模糊化。虚拟企业不是法律意义上的完整的经济实体，不具备独立的法人资格。

（2）虚拟企业具有流动性、灵活性的特点。诸企业出于共同的需要、共同的目标走到一起结盟，一旦合作目的达到，这种联盟便可能宣告结束，虚拟企业便可能消失。

（3）虚拟企业是建立在当今发达的信息网络基础之上的企业合作。虚拟企业的运行中，信息共享是关键，而使用现代信息技术和通信手段使得沟通更为便利。

（4）虚拟企业在运行过程中运用并行工程而不是串行工程来分解和安排各个参与企业要做的工作。虚拟企业在完成某一项目或任务时，项目或任务按照并行工程的思想被分解为相对独立的工作模块，促使承担分解任务的各方能够充分调动和使用他们的资源而不必担心核心技术或核心知识被泄露。

（5）虚拟企业一般在技术上占有优势。由于虚拟企业是集合了各参与方的优势，尤其是技术上的优势而形成的，因此在产品或服务的技术开发上更容易形成强大的竞争优势。

（6）虚拟企业可以看作是一个企业网络。该企业网络中的每个成员都要贡献一定的资源，供大家共享，而且这个企业网络运行的集合竞争优势和竞争力水平大于各个参与者的竞争优势和竞争力水平的简单相加。

因此，在当今快速多变的市场与技术环境中，虚拟企业以这种虚拟经营模式获取竞争优势以提高竞争力，是一种很有前途的运作模式，它正在被越来越多的企业所认识和采纳。

（三）虚拟企业中的移动商务应用

为形成虚拟组织而贡献资源的企业成员所形成的集团叫作企业网络，这些企业达成合作协议，一旦时机成熟，立即组成虚拟组织。企业网络在虚拟组织的形成过程中具有重要的作用。企业网络的典型特点是网络中的成员同意把资源合并起来，准备共享人力、信息和物资资源。这些成员联合起来制定一套规则，以保证能够迅速方便地形成骨干队伍。他们发现资源合并以后，就能发挥更大的潜力，比起其分散的情形下取得更大的收益。移动商务应用到虚拟企业中，可以通过信息更及时、有效的交换，与其他企业产生更加紧密的联系，这种联系不仅是企业之间的，也可以是部门或者资源之间的，还可让企业网络有组织地把资源合并起来，形成更加有力的虚拟组织。

当代先进的通信手段使信息从时空的限制中解放出来，而移动商务应用正是基于这种解放，使各种信息可以在任何时间、任何空间便利地得到。移动技术和设备的应用，与计算机技术、网格技术、多媒体技术以及各种先进的科学技术的紧密结合，为人们提供了一种全新的交流方式。虚拟组织的成员不受地理位置的限制，并且可以分散在各个不同的地理区域，可以相隔十万八千里，但他们仍然合作起来工作，靠网络通信交流，其工作效率不比他们相聚一堂来工作的效率低。通过移动终端和无线网络，分布在不同地理位置上的组织成员，甚至不同组织中的人可以方便地交流。利用移动通信手段交流，使所有的成员不用在计算机旁，随时都能共享设计、生产和行销信息，交流意见，协调步调，提高虚拟组织工作效率，增强虚拟组织的市场竞争力。

第四节　移动商务营销

每一种新产品的问世都需要一个认知和接受的过程，这个过程的长短以及人们认知和接受程度的高低，都需要营销手段来决定。移动商务是一个新兴的应用，对大众来讲，还有很多不易接受的方面，例如，移动终端屏幕小，存储空间小等，但是，如果用适当的营销手段对移动商务业务进行推广，必然会对移动商务应用的发展起到良好的促进作用。

一、移动商务营销市场分析

（一）移动商务营销特点

营销的特点是与产品的性质和特点密切相关的，因而移动商务的特殊性决定了移动商务营销与其他营销也有所不同。

1. 移动商务的主要特点

（1）高度的灵活性。

（2）突出的个性化服务。

（3）强烈的产品差异性。

（4）更为及时的信息获取。

2. 移动营销的特点

（1）精确的受众。

（2）由受众决定移动营销的编码和渠道。

（3）与社会网络密切相关。

（二）移动商务营销市场分析

随着移动通信技术的发展，尤其是 3G 和 4G 技术的陆续推出，使增值业务在技术基础和传输速率方面得到了极大的改善和提高，必将促进移动终端的升级换代和各种增值业务的出现。而随着宽带的普及，各类 Internet 增值业务也将得到广泛应用。在日韩、欧美以及中国目前移动流媒体的开展应用来看，不仅覆盖了人们对娱乐、信息的需求，更多地覆盖了与人们日常生活的关联密切的方面。

据 iResearch 的报告显示，截至 2011 年 4 月，中国有近 3 亿用户使用手机上网，数量超过使用电脑上网的用户。而易观国际分析，2011 年底，移动流媒体用户数将达到 1.25 亿左右，2011 年市场规模约 31.25 亿元人民币。当前，流媒体技术在两个领域的应用颇为引人注目，其一是宽带网，其二是移动网，而后者由于其商务模式更易为人们接受而备受青睐。

如此巨大的市场正在吸引着包括运营商、管理软件商、SP 在内的各路"英雄"争相投身其中，中国移动力推"动力 100"移动信息化解决方案，中国联通则扛出到农村做移动商务的大旗，用友、金蝶等纷纷向移动商务挺进，并积极与运营商合作。业内专家认为，在竞争白热化、红海泛滥的 IT 通讯业，手机商务是一个蕴涵庞大需求的新市场，有很大的新的赢利空间，同时也是迈入 3G 时代的"试金石"。

二、移动商务营销策略

移动营销是使用无线技术为客户提供独特的个性化服务，无线移动营销更改了传统的营销活动策略，以符合移动客户和无线设备的需求。无线营销可分为推战略（Push Strategy）、拉战略（Pull Strategy）或两者兼而有之。推战略是假设人们要求将特定的信息实时发送到他们的无线设备上，拉战略则无须实时将接收方请求的推销信息发送到他们的无线设备。不管是推战略，还是拉战略，移动商务营销的关键就在于精准营销理念。

（一）精准营销的概念

1. 精准营销的核心思想

精准营销（Precis Ion Marketing）就是在精准定位的基础上，依托现代信息技术手段建立个性化的顾客沟通服务体系，实现企业可度量的低成本扩张之路。

精准营销有三个层面的含义：①精准的营销思想，营销的终极追求就是无营销的营销，到达终极思想的过渡就是逐步精准；②是实施精准的体系保证和手段，而这种手段是可衡量的；③就是达到低成本可持续发展的企业目标。

2. 精准营销的个性化体系

（1）精准的市场定位体系。市场的区分和定位是现代营销活动中关键的一环。只有对市场进行准确区分，才能保证有效的市场、产品和品牌定位。

（2）与顾客建立个性传播沟通体系。从精准营销的字面上就可以看到它采用的不是大众传播，它要求的是精准。这种传播大概有以下几种形式：邮件（DM）、网络邮件（EDM）、直返式广告、电话、短信、网络推广等。

（3）提供个性化的产品和服务。与精准的定位和沟通相适应，只有针对不同的消费者、不同的消费需求，设计、制造、提供个性化的产品和服务，才能精准地满足市场需求。

（4）顾客增值服务体系。精准营销最后一环就是售后客户保留和增值服务。对于任何一个企业来说，完美的质量和服务只有在售后阶段才能实现。同时，营销界一般认为，忠诚顾客带来的利润远远高于新顾客。只有通过精准的顾客服务体系，才能留住老顾客，吸引新顾客，达到顾客的链式反应。

（二）精准营销适合移动商务发展

从精准营销的概念、特征和体系中可以看出，精准营销的核心思想十分适合移动商务的产品、市场以及受众，是发展移动商务营销的首选策略。

（1）精准营销追求客户的精确性，即选择最精确的受众进行营销活动。移动商务的活动是基于移动终端进行的，而移动终端是在不可再细分的每一个客户的手中。也就是说，移动商务的受众是最精细的划分。因而，精准营销策略与移动商务营销结合起来，可以充分发挥移动商务的优势，更好地体现精准营销的含义。

（2）精准营销具有精准的市场定位体系，这与移动商务营销的特征不谋而合。移动商务与固定电子商务是互补而不是替代的关系，而移动商务要在面临与固定电子商务相比的诸多缺陷的情况下，寻找自身的发展出路，就必须要对市场有准确的定位。移动电子商务由于具备灵活性、高效性等特点，因而具有特殊的市场。精准营销可以帮助移动商务找到适合其发展的准确的市场，发挥其优势，成为固定电子商务的有力的补充。

（3）精准营销可以提供个性化的产品和服务，十分适合移动商务的发展要求。移动商务的一个重要的理念就是提供个性化的产品和服务。由于移动终端属于私人物品，因此，决定了移动商务的产品和服务是私人化的，也就是个性化的。每个人的偏好都不尽相同，要向如此多不同的客户进行营销，精准营销策略是十分适合的。精准营销的一个特征就是向客户提供个性化的产品和服务，如果这种产品和服务通过移动终端这一私有性极强的设备进行营销，那么其精准性就可想而知了。

（4）精准营销的核心其实是客户关系管理，精确、良好的客户关系管理可以为企业售后的客户保留以及为客户提供更多的增值服务提供了保障。留住一个忠诚的客户的成本要比开发一个新客户低得多，因此，保留住忠诚的客户对企业的发展是十分重要的。移动商务对客户关系管理的影响是十分巨大的，它的移动性和灵活性大大改善了客户关系管理的方式，只要需要，企业的销售人员和售后服务人员就可以随时随地记录、查阅、更新客户资料，提高客户关系管理的效率和效果。

精准营销是移动商务营销的重要策略，移动商务的发展也推动了精准营销理论的进步。精准营销是营销策略的新模式，而移动商务也是即将兴起的商务模式，这两种前沿的模式相结合，必将产生"强强联手"的效应，互相推动，快速发展。

（三）移动商务营销应注意的问题

预知移动商务有用是一个影响用户对移动商务态度和意向的关键因素，是影响用户是否接受移动商务的关键因素。移动商务只有使用户感到真正有用，用户才会接受和选择它。移动商务应用服务商要充分利用无线网络传输信息的及时性与交互性，利用网络收集用户数据、追踪用户行为和态度的便利性，提供给用户及时、准确、个性化、有价值、感兴趣的信息和服务。商务网站设计既要满足用户搜索信息、对比信息的要求，又要提高用户进行网上交互的乐趣。移动商家可以开设讨论组、聊天室等，方便用户通过无线网络进行沟通，增加用户的社会交互体验，降低用户对移动商务的预知风险，培养用户的信任。

预知移动商务容易使用也是一个影响用户接受移动商务态度、意向和行为的重要因素。对拥有计算机和网络经验相对较少的用户来说，预知容易使用就变得非常重要。与国外相比，中国用户拥有的无线网络经验比较少，所以预知移动商务容易使用对中国用户接受移动商务来说就显得更加重要。由于用户要将大部分时间用于工作和休闲活动，接受其他服务时间有限，无线、有线网络的出现使用户面临信息过量危机。不变的信息处理能力和网络信息爆炸使得用户在接受移动商务服务时，迫切要求少花费努力，多点有效。

各类移动商务提供商应该把降低用户使用移动商务需花费的时间和精力作为首要目标。比如，使用移动商务购物时，购物便利应该包括方便进入网站，方便搜索商品信息，方便地使用移动设备进行购物的程序，方便的撤销订单手续，方便付款等。首先，提供给用户简单易学、易懂、易操作的购物方式。其次，提供简便易懂的交互界面，更多地采用图案和标志来帮助用户迅速学习和理解交互界面。采用统一的元素、色彩、格调，以方便消费者迅速查找，确保文字通俗、易懂。

另外，因为预想好玩是吸引用户接受移动商务的一个重要因素，所以移动商务提供商，应该使用娱乐性强的节目或游戏来吸引更多的用户。同时，政府也需要进行宣传，形成良好的社会接受移动商务的氛围。

提高用户的信任水平，减少用户的预知风险是发展移动商务的关键。预感风险因素对用户接受移动商务有消极影响，是阻止用户接受移动商务的重要因素。而用户对移动商务信任越强，则用户预感的风险就越小，因此，培养用户对移动商务应用服务的信任度是十分重要的。

第五节 移动商务发展策略

移动商务是电子商务发展的新形式，它利用移动技术来完成电子交易和服务，为电子商务的发展创造了更为广阔的空间。但是，如果对移动商务发展策略没有一个清楚的认识，即便移动商务有诸多优势，也无法形成有影响力的市场。本节对影响移动商务发展的因素进行了分析，并介绍了发展移动商务可能用到的策略、合作对象以及发展模式。

一、影响移动商务发展的因素

影响移动电子商务发展的因素有很多，既有内部环境因素（主要是业务管理、市场营销、技术标准等），也有外部环境因素。外部环境因素主要包括社会因素、法律因素和技术因素。

（一）社会因素

移动电子商务是社会生活信息化和国民经济信息化的重要组成部分，并非一个移动网络运营商能独立解决的问题，不仅各级政府和社会各界应形成发展的共识，与移动电子商务相关的社会意识普及、人才培养以及物流配送等问题也是发展移动电子商务应注意的问题。

此外，开展移动电子商务也要考虑到人们的心理接受过程。受人们消费心理和消费习惯的影响，移动电子商务与其他新事物一样，需要有一个认知和接受的过程。由于移动商务应用终端与固定电子商务有很大的区别，因而对移动商务应用的接受必须要有多方面的推动，需要在宣传、营销、技术支持等方面共同推进，这需要一定的时间来完成。此外，某些产品消费的习惯也使移动商务应用产生了障碍。例如，服装零售，移动商务甚至可以根据消费者的要求将其中意的服装的细节图片发送到消费者的移动终端上，但是服装的质地、手感等信息却无法传递。

（二）法律因素

目前，国内还没有一部针对移动电子商务的法律法规，致使移动电子商务的国内、外贸易合法问题、税收问题、银行和个人信用问题、法律纠纷问题等仍然无法解决。因而，通过法律手段，保障移动电子商务所有参与方的基本权益问题成为法律上的一片灰色区域。中国出台了《电子签名法》，正在逐步完善电子商务的相关法律法规，相信会为移动电子商务法律的发展起到良好的促进作用。

（三）技术因素

移动电子商务是信息技术发展的产物，信息技术是开展移动电子商务的基础，完善与移动电子商务相关的技术是发展移动商务的前提。

（1）移动网络技术：无线传输速率和宽带问题、无线通信的稳定性和安全性还需进一步完善。

（2）移动终端技术：移动商务应用的开展，终端设备的改进是必不可少的。目前，移动终端存在的内存小、操作不便、屏幕狭小、不便阅读等问题，给移动商务的发展带了局限性。

（3）身份认证技术：用户对 IT 安全性方面的要求越来越高，进行用户身份鉴别将成为无线电子商务安全基础设施的一个关键部分。

（4）网上支付技术：支付是完成交易的重要步骤，无论移动商务的营销手段多么完善、应用内容多么有吸引力，如果没有安全、便捷的支付手段支持，移动商务应用将无法顺利发展。目前，基于 Internet 的支付技术正在逐步的完善过程中，而基于移动无线网络的支付技术的研究刚刚起步，用户能否通过移动无线网安全、便捷地完成支付过程是移动电子商务能否顺利发展的关键。

二、移动商务竞争策略

（一）先占策略

先占策略的理论逻辑是明显的，因为在存在网络效应的市场上，先行者具有先占优势。消费者加入先行者的网络可以比后来者的网络获得更大的外部收益。因此消费者对先行者产生一定的偏好，市场也随之会向先行者偏向，而网络效应的作用会加速这种偏向作用。在 DOS 操作系统成功之后，微软又不断成功地推出 Windows 操作系统，微软在 PC 操作系统成为事实上的标准与它的先占优势有重要的关系。

对于移动电子商务的网络运营商来说，他们不但要面对最终用户，还要面对设备提供商、应用/内容提供商，先占策略就是要在各种关系中运用包括争夺客户、抢选与有实力有影响的设备提供商、SP 们建立战略同盟。

1. 大力扩张用户基数

因为用户基数决定网络规模的大小，也直接影响使用这种产品的消费者的效用水平，因此扩大用户基数具体策略有：

（1）价格策略。以低价方式进入市场，扩大用户基数。

（2）以出租或赠送硬件设备的方式吸引消费者加入网络。在竞争激烈的国外移动通信市场上，经常有网络运营商向用户赠送手机。通过这种方式可以提高产品的吸引力，扩大用户基数。

（3）向用户承诺未来有大量的价格便宜、种类繁多、性能优良的辅助产品可以提供，消费者就会放心地购买这种硬件产品。

2. 积极吸引辅助产品的供应商为这种产品供应辅助产品

移动商务应用的发展需要各种辅助产品供应商的支持，运营商提供的服务及 ICP 提供的内容等都是移动商务发展所必需的。

3. 影响消费者的预期

消费者的预期在决定购买哪一种技术时起重要的作用。因此，要想使你的技术在市场上取得主导地位，成为行业的标准，应该尽力地影响消费者对你的技术的预期。提前宣布将要推出的产品可以减缓竞争对手用户基数的扩张。另外一种影响消费者预期的最直接的方式是组成技术的标准战略联盟，尤其是在一个行业中的重要场上，加入战略联盟具有更重要的意义。因为消费者对这些行业中的重要厂商具有很强的消费忠诚度，这些厂商在市场上的声誉足以向消费者承诺这种技术对他们的价值，这是一种"借船出海"的战略。另外，可以通过大量的广告宣传，强调该技术的性能优势、受欢迎程度等。

（二）纵向整合策略

由先占策略引申开，在市场启动初期，速度竞争胜过质量竞争。任何拖延都可能坐失市场机会，眼前的一步落后就可能要将来 10 倍的努力才能挽回，这就是信息时代信息行业的竞争规律。所以，即使是实力超群的网络运营商也无暇自行经营 SP 业务，他们所能做的就是尽快集合有实力的 SP 们，尽快寻找到一个合理的商业模式，从而整合出一条具有竞争力的价值链。因为从一开始，移动电子商务行业的竞争就是价值链间的竞争。进行纵向整合策略一般有战略联盟、资本融合、协议联合等方式。

（三）品牌策略

在统一无线 Internet 品牌的前提下，有针对性地树立和强化移动电子商务业务品牌，建立移动 Internet 业务品牌体系，巩固和强化品牌优势，不断提升品牌价值，在 ICP 和手机用户中造成强烈的无限互联品牌冲击，以促进 ICP 提供丰富多彩的上网内容，吸引手机用户使用移动电子商务，以建立高信誉度和客户忠诚度的服务品牌。

（四）市场策略

移动运营商在启动移动电子商务市场之初就要认识到 ISP、ICP 是未来市场发展的主角。在推动 WAP 业务的进程上，ISP 运营商的角色是提供网络支持，ICP 作为内容提供商的角色是如何吸引用户使用的。运营商的网络服务是给 ICP 的，ICP 的服务是给用户的，ICP 才是启动 WAP 应用的关键。

移动商务发展应以小额电子商务应用为突破口，推广和培育移动电子商务市场。同时，应与内容提供商、银行、证券、商场等广泛合作，推广移动炒股、移动银行、移动教育等相对比较成熟的移动电子商务服务。此外，良好的市场培育也是必不可少的。市场培育是新业务开展的关键，移动电子商务业务开展的前期市场培育应该面向的优先客户有以下一些群体：大客户，具有较高文化素质的新人类（如在校大学生），市场营销人员，其他同时使用 Internet 和移动电话的用户。

参考国外开展移动电子商务经验，中国移动运营商应以市场为主导，着重于面向个人的移动电子商务市场，培养用户使用电子商务的习惯，年龄在 20~40 岁的移动用户是重点的服务群体。同时，开发面向企业的电子商务市场，将移动商务的应用推广到企业信息资源整合、供应链管理、客户关系管理等过程中。

（五）技术策略

以移动通信网络为基础，建设一个稳定的安全支付系统，统一与银行的支付接口，与ISP的金融服务接口。明确各种技术的特点和定位，开发相应合适的业务。同时，与移动终端厂商合作，制定移动终端标准规范，为用户提供可接受价位的移动终端设备。

三、移动商务合作策略

为了促进移动电子商务的建立，移动运营商首先要建立以合作为中心的理念，合作者的产品即我的产品，合作者的业务即我的业务，以此提高其他参与者的信息和积极性。

（一）合作目标

移动运营商应制定与发展模式相匹配的战略目标：

（1）示范效应。通过先行与移动运营商合作企业的成功事实，推动更多的企业加入移动电子商务行列，从最容易普及的业务（银行、票务）切入，使用户在观念上自然地接受移动电子商务的概念。

（2）市场目标。通过支持、引导合作者的业务扩张，实现移动企业自身业务的增长。

（3）合作者信心。提高合作者忠诚度，使合作者坚信移动电子商务的商业前景和合作诚意。

（二）合作对象和模式

为了实现合作目标，企业要建立有效的合作模式。针对不同的合作者，采用不同的合作模式，这样既可以提高合作的效果，又可以达到规避合作风险的作用。

在选择合作者时，可将潜在合作者分为三类：

（1）战略级合作者：战略互补性强，市场占有率高，增长率高，这是解决移动电子商务问题的主要合作对象，例如设备提供商、内容提供商、银行等。

（2）战略级竞争者：战略互补弱，业务相同或类似，业务能力强，市场占有率高，增长率高，这是主要的竞争对手，例如中国移动、中国联通。

（3）战术级合作者：主要是指各类移动电子商务应用服务提供商，也就是ASP，它在移动电子商务的业务链中连接着网络运营商和传统应用企业，起着承上启下的关键作用。随着移动商务应用需求范围的扩大，意味着对ASP的多样化要求也在进一步增加，因此，与战术级合作者的合作将是一项重要的发展策略。

移动运营商可以采用多种模式与潜在的合作者进行合作：契约方式、合作项目招标、参股、控股、合作发起、战略联盟等。不同的合作模式适合不同类型的合作者，例如，战略级合作者适合战略联盟、合作发起新企业、参股等合作模式，战术级的合作者则适合控股、项目招标、契约等方式。

 **本章案例**

移动政府

政府与移动商务的关系包括政府通过网络实现移动政府和政府的引导与管理。政府作为国家管理部门，其本身实现移动政府职能将对移动商务的发展起到积极引导作用，有助于政府管理的现代化；而且政府使用网络能起到支持 Internet 发展的作用，可促进信息产业的发展，同时也将促进全民现代化素质的提高和社会现代化的实现。可以说，移动政府是移动商务营销的重要方向之一。

一、移动政府的实质

移动商务时代是信息化时代，是无线网络的时代，是数字经济的时代。政府始终起着引导经济、管理经济和调控经济的重要作用。新的时代要求政府必须应用现代化的手段来管理经济，规范移动商务市场和保证国民经济的健康持续发展。为适应 21 世纪移动商务在无线网络上进行经济活动，政府职能也应该在无线网络上实现，即形成移动政府。

二、移动政府的目标

移动政府是通过移动通信设备在 Internet 上有效实现行政、服务及内部管理等功能，在政府、社会和公众之间建立有机服务系统的集合。总体来说，移动政府的建设最终目标主要体现在以下五个方面：

（1）政府机构各部门实行移动化、电子化、网络化和信息化，提高政府在行政、服务和管理方面的效率。移动政府可利用信息技术，积极推动精简组织和简化办公等工作。

（2）政府从被动服务于经济转变为主动服务于经济，公众可以不受地点、时间的限制，实施政府方针政策，接受政府的管理。

（3）建立政府内部网络，为公众社会提供优质的多元化服务。政府的信息网络覆盖政府的各级部门。移动政府利用统一的信息资源，通过移动通信设备为公众提供简便的多元化服务。

（4）以政府的信息化发展推动和加速整个社会的信息化发展。向公众展示高新技术的应用，让社会享受信息网络的便利，切实地推动全社会信息化的发展。

（5）适应数字经济的发展，引导、规划和管理移动商务的活动，建立移动商务的支撑环境。移动政府的建设并不是某一个地方政府的行为，其最终目标应当是由政府组织，综合了税务、工商、邮政、交通、运输、教育、海关、银行等业务部门，通过移动通信和无线网络为公众提供移动政府服务和移动商业服务。

移动政府将极大地丰富网络信息资源，为中国信息产业的健康发展创造一个良好的生态环境，同时对促进中国政治、经济和文化的发展产生深远的影响。建设移动政府不仅能促进中国政府部门本身办公模式和思维方式的变革，同时也将导致中国亿万普通者百姓的社会生活方式与观念的转变。移动政府的建设将带来一场革命，这场革命以信息技术为手段，将把中国以崭新的形象带进属于我们中国人的新世纪。

资料来源：张润彤，朱晓敏. 移动商务概论. 北京：北京大学出版社，2008.

问题讨论：

1. 与传统的政务处理方式相比，移动政府具有哪些优势？
2. 移动商务对于新型政府组织结构的建立和发展将起到怎样的作用？

本章小结

在市场经济环境中，任何企业都面临着竞争的压力，如何能够提升企业竞争力、创造企业的竞争优势是每个企业都关心的问题。移动电子商务的发展为企业提供了一个良好的机遇，它以现代化的电子技术和移动通信技术为基础，利用移动通信网络在信息传递和资源共享方面的特长，在企业资源管理方面起到了积极的作用，有效地创造企业在移动商务环境下的竞争优势。

以客户为中心，提高客户满意度，培养和维持客户忠诚度，在今天这个移动商务时代显得日益重要。在无线通信网络迅猛发展后，各种信息化应用纷纷转投到无线网络应用中来，实现了有线的 Internet 向无线 Internet 网推进，也带来了整个商业模式转变。移动 CRM 方案将移动信息化应用与 CRM 相结合，达到更先进、更有效的目标。无线通信技术与无线互联网的发展为 CRM 系统插上了移动的翅膀。移动 CRM 可以使客户收到及时的、满足自己需求的信息，而企业则可通过无线设备了解、管理、时时连接其销售骨干和营销队伍。

移动商务是技术和商务结合的产物，它的应用将对企业组织形式产生深远的影响，尤其是技术进步后产生的新型组织形式。学习型组织和虚拟企业是企业为适应社会进步和日益增长的竞争趋势而产生的新型组织形式。要想在全球化市场上立足，企业必须随时改变，以适应不断变化的市场和客户需要，而移动商务可以为企业组织形式上带来深入的变革。

每一种新产品的问世都需要一个认知和接受的过程，这个过程的长短以及人们认知和接受程度的高低，就需要营销手段来决定。移动商务是一个新兴的应用，对大众来讲，还有很多不易接受的方面，例如，移动终端屏幕小，存储空间小等，但是，如果用适当的营销手段对移动商务业务进行推广，必然会对移动商务应用的发展起到良好的促进作用。

移动商务是电子商务发展的新形式，它利用移动技术来完成电子交易和服务，为电子商务的发展创造了更为广阔的空间。但是，如果对移动商务发展策略没有一个清楚的认识，即便移动商务有诸多优势，也无法形成有影响力的市场。

本章复习题

1. 试述 BPR、ERP 与移动商务发展的关系。
2. 简述移动商务供应链管理。
3. 什么是 JITⅡ？JITⅡ与 ECR 有何区别？
4. 客户关系管理与精准营销是什么关系？移动客户关系管理有哪些优势？
5. 简述企业开展移动客户关系管理应注意的问题。
6. 移动商务在学习型组织建设中发挥怎样的作用？
7. 移动商务营销与传统营销有何区别？
8. 什么是精准营销？为什么说精准营销适合移动商务发展？
9. 移动商务营销应注意哪些问题？
10. 影响移动商务发展的因素有哪些？请举例说明。
11. 移动商务发展策略主要有哪些？
12. 加快建设移动政府的途径有哪些？

第八章

移动商务是社会发展的必然

学习目的

知识要求 通过本章的学习，掌握：

- 移动商务的优势和效益
- 推动移动商务发展的因素
- 制约移动商务发展的因素
- 发展移动商务应采取的对策
- 移动商务的市场发展趋势

技能要求 通过本章的学习，能够：

- 了解和熟悉移动商务的优势和效益体现
- 了解和熟悉发展移动商务的推动因素
- 了解和熟悉发展移动商务的制约因素
- 熟悉和分析移动商务发展采取的战略和策略
- 预测和分析未来移动商务市场发展
- 了解移动商务是社会发展的必然

233

学习指导

  1. 本章内容包括：移动商务的优势和效益；移动商务发展的推动因素；移动商务发展的制约因素；发展移动商务应采取的对策；移动商务市场预测分析与展望。

  2. 学习方法：独立思考，抓住重点。与同学讨论移动商务的优势与效益的方方面面；注意推动与制约移动商务发展的各方面因素；研究移动商务的发展对策与趋势等。

3. 建议学时：6学时。

 引导案例

淘宝手机一元"秒杀"推动移动电子商务新进程

对于许多人来说，通过电脑上网、购物早已不是什么新鲜事，甚至用手机上网都已成为大多数手机用户的日常行为。据 2009 年 7 月 16 日 CNNIC 最新统计报告显示，截至 2009 年 6 月 30 日，中国网民规模达到 3.38 亿人，而中国手机网民规模为 1.55 亿人，占整体网民的 45.9%，半年内手机网民增长超过3700 万。

尽管这个数字很可观，通过手机上网购物，对于大多数人来说还是相当陌生。然而就在近期，一场由淘宝网推出的"手机上网，一元秒杀一辆汽车"的活动，还是迅速在网络、手机用户中掀起了一阵狂潮，让许多人领略到了网络购物的魅力。

自 7 月 31 日开始，淘宝推出"手机淘宝一元秒杀活动"，此次秒杀与以往淘宝秒杀最大的不同，就是战场从电脑搬到了手机终端：参与这次活动的买家必须通过手机登录淘宝网手机版才能展开疯狂的竞争。每逢周二、周四中午12:30 分开秒，产品一律 1 元，包括 MP4、手机等产品。而让万众期待的，于8 月 18 日中午 12:30 隆重上线的汽车，更是成为此次淘宝手机秒杀的最大看点，只需 1 元就可买到 1 辆汽车，这不是神话，而是在淘宝实实在在就可以办到的事情。这对很多手机用户来说无疑是一个极大的诱惑。

据一项调查显示，通过淘宝"1 元秒杀"活动认识到手机购物，并打算在8 月 18 日中午上淘宝手机平台"抢车"的人数占调查总人数的 8 成以上。为此，有业界专家认为，此次淘宝推出的手机"1 元秒杀"活动，是淘宝对移动电子商务领域下一步动作的一次高调预热。同时，对于国内手机 3G 网络的推广来说，也带来了正面的催化和促进效果。

2008 年，作为国内电子商务的领跑者，淘宝以其在产品与技术上的先天优势及可移植性，推出手机版淘宝网，进军无线零售领域，支付宝亦推出手机支付业务，而淘宝 WAP 版的推出，更是填补了国内移动电子商务领域的空白，让网络购物随时随地的成为可能。

与传统电子商务相比，移动电子商务具有"随时随地"和"个性化"的特点，更能使人们感受到网络所带来的便利和乐趣。而随着手机网民数量的进一

步增加，手机将成为未来互联网应用最为广泛的终端之一，这已成为一个不争的事实。移动电子商务无疑是未来移动网络时代的一大领域。

此次淘宝"1元秒杀汽车"活动，不仅让手机用户首次领略了移动电子商务的新感受，对其他国内电子商务平台更起到了一个很好的示范作用。我们有理由相信，在不久的将来，会有更多的电子商务平台和用户加入到这个大队伍当中来，推进我国移动电子商务的迅速成长。

资料来源：腾讯新闻，http://news.qq.com，2011-05-20.

➲ 问题：

1. 淘宝手机一元"秒杀"活动体现了移动商务的哪些优势与效益？
2. 淘宝手机一元"秒杀"活动的竞争因素是什么？

第一节　移动商务的优势和效益

全球范围内，移动商务正迅速以各种各样的形式发展着。手机等移动终端用户的不断增长，使得移动商务在企业的商务活动中将有更加广泛的应用，如移动办公、移动数据服务、移动物流监控、移动营销、移动客户服务、移动支付等不断创新的应用使企业能更快地对市场做出反应，且更灵活地参与竞争，管理也更人性化。移动商务可高效地与用户交流，允许他们即时访问商业信息和进行各种形式的通信。移动商务的发展为商业应用带来了无穷的价值和特有的优势。在本节中，重点对移动商务的优势和效益进行分析，同时与传统的电子商务模式进行比较分析，进一步明确移动商务的未来发展。

一、移动商务的优势

移动商务是一种新型的电子商务交易方式。它是由移动通信设备来进行，然后配合使用无线通信网络以及其他有线电子商务科技整合后形成的一种商务模式，即称之为移动商务。移动商务是利用手提移动通信设备经即时连线且高速连线的方式来连接网际网路，以进行通信互动及交易等的相关活动。无线设备的机动性勾勒出了移动商务，也区分出其与传统电子商务间的差异。此外，移动通信设备的主要优势在于能够提供使用者更多、更完整的服务，提升顾客的时间价值。具体来讲，移动商务的优势主要体现在以下几点：

（一）移动商务将提供新的自由

移动商务突破了时空的限制，使人类享受自由的愿望得到进一步的提升。

235

（1）移动商务将提供交易和选择的自由。通过移动通信设备，企业所提供的内容可在任何时间、任何地点到达用户手上。

（2）移动商务将提供关系的自由。移动商务通过利用移动性、个性化和电话与 Internet 的结合，改变了传统商务形式中用户与商家、用户与用户、商家与商家之间的关系。移动商务使许多步骤、人员、信息以及有效商业流程设计变得完全移动化，同时这种移动化可以为整个供应链和相关物流运作以及商务伙伴关系增加价值。

大量的信息、服务以及应用，在现今的网际网络上都可取得，使用者所接收到的信息，是否为其所需要，是相当重要的。

（3）移动商务的自由体现为知识自由。通过自动收集信息、通信和协作进行知识动员，从而增加组织及个人的价值。

（二）移动商务将创造更大的价值

为了使用户满意，移动商务必须提供有价值的服务。但如何缔造有价值的移动商务，必须首先考虑用户的使用。从用户的习惯和方便中找到协助用户提升商务体验的途径，并逐步引导用户在移动商务的路上前行。移动商务的突破口在于对传统商务的升华，而不是重起炉灶。毫无疑问，移动商务将创造更大的价值。

（1）移动商务创造时间价值。移动商务可以大大缩减商务活动的时间，从而创造时间价值。

（2）移动商务可以创造成本价值。虽然移动商务开展之初需要投入大量的资金进行技术开发和基础设施的建设。但一旦建设完成之后，将大大降低商务活动的成本，商家追求的低库存甚至是零库存计划将变为可能。

（3）移动商务将创造自由的价值。自由本身并没有价值，但当自由变成一种习惯，在生活中已不可缺少，人们为了自由宁愿付出相应代价的时候，价值就体现出来了。

（三）移动商务蕴藏着无穷的潜力

移动商务将是一个非常巨大的产业，因为它综合并加快了自由经济中所有的驱动力量。虽然要使移动商务成为商务的主流还需要一段时间，但发展前景无法估量，因为人们具有享受自由的愿望。而一旦尝试了自由带来的便利之后，享受自由将被认为是理所当然的事情，对自由的这种渴望和追求必然会使移动商务的用户群渐渐变大。

（1）有了移动商务技术，人们就可以实现流动办公、移动办公。飞机场、火车站等运输中心，应用移动互联网技术就可把所有工作人员"网"在一起；而企业经理们无论在世界哪个角落，都可迅速发出和获得最新信息。

（2）移动商务随时随地为用户提供贸易、网站控制、商机查询和认证信息等服务，使服务更具个性化，信息的获取更为及时，而网上支付也更加方便、快捷，成为中小企业实现网上贸易追捧的对象。

（3）移动增值业务逐渐成为带动移动运营商业务收入增长的关键业务，其业务种类和组合模式也日趋繁多。可以说，在移动商务领域，对移动增值业务的利用是大有空间可为的。

总之，移动商务的顺利发展为个人用户带来了更加便捷的商务体验，为企业带来了更多的营销贡献，造就了完整的新型移动商务产业链，从而创造更多的产业盈利机会。同时，在移动商务的发展过程中，企业和个人对于移动商务模式具有潜力的、独特属性的最优利用是至关重要的，决定着移动商务的发展。

二、移动商务效益体现

（一）无线性的效益

针对无线通信设备及无线网际网络技术所能带来的效益，移动商务的效益体现在以下几点：

1. 移动性/无所不在（Mobility/Ubiquity）

无线通信不像有线网际网络一样必须受限在有个人电脑的地点，而且还必须有电话线等数据电缆，无线网际网络让用户能够通过随身携带的上网设备随时随地（不论在车上、郊外等地区）连接上网。

2. 速度（Speed）

速度的提升必须等到第三代或经 2.5 代 GPRS 移动通信推出后可能实现。届时，无线网际网络用户不但能享受较高频宽及较低费用的好处，也无须浪费时间在等待连线上，而是（Always on）就地连线。

3. 追踪/定位（Track/Location）

通过移动电话业者的通信网络，用户所在位置能被随时追踪、定位，这项功能提供了潜在的商机。例如，用户可以获得距离最近的加油站在哪里，也可以通过导航服务以避免交通尖峰，这类服务已经开始在欧洲推广。

4. 个人化（Personalization）

与个人电脑比起来，无线网际网络的上网设备更具个人化特色。我们可能会和其他人共用 1 台电脑，但应该没有人会和其他人共用 1 台移动电话或个人数码助理（PDA）。这种个人化的特色，将成为业者从事个人化行销，或提供个人化服务提升优势的利器。

5. 安全性（Safety）

一般认为，移动通信网络的安全性会比目前的有线网际网络高出许多，这应该拜 SIM （Subscriber Identity Module）智慧卡及各种加密技术所赐。SIM 是 GSM 移动电脑内的一小张智慧卡，里面包含用户的电话账户资讯，可以随身携带并可插入任何一部 GSM 移动电话中使用。

（二）移动性的效益

根据移动商务的特性和功能所带来的效益，可以对移动商务所能提供的效益提出了三项说明：

1. 任何时间、任何地点、任意方式可以完成任何作业

Gartner Group 发布的资料中提到，到 2006 年，全世界会有超过 35%的上班族使用移动装置工作，也就是说未来几年会有接近 2.06 亿工作者不必留在办公室，只需通过移动装置即可与公司保持密切的联系与作业。通过掌上（口袋）型电脑、个人数码助理器 PDA、智慧型手机或是各种移动式 IA 等产品，结合无线通信，无论人在哪里，都可轻易在网络上处理各种公司或个人事务。

2. 移动消费与服务模式

随着无线网络传输环境的普及，在不久的未来，移动商务使用者将超过固定网络电子商务使用者。移动商务中最重要的商业应用首推通过移动装置的购买与消费，随着即时性移动服务的便利性、使用习惯的建立与服务项目的多元化，通过移动装置购买的行为会越来越普遍，从而形成新的销售管道。

3. 个人化移动媒体的资讯传播威力

移动商务的另一项延伸服务即是移动媒体，简单地说是一种以机制为媒介的传播。

（三）综合效益体现

综合上述的两方面的效益，可以认为移动商务的效益体现在以下几个方面：

1. 无所不在（Ubiquity）

移动通信设备提供了使用者在任何地点即时接收资讯以及进行交易的行为。

2. 便利性（Convenience）

由于无线设备的便捷及易接近性，使得人们不再因为时间或地点的限制而无法进行电子商务的活动。

3. 区域性（Localization）

由于通过 GPS 的科技可以精确地掌握使用者的位置，因此可以通过全球定位科技来进行因地制宜的区域行销（Location-based Marketing）。

4. 个人化（Personalization）

由于便利性及区域性的基础，使得移动商务能够涉及个人化的多样讯息，包括视觉及听觉上的选择。

三、与传统电子商务模式的比较分析

移动商务的优势很大一部分体现在其对传统电子商务的继承和超越。移动商务虽然建立在传统电子商务的基础上，但却有别于传统的电子商务模式。移动商务的优点和作用更多地体现在其与传统电子商务的比较上。

（一）特性比较

与传统的电子商务相比，移动商务具有许多独特的优势。首先，移动商务具有随时随地的特点。与传统的电子商务相比，移动商务的最大特点是"随时随地"和"个性化"。

其次，移动商务的用户规模比传统电子商务更具优势。显然，从电脑和移动电话的普及程度来看，移动电话远远超过了电脑。而从用户群体来看，手机用户中基本包含了消费市场中的中高端用户，而传统的网络用户中以缺乏支付能力的年轻人为主。

此外，与西方国家相比，目前中国银行卡的使用率不高，商业信用体系尚不健全，个人信用体系缺位。银行卡使用率低、使用网点少等现实问题的存在，给移动商务发展提供了机遇。一些专家认为，在中国，以移动终端为载体的移动小额支付，有可能代替信用卡，弥补整个社会消费信用制度的缺位，成为人们较为容易接受的新型电子支付方式。

（二）商务应用比较

移动商务更适合大众化的商务应用。由于基于固定网络的电子商务与移动商务拥有不同的特性，移动商务不可能完全替代传统的电子商务，两者是相互补充、相辅相成的。移动通信所具有的灵活、便捷的特点，决定了移动商务应当定位于大众化的个人消费领域，应当提供大众化的商务应用，因此 B2C 可能成为移动商务发展的主要模式。

同时，移动商务时代是四个身份即姓名、身份证号码、通信号码、信用卡号码统一的时代。由于这种特有的商业特性，互联网价值将逐渐向移动网络迁移。这样的迁移将会造就新的商业模式，运营商将会出现从通信运营到信息运营的转型。

未来的移动商务市场将主要集中在以下几个方面：自动支付系统，包括自动售货机、停车场计时器、自动售票机等；半自动支付系统，包括商店的收银柜机、出租车计费器等；日常费用收缴系统，包括水、电、煤气等费用的收缴

等；移动互联网接入支付系统，包括登录商家的 WAP 站点购物等。

（三）发展比较

移动商务能够有效规避传统电子商务出现的泡沫。近年来，互联网经济大起大落，电子商务曾跌入低谷。一些电子商务网站之所以在上一轮网络泡沫中悄然倒下，关键是传统的电子商务缺乏现实的用户基础，没有良好的盈利模式，搭建起的是一幢没有支撑的空中楼阁。

总之，归结移动商务与传统电子商务的区别，最关键的最基础的区别还是在于访问终端和通信网络。移动商务一般使用便携式计算机或者支持 WEB 访问功能的手机，而电子商务使用的是台式电脑或者笔记本电脑；移动商务主要通过移动网络进行通信，电子商务活动则主要通过有线网络进行。

第二节　移动商务发展的推动因素

移动商务的内涵在于为移动用户提供自由和价值，彻底改变消费者的生活结构。移动商务的发展并不是一个简单的过程，而是涉及与之相关的各个方面。要真正取得移动商务革命的成功，还必须重视和了解移动商务发展的推动因素。在中国，移动商务未来市场总体将获得持续发展，特别是 2008 年奥运会、2010 年世博会，都为移动通信及其商业数据应用提供了很高需求。据赛迪顾问统计，2006~2010 年中国移动商务产业年均复合增长达 35.68%，产业规模到 2010 年底已经实现 260.72 亿元。在本节中，主要介绍推动移动商务发展因素的相关内容和中国发展移动商务的优势所在。

一、移动商务发展推动因素

（一）技术推动因素

3G，IPv6 时代的到来成为推动移动商务有力的技术因素。第三代移动通信（3G）和互联网的发展，为移动商务提供了很好的技术支持和商业运行环境。目前，移动应用即将跨入 3G 时代，而 3G 的最大优势在于能带来 2G（或 2.5G）无法实现的高速无线数据通道，能传送大容量的影像传输流量，实现高速率的可视通话、视频监控、高速上网等功能，使手机变成真正的多媒体终端，真正体现移动商务的便利性与即时胜。

IPv6（下一代互联网）信息技术近年取得了实质性突破。IPV6 的主要优势体现在以下几方面：扩大地址空间、提高网络的整体吞吐量、改善服务质量

（QoS）、安全性有更好的保证、支持即插即用和移动性、更易实现多播功能。其中最突出，最实用的优点就是 IPv6 可以拥有无限的地址，大大地扩大了地址空间，恢复了原来因地址受限而失去的端到端连接功能，为互联网的普及与深化发展提供了基本条件。

（二）社会推动因素

信息化的深入普及成为推动移动商务主要的社会因素。目前多数企业用户以及政府、教育部门已经建立起一定的信息化应用基础，很多行业用户已实现了 OA、财务管理等方面的信息化，还有一些企业实现 ERP、CRM 和 SCM 等方面的应用，这些应用为移动商务提供了坚实的社会基础。移动商务是基于企业已有管理软件的增值型应用，越是信息化成熟的企业对移动商务的需求越是强烈。因此，移动商务市场必将伴随信息化的深入普及而快速增长。

（三）经济推动因素

经济全球化的发展成为推动移动商务的经济因素。随着全球经济的不断发展，移动商务将逐渐成为未来商务的主流模式。在经济水平高度发展的今天，几乎每个人都拥有移动终端设备（移动电话），为移动商务的推广奠定了良好的应用基础。同时，经济的快速发展使散落在地球各地的人都可能产生交流，而移动商务的开展使得产生交流的这种可能可以迅速转变成事实。因此，全球经济的发展和变迁会不断推动移动商务的迅速发展，也会不断扩大移动商务带来的各种效应。

（四）内在推动因素

企业的业务需求构成了内在推动因素。企业用户的关键业务目标，①追求良好的客户服务，即尽量提高客户满意度，以吸引新客户，维护老客户；②追求卓越的处理能力，包括简化业务流程，提升自动化能力；③追求卓越的运营力，提高员工的生产效率，降低生产成本；④实现规范管理，包括进行有效的风险管理，实现管理的透明度；⑤追求持续性的行业领导地位，不断优化业务组合和业务配置，实现科学的价值定位。为了实现这些目标，企业的需求是：在协同管理系统方面，需要对外部出差人员的行踪和各项任务执行情况进行跟踪，需要动态的应急调遣和指挥；在企业信息管理方面，需要弥合上游供应商和下游经销商的缝隙，实现对下游分销情况、库存和客户信息的实时了解。所有这些需求，利用传统的信息技术手段已难以达到，这就构成了企业对移动商务的内在驱动。

（五）外部保障因素

商务模式的改进与用户消费意识的提升构成了外部保障因素。在 3G 技术的推动下，宽带传输、手持终端、终端数据等技术表现形式将获得进一步发展，必然催生出各种可行的移动商务模式。目前在公安、交通、金融等行业应用领域，正在推出多种移动商务和移动信息化整体解决方案，并实现了由部分试点到全面启动的突破。其中，"手机银行"、"移动证券"、"警务通"、"集团彩铃"等移动商务服务，已在一定程度上普及和推广，这自然会吸引大批客户，客观上也激发了用户的消费兴趣和意识。

因此，随着技术、社会、经济、内在和外部的各个因素的不断融合，移动商务有望成为下一代的市场，吸引全球各个领域的人们都参与其中。目前，全球的移动商务正在全面展开，移动商务的应用也开始深入各行各业。在未来，移动商务必将成为商务发展的新模式。

二、中国发展移动商务优势

近年来，移动商务的发展在全球范围掀起了新高潮。日本在移动商务方面处于领先地位，建立在宽带基础上的第三代移动通信（3G），具有可视电话、数码照相、数码摄像及高速上网等多媒体功能，构筑了移动商务的高速信息传输平台。欧洲很多国家开发的用移动电话支付的自动售货机业务已受到广泛关注，用移动电话订票的应用正在逐步推广。随着移动商务在全球的不断应用发展，中国也逐渐加入到移动商务应用的洪潮中，并不断显示出其发展移动商务所具有的各项优势。

（一）增长的用户基础

移动商务的全面应用还要依赖于其不断增长的用户基础。有需求才会有应用的发展，因此，增长的用户群是移动商务不断扩张的又一基础。

拥有庞大的用户群体给经营者提供了网络效应（Network Effect）。用户是移动商务发展的核心。大量的用户意味着电信运营商的实力，会促使更多的内容提供商加入到经济产业链中，吸引更多的用户，从而使电信运营商更具实力，走向良性循环的境界。

近年来，中国移动通信发展迅猛，市场不断扩大，庞大的用户群体给运营商提供了网络效应。截至 2011 年 4 月底，中国移动电话用户已经突破 9 亿，笔记本保有量也已从 2006 年的 800 多万台实现翻番，它们必将成为移动商务市场的巨大"金矿"。根据赛迪顾问的统计，2010 年，行业移动定位服务市场达 30.87 亿元，5 年的复合增长率高达 61.71%；个人移动定位服务市场也达到 29 亿元，5 年的复合增长率为 80.58%。

有调查显示，中国移动用户的年龄以年轻人为主，主要集中在 20~35 岁之间（比例为 84.0%）。这其中包含了消费群体中的中高端用户，这些用户有追求时尚的需求，又具备一定的经济能力，他们愿意支付一定的费用来获取移动个性化服务。同时，随着手机上网观念的深入，利用 GPRS 手机上网受到不少高端用户的青睐，GPRS 手机发展很快，已占用户的 12.2%。调查还显示了手机市场消费需求的主要期望是对手机功能的期望。调查表明，手机用户已不满足于现有语音与网络功能，人们希望它能具备更多的功能。

由此可见，消费者对于手机功能的期望，不仅仅是一种通信工具，一种便携产品，更希望手机尽可能地整合一些娱乐功能特别是音乐功能以作随身消遣之用。

（二）底层技术基础

移动商务的快速发展还得益于无线通信技术的迅速发展。3G 技术、IPV6 技术、短信技术等都为移动商务的发展提供了强有力的技术支持。未来，随着移动商务底层技术的应用融合，无线通信产品将为人们提供速率高达 2Mb/s 的宽带多媒体业务，支持高质量的话音、分组数据、多媒体业务和多用户速率通信，这将彻底改变人们的通信和生活方式。同时，3G 作为宽带移动通信，将手机变为集语音、图像、数据传输等诸多应用于一体的未来通信终端，将进一步促进全方位的移动商务的实现与开展。

目前，中国在无线通信的底层技术方面也已经走在了前面，中兴通讯、大唐、华为、首信、东信等民族厂商为主的电信企业都具备了生产第三代移动通信器材的实力。在 CDMA 技术上，中国也具备了同世界顶尖公司竞争的实力。

（三）移动通信运营商的推动

中国移动通信运营商均属国有企业，毫无疑问将在移动商务市场上获得一些政府的倾斜与支持，这将对企业在市场竞争中的地位产生巨大影响。同时，移动通信运营商的国有大型企业背景，也使中国的移动通信运营商具有雄厚的资金基础，推动移动商务的变革应用。

目前，中国的移动通信运营商主要是中国移动、中国联通和中国电信，他们对网络资源的垄断，导致其在未来的竞争中居于主导地位，并且具有巨大的品牌影响力。2000 年 11 月 10 日中国移动携 6000 万手机用户，率先启动了"移动梦网创业计划"，核心是"以客户聚集者的身份架起服务提供商与用户之间的桥梁，现有的 WAP 平台、短消息平台均可向合作伙伴开放"。由此可见，中国移动实质上要成为中国移动商务市场的搭建者和管理者。以移动梦网为中心，聚集起众多的移动商务服务提供商，向其手机用户提供手机增值服务。

2001 年 8 月 1 日开始，中国联通在全国 29 个省、市、自治区开通以"联通在信"为品牌的无线数据业务，以后将陆续在全国其他省市推开，这标志着中国第二大移动运营势力也正式加入到移动商务市场的争夺中来，势必极大地推动移动商务应用在中国的开展。

243

同时，中国银联开通的移动销售终端服务（POS）业务，使移动商务业务突破信息商品的范畴，可以用预订票、购物等，实现了不受时间、地点、路线限制的商务交易活动。经过几年的发展，现有的移动商务服务内容非常丰富，网上购物、网上金融服务、网上支付、电子彩票、电子钱包、手机邮箱、新闻浏览等。随着第三代移动通信的到来 中国的移动商务业务将得到更大的发展，用户也将得到越来越广泛、越来越丰富的服务。

（四）政府扶持和监督

国家的扶持政策，使中国移动商务迅速发展成为可能。同时，政府在发展移动通信的过程中，也大力推动内容服务提供商的发展，并同与移动商务应用有关的企业共同合作，重视和发展移动商务，制定出相应的科学战略规划和相关策略。

当前，中国经济社会发展进入了新的历史阶段，中国政府已经指明了信息技术应用在建设节约型社会中的重要地位。2005 年，在"十五"计划的最后一年，也是衔接"十一五"发展的重要一年，为了适应电信行业向信息服务大行业转型的新形势，加快发展移动通信使其成为推动行业增长的三大引擎之一，电信监管部门结合市场发展状况，加快法制建设，积极推进资费管理改革，加强互联互通和服务质量管理，为移动通信行业的健康持续发展创造良好的政策环境和公平、公正的市场环境。

中国政府的积极推动，使得中国的移动商务行业蓬勃发展。移动支付、移动娱乐、移动银行、移动旅游等移动商务的应用也开始深入人心，获得了良好的市场反应，进一步使中国融入到全球移动商务应用的洪流中。

第三节　移动商务发展的制约因素

移动商务是 21 世纪的主要生存方式，它不仅是企业竞争的利器，更是直接关系到国家生产力与贸易竞争力的重要因素。移动商务不仅是一场科技战，也是一场商战，是一场看不见硝烟的争夺经济持续发展制高点的综合战。但是，移动商务在为企业和社会带来新的机遇的同时，也面临着巨大的挑战。在本节中，主要介绍目前移动商务发展面临的制约因素、中国移动商务发展问题等相关的方面。

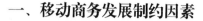

移 动 商 务 导 论

一、移动商务发展制约因素

任何新兴事物的发展都有曲折的过程，移动商务也不例外。作为技术和商务需求相结合的产物，移动商务的发展也面临着各种各样的难题，其中主要涉及的有安全问题，隐私问题，认证问题，配送与支付问题，传统观念问题，行业规范问题等各个方面。

（一）安全问题

尽管移动商务给人类的生活和工作带来了诸多优势，如减少服务时间，降低成本和增加收入等，但安全问题仍是阻碍移动商务进一步推广应用的"瓶颈"。目前，无线设备仍然缺乏足够的内存和运算能力来运行大多数病毒扫描程序和入侵检测的程序，这使移动商务的安全性受到潜在使用群体的质疑，不利于移动商务的推广和发展。

1. 网络本身的威胁

移动通信网络可以不像有线网络那样受地域环境和通信电缆的限制就可以实现开放性的通信。无线信道是一个开放性的信道，它给移动用户带来随时随地通信自由的同时，也带来了诸多不安全因素：如通信内容容易被窃听、截取、篡改以及通信双方的身份容易被假冒等。

2. 无线 Ad hoc 应用的威胁

无线 Ad hoc 网络是由一组自主的无线节点或终端相互合作而形成的，独立于固定的基础设施，并且采用分布式管理的网络。Ad hoc 网络和传统的移动网络有着许多不同，其中一个主要的区别就是 Ad hoc 网络是一种没有有线基础设施支持的移动网络，网络中的节点均由移动主机构成，并通过移动节点间的相互协作来进行网络互联。目前，Ad hoc 网络正在逐步应用于商业环境中，但由于其网络的结构特点，使得 Ad hoc 网络的安全问题尤为突出。Ad hoc 网络的一个重要特点是网络决策是分散的，网络协议依赖于所有参与者之间的协作。攻击者可以基于该种假设的信任关系入侵协作的节点。

3. 网路漫游的威胁

网络漫游使无线网络中的攻击者不需要寻找攻击目标，攻击目标就会漫游到攻击者所在的小区。在终端用户不知情的情况下，信息很有可能被窃取和篡改，服务也可能被经意或不经意地拒绝。无线媒体为恶意用户提供了很好的藏匿机会。由于无线设备没有固定的地理位置，它们可以在不同区域间进行漫游，可以随时上线或下线，因此它们很难被追踪。因此，对无线网络发起攻击会是攻击者的首选，尤其随着无线设备数量的增长，这种趋势也越来越明显。

4. 无线设备本身的威胁

无线设备另一个特有的威胁就是**容易丢失和被窃**。由于没有建筑、门锁和看管保证的物理边界安全以及体积小等特点，无线设备很容易丢失和被盗窃。对个人而言，移动设备的丢失意味着别人将会看到电话上的数字证书，以及其他一些重要数据。利用存储的数据，拿到无线设备的人就可以访问企业内部网络，包括 E-mail 服务器和文件系统。

（二）隐私问题

无线通信的主要优势是能够提供基于地理位置的服务。定位技术能使无线运营商为紧急救援人员和其他团体提供非常精确的用户定位信息。这类信息使出现紧急情况的个人、无线广告客户和消费者受益匪浅，但同样引发了人们对隐私问题的关心。

1. 垃圾短信息的问题

在移动通信给人们带来便利和效率的同时，也带来了很多烦恼，遍地而来的垃圾短信广告影响着人类的生活垃圾短信的蔓延使得人们对移动商务充满恐惧，而不敢在网络上使用自己的移动设备从事商务活动。

2. 定位业务的潜在问题

定位是移动业务的新应用，其技术包括：全球定位系统（Global Positioning System，GPS），该种技术利用 3 颗以上 GPS 卫星来精确（误差在几米之内）定位地面上的人和车辆；基于手机的定位技术 TOA，该技术根据从 GPS 返回响应信号的时间信息定位手机所处的位置。

定位服务在给人类带来便利的同时，也影响到了个人隐私。利用这种技术，执法部门和政府可以监听信道上的数据，并能够跟踪一个人的物理位置。如果定位技术被恐怖分子利用，他们通过定位通信用户的位置，可以对其抢劫和绑架而实施犯罪活动。

3. 法律漏洞的问题

传统电子商务的迅猛发展推动了相关的立法工作。目前，已经有 60 多个国家就电子商务和数字签名发布了相关的法规。美国 1995 年犹他州颁布的《电子签名法》则是全球最早的电子商务领域的立法。同样地，移动商务的发展也需要法律的支持。

（三）认证问题

移动商务可以开展移动股票、移动证券、移动采购、移动支付等多种类型的移动交易。而这些交易的安全性，尤其是在采用手机这种"非面对面"、"非面向连接"的交易方式时，除了交易本身的安全之外，交易者的身份真实性与交易的不可抵赖性就显得尤为重要。这就涉及手机的认证问题。

1. 现有认证机制的限制

在网络中，通过移动设备进行的交易如果受到突发状况被中途打断，再刷新连接时不进行重新认证。这种机制引起的连接重新建立会给系统引入不安全因素。没有再认证机制的交易和连接的重新建立是危险的。目前手持移动设备最大的问题就是缺少对特定用户的实体认证机制。

2. 无线基础设施和移动设备本身的限制

目前，移动通信基础还很不健全，仍然存在着各种各样的安全隐患和认证技术上的障碍。同时，由于移动设备内存和处理能力等方面的限制以及其自由灵活的特性，使得普通的认证安全机制无法简单地移植到移动商务应用中，必须针对移动特性进行再设计和再创造。

（四）配送和支付问题

1. 物流配送的问题

与传统电子商务一样，物流配送始终是困扰移动商务发展的一个难题。配送手段落后、速度慢，无法满足顾客的配送要求；运输仓储企业各自为政，不能进行有效的协调和组织；行业性、区域性、全国性的物流配送中心及配送体系还不完善，没有使用先进的物流配送技术，也没有有效的物流配送模式。

2. 支付体系的问题

移动商务需要优质、高效、快速、安全的电子金融作为保障，而目前的金融大多采用现金结算、邮局汇款、银行汇款等传统支付方式，未能实现整个环节的电子化。要实现移动商务，就必然要求由移动银行来完成支付和结算，实现"移动支付"。目前，社会商业信用体系还不是很健全完善，移动用户还没有实现完全的实名制。这就为恶意透支等欺诈行为留下了潜在的机会，也使移动运营商和银行对此有所顾忌，并影响了他们对移动支付推广的积极性。

（五）传统观念问题

1. 传统运营模式的限制

移动商务是一个新兴的商务模式，与传统电子商务发展模式截然不同。因此不论是服务提供商抑或是企业均必须极力摆脱传统内容服务和传统营运模式的限制，并拟定进入的最佳策略，才可赢得切入市场的最佳时机。

2. 传统购物模式的限制

对个人用户而言，移动商务所带来的移动购物、移动支付等形式也异于传统的购物模式。并且部分消费者认为移动购物会丧失逛街购物的乐趣感，不肯轻易相信移动商务带来的便利。

（六）行业规范问题

移动商务作为新兴业务，目前尚缺乏明晰的行业规范，包括准入政策、监管政策、网间漫游、资源共享、服务质量保障、服务规范制定等，都需要有明确的规定才能支持市场的健康发展。移动商务的运营模式和盈利模式大多在探索之中，产业链主体不明，在 3G 时代电信运营商向综合信息服务商转型的趋势下，运营商、SP（增值服务商）、应用开发商等之间的关系将更复杂。各方都希望在移动商务产业链中争取更加有利的地位，但是只有通过多方合作才能使 3G 移动商务服务的内容更充实、更多样化。因此，产业链各方如何平衡利益而实现多赢，并为用户带来移动商务价值，还需要更多的探讨。

二、中国移动商务发展问题

作为移动商务发展的主要国家，中国发展移动商务也面临着诸多难题，其主要体现在以下几点：

（一）移动商务人才匮乏

移动商务是信息现代化与商务的有机结合，需要大量的掌握现代信息技术的现代商贸理论与实务的复合型人才。目前，企业信息化进程日趋加快，移动商务必将成为企业经营信息化的又一重要手段。如果不重视人才的培养或人才培养滞后，那么，人才短缺问题就会成为制约中国移动商务发展的诸多问题中最根本、最紧迫的一个。

（二）移动通信的技术限制

移动商务以移动通信技术为基础，它必然受到移动通信技术发展水平的限制。

（1）移动终端设备性能相对低下。随着终端设备功能的增强，支持业务的增多，需要处理的数据必然增加，这样对移动终端的处理能力就有了很高的要求。更加严重的问题是，移动设备的功能越强大，意味着能量消耗越大，其电池供电时间就会缩短，因此降低了移动终端的便携性。

（2）移动通信网络数据传输率较低，安全性还不高。现有移动通信网络的传输速率和 3G 比起来还相差较远，不足以支撑各种移动商务业务的全面展开，而且其安全性也比较低，基于 WAP 的机制没有端到端的加密。移动通信的安全性还应该通过各种方式进一步增强，如电子签名、认证和数据完整性等。

（三）移动商务的商业模式有待巩固

目前，中国虽已形成了以运营商为主导的商业模式，但内容提供商和手机提供商的实力较弱。内容提供商也仅限于几家门户网站或运营商本身的业务开发部门，广大中小型企业还没有足够的热情参与其中，市场还没有形成良好的公平竞争局面和"百家争鸣、百花齐放"的繁荣场景。

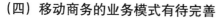

（四）移动商务的业务模式有待完善

中国移动、中国联通和中国电信现有的及即将推广的移动商务服务，其主要还是以推式服务和拉式服务为主。所谓推式服务是区别于自助餐式服务的一种服务形式，主要用于公共信息发布，包括时事新闻、天气预报、股市行情、旅游、招聘等信息，属于一种个性化的信息服务。拉式服务主要用于信息的个人定制接收，包括航班信息、影院安排、火车时刻表、娱乐信息（音乐、图片下载）等。而移动商务提供的最常用的交互式服务却没有得到很好的发展。交互式服务包括电子购物、博彩、游戏、证券交易、在线竞拍等。交互模式克服了时间和空间的阻碍，使用户体会"面对面"的优越性。交互式服务使移动商务平台更加丰富多彩，真正吸引用户的注意力。

（五）移动商务的立法有待解决

目前，中国移动业务经营中存在强定制、偷定制、诱定制的不规范行为。所谓强定制，就是默认定制，运营商在不告知用户的情况下，为用户开启某项业务并收取费用。所谓偷定制，就是给用户发送一些内容普通但非常温馨的短信，用户毫无戒心地简单回复结果竟被视为某项业务的定制信息。而诱定制的触角更是遍布电视、广播等媒体。有的以大奖为诱饵，有的以栏目感召力为诱饵，更甚者以不健康内容吸引移动用户投票、竞猜或者发表评论来赢取礼品、参与互动，其实质是含糊其辞，诱定制让用户开启某项业务并收取费用。

249

第四节　发展移动商务应采取的对策

目前，移动商务的发展还存在各种各样的困难。但是，不可否认的是，移动商务的开展是不可逆转的趋势。因此，在推动移动商务发展的过程中，针对移动商务发展中可能存在的问题，要采取相应的对策，促进移动商务的全面发展。

在本节中，主要介绍移动商务的企业和政府战略、开展移动商务的具体策略以及中国移动商务发展所应采取的相关对策。

一、移动商务战略

科学的战略规划是移动商务发展的必要条件，从国家到企业，必须有科学制定战略规划的能力，明确移动商务的挑战和市场机遇。

（一）企业移动商务战略

无论是移动商务还是传统的电子商务，其核心都应该是企业，电子商务能否成功关键是看它能不能为企业节约成本，为企业赚钱，让企业更方便地发展业务。

企业战略规划是指企业制定的、使企业的经营目标与它的经营能力及变化中的营销机会相适应的一系列计划，战略是从以往的经历中总结出发展模式。未来的成败取决于塑造市场的能力，总体战略设计就变得至关重要。在移动商务发展之路中，企业需要在掌握移动商务有关信息的基础上，及时抓住机会，确立目标，采取行动。

战略是企业长期适应性的调整，特别是移动商务的战略，它取决于市场方向，需要有整体思考和长远目标。具体来讲，企业在推动移动商务发展的过程中，要注意以下的战略原则。

（1）追求经济效益。

（2）加强教育培训。

（3）注重应用普及。

（二）政府移动商务战略

移动商务的发展，除了相关企业包括移动通信运营商、终端设备制造商、应用开发商和内容服务提供商等的努力和通力合作外，政府也应该大力扶持整个产业。

政府和企业共同密切关注和重视移动商务，分别制定出相应的科学战略规划是移动商务健康发展的必要条件。

移动商务政府具体战略规划主要是做好移动商务的发展规划和宏观指导，建立移动商务框架，培育移动商务发展环境，组织并参与国际合作等。

二、移动商务具体策略

（一）加快移动技术开发和基础设施建设的力度

移动商务首先需要先进的技术和一大批的基础设施作为保障，这笔投入非常巨大，许多企业可能无法承受这笔投入和潜存的风险。所以，可以由政府牵头，采取股份制经营的形式，联合一些有实力的企业共同开发先进技术，共同完成基础设施的建设，按股权多少来分享移动商务的成果。

（二）快整合移动服务运营商，制定相关的行业标准

相关职能部门应该发挥宏观管理者的作用，尽快协调各大运营商之间的关系，制定相关的行业标准，使移动商务的竞争在一个公正、透明、有序的环境下进行。

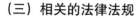

（三）相关的法律法规

法律法规不只保护移动商务运营商的利益，还保护普通消费者的利益。移动商务的法律法规的制定是一个过程，对于发展过程中出现的新问题，应该及时进行补充。法律法规的制定要与时俱进，适应移动商务发展的新形势。

（四）加快物流配送环节的建设和移动支付技术的革新

建立全国性物流配送中心，在各中小城市设立分支配送机构，将物流仓库转变成为智能仓库；采取邮局和企业共同经营等多种配送方式，充分发挥现有配送中心的潜力，提高物流配送的效果和效率。同时，加快移动金融体系的建设，发展移动银行，完善移动支付的手段，提高移动商务支付的安全便捷性。

三、中国移动商务发展采取的对策

为了促进移动商务在中国的发展，中国的各方力量均采取了相关的对策，使移动商务的发展取得了一定的成效。中国移动商务发展采取的主要对策是：

（一）推动政府信息化

从中国开始实施"政府上网工程"以来，各级政府机关完成或正在进行政务办公的信息化改造，应用项目的实施进入了良性循环。政府信息化建设的普及，树立了各级政府的高效办公、透明管理的新时代形象，同时为广大人民群众提供了极大的便利，也丰富了网上中文信息资源，拉动 IT 行业的需求并带来巨大的商业机会，为中国信息产业的健康发展形成了一个良好的"生态环境"，对推进社会信息化进程具有十分重大而深远的意义。

（二）制定和完善移动商务的有关政策法规和技术标准

为了建立健康的移动商务应用环境，保障移动商务有关政策、法规和标准的连续性和一致性，需要联合包括政府有关部门、科研机构、企业在内的有关力量，制定和完善移动商务的有关政策法规和技术标准，构造适合移动商务发展的法制环境。为保证移动商务的规范化操作，应组织有关企业、研究单位进行移动商务的标准制定，这些标准应符合中国的实际情况，并积极向国际通用标准靠拢，以便今后与国际接轨。

（三）扎扎实实地抓好企业信息化

移动商务的发展为企业开展业务提供了最佳的机会和舞台，但企业内部信息系统的建设是开展移动商务的基础，没有企业信息化的基础，移动商务的实现是不大可能的。企业利用信息化改变了自己的战略思考与视野，推动经济直接化、虚拟化，拓展自己新的生意空间。在这个过程中，企业转变传统的商务观念是非常重要的，要把移动通信和无线 Internet 应用到企业的生产、销售、客户服务和供应链管理的全过程，升级计算机基础设施，开发网络支持系统和内部技术潜力，满足客户对新增信息供应的要求，以转换和扩展业务流程来适应无线 Internet 时代的发展需求。

（四）大力推动信息基础设施与无线 Internet 的应用发展

在移动通信技术、无线 Internet 等信息技术和跨国公司的推动下，贸易自由化、生产国际化、经济一体化突破国家和地域的限制，商品、服务、生产要素与信息的跨国界流动的规模与形式不断增加，国际分工不断加深，世界市场范围内配置资源的效率不断提高，因此，必须建立移动商务基础设施平台，进一步打破信息基础设施特别是信息网络的垄断，保证公平接入和互联互通，反对信息服务的行业垄断。

（五）加强移动商务的安全保障体系的建设

科学技术进步为全球各国的法律体系带来很大的挑战。隐私就是一个问题，它影响了 Internet 和无线通信技术在全球各地的普及，人们通过无线设备（如 PDA、手机和传呼机）进行通信时，个人隐私更容易遭到威胁，传输的信息会被中途截获，用户所处的位置会被精确定位。所以，一方面，应提供更为有效的无线通信技术防止个人信息被盗，更详细的标准用于避免个人隐私泄露；另一方面，应建立优质的安全移动交易系统，加强移动安全系统专人管理。除隐私问题外，立法机关在为 Internet 和无线通信制定法规时，还必须解决与知识产权、网络犯罪和垃圾邮件有关的法律问题。

（六）加快支撑移动商务的物流配送体系和金融体系的建设

目前，中国经济发展已初步具备了发展物流与配送的经济环境和市场条件。只要定位准确，运作合理，中国邮政在移动商务的大潮中必将获得新的生机，其前景十分可观的。在金融体系支撑方面，移动金融业务服务推动了金融体系快速发展。为适应国内客户对移动金融服务的迫切需要，手机金融的各项服务为移动客户提供了极大的方便。同时，应加快完善移动商务的支付系统的建设，尽快制定中央银行在移动商务中的总任务、目标、职责法规，以及商业银行和其他金融机构在中央银行的方针、政策、法规、指导和约束下开展移动银行、移动股票交易等职责和权限划分。

（七）各行业联合互补，形成供应链

为支持移动商务在金融、电信、邮政、航空、医药、制造业、交通业等重点领域的应用和发展，各行业必须走联合互补的道路，从码头、车站、机场、仓库、集装箱、转运配送站和车辆等的总体建设和配套设施来考虑建立与之协调和相适应的现代化物流体系，树立与竞争对手既有竞争又有合作的观念，把各行业集成在一起，形成完整的供应链，使参与移动商务运作的企业得到一个集中的局域网环境，为移动商务的开展创造一个低成本的实物流转和配送平台。

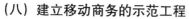

（八）建立移动商务的示范工程

通过建立移动商务的示范工程，提高企业管理层及公众对移动商务的认知程度，推动企业参与移动商务，扩大移动商务市场的规模。该工程旨在重点解决移动商务发展的"瓶颈"问题，优化移动商务环境，提高移动商务交易数量和额度。我们可以在一些管理和经营特点比较适合移动商务发挥领域中推行移动商务，让这些领域中的企业先行动起来，获得成功，在取得经验的基础上，再带动其他企业。对于那些经济比较发达、信息化程度较高、领导重视、对移动商务有需求和有效益的地区，应鼓励他们不失时机地发展各种方式的移动商务以发挥其示范效应，以便在移动商务与传统商务的结合中逐步扩大移动商务比重的做法。对于积极开展移动商务的试点的单位，应在资金、税收、宣传等方面给予大力的支持，积极帮助企业解决困难，才能保证中国移动商务实现良性发展。

（九）发展移动商务与产业结构调整和升级紧密结合

移动商务的发展必将带来社会经济的大调整，为此，应及时进行产业结构的调整和升级。要未雨绸缪，减少对可能衰退的行业的投资，尤其是要防止重复建设，将这一部分节约下来的资金投入到有发展前景的新兴产业和老企业的技术改造和革新上去。大力发展企业与企业之间移动商务，即 B2B，促进无线网络企业和传统企业的结合，发挥各自的资源优势，实现互补。还要大力鼓励企业创新，重视企业的核心竞争力的培育和经营，培育中国的品牌企业和支柱企业，开发具有特色和优势的产品，不断加强企业在移动商务时代的竞争力。

（十）对发展移动商务实施一定的鼓励和优惠政策

为了促进全社会电子信息化的进程和移动商务的发展，在一定时期内可采取一些优惠政策和鼓励措施。在企业实施移动商务采用供应链优化管理取得成本降低效果以前，政府与有关方面减少其经营移动商务的税费，以有利于推动移动商务的发展。为了推动移动商务的普及，还应降低移动设备的价格，手机的使用费用等。

（十一）加强人才培养，鼓励创新与学术自由发展，形成一个良好的环境

移动商务实现的关键最终仍然是人。从整个社会看，移动商务首先是个社会系统，社会系统的中心是在其中活动的人；从行业的角度看，商务系统实际上是由围绕商品交易的各方面的代表和各方面利益的人所组成的关系网；从移动商务本身看，虽然我们充分强调无线网络技术和移动通信技术对交易活动的促进作用，但归根结底，其关键作用的仍然是人。所以，我们必须重视人在移动商务中的决定性的作用。移动商务是现代移动通信技术、网络技术和商务的有机结合，所以能够掌握运用移动商务理论和技术的人必然是掌握现代移动通

253

信技术、现代商贸理论与实务的复合型人才。而一个国家、一个地区能否培养出大批这样的复合型人才，就成为该国、该地区发展移动商务的最关键因素。

（十二）加强国际交流

中国政府和企业要积极参与国际对话，在建立一个国际社会能够普遍接受的移动商务国际框架的努力中发挥自己的影响和作用。目前的移动商务国际谈判主要集中在少数发达国家之间，这样的国际磋商机制与无线 Internet 的基础原则是不符的，对形成移动商务的国际框架也是不利的。我们应当力争在移动商务的对话中吸收更多的国家参加，尽可能地呼吁在移动商务框架的制定中听取不同区域组织、不同国家政府和不同规模企业的意见。

第五节　移动商务市场预测分析与展望

移动商务的发展主要取决于移动 Internet 的用户数。当然移动终端的性能、价格以及移动商务提供的应用质量也将会很大程度影响移动商务的使用程度。因此，在推动移动商务发展的时候，要注意各方面因素的融合。在本节中，主要对移动商务的市场进行分析，并对移动商务的未来发展进行预测和展望。

一、移动商务市场分析

使移动技术的发展和应用最大化的满足移动用户对移动商务的需求，是开展移动商务应用的基础。但对运营商和开发商来说，只有移动用户对新业务从接受到能经常性使用，才意味着移动商务应用的成功开展，这就涉及移动商务应用市场的开拓。

不同类型的消费者对任何一种新技术的市场应用存在不同的接受阶段。移动商务同样如此。运营商可以根据移动用户接受的阶段性，对消费者群体进行市场细分，大致可分为以下几类：

（一）移动商务早期市场

早期移动商务市场的客户主要是由创新采用者和早期采用者构成。他们或者热衷于技术，或者能够预见这种新技术产品的市场潜力。全球最近出现一群"Smart Mobs"族，他们属于移动商务早期市场重要的客户组成。著名网络学者霍华·莱葛（Howard Rheingold）为他们下了定义：他们是一群会用网络、手机等科技，互相沟通、串联并参与特定族群活动、做出实际行动的人。他们的出现引发了全球新一波消费文化革命。

1. 创新采用者

创新采用者积极追求新产品，乐于探索新产品的新功能。他们具备一些共同特征：极富冒险精神，教育程度和收入水平较高，多为年轻白领阶层。

2. 早期采用者

早期采用者是第二类采用创新的群体。与创新者相同的是，他们在产品生命周期中很早就对创新产生了浓厚的兴趣。他们想尽早享受新产品带来的利益。

（二）移动商务大众市场

相对于早期市场而言，大众市场比较复杂，由早期大众、晚期大众和市场落后采用者构成。企业如果不能从移动早期市场过渡到大众市场，就会失去获得高额回报的可能。

1. 早期大众

与早期采用者相比，早期大众对创新呈现出一定兴趣，但他们更为实际。总体来说早期大众的采用时间较平均时间要早，其普遍特征是行动都经过深思熟虑，态度谨慎，决策时间长，社会经济地位尚可。

2. 晚期大众

这部分采用者的采用时间较平均时间稍晚。他们没有能力在购后学会和运用新产品，所以多在产品进入成熟期后购买。其基本特征是疑虑重重，行动迟缓。他们更愿意从周围的同事和朋友接受信息，教育程度和收入状况较差，如果是技术含量高的产品，会在购后寻求更多的技术支持。

3. 落后采用者

落后采用者是采用创新的落伍者，多在产品成熟期后期乃至衰退期采用。他们对新产品没有兴趣。可能是经济原因，也可能是个人性格原因。对于这一类型的采用者则可以不必重视。

由于处于相同阶段的移动用户具有某些共同的特征，运营商在进行移动商务市场开拓时，可以针对不同的消费群体制定不同的市场策略。

移动商务实践者要想在商务模式变革的过程中取得成功，关键是要准确分析市场趋势并把握市场先机。移动商务中关键的一点是以用户为中心，如果能成功把握住移动个性化方面的市场先机，则完全有可能成为移动商务的规则制定者，从而摆脱以往的模仿模式。

二、移动商务未来发展

未来的移动商务是由手机、掌上电脑、笔记本电脑等移动通讯设备与无线上网技术结合所构成的一个电子商务体系。美国一些电子商务专家认为，目前移动通信技术已经成熟，全球拥有移动通信设备的人越来越多，移动商务将很快得到人们的认可和接受，因为通过移动商务，人们可以随时随地上网，查询信息、购买产品、预订服务，既方便快捷，又节省时间。

虽然，现在通过移动终端（主要是手机）自由自在地进行移动商务还不是很成熟，因为目前许多手机上网的基本设施还不完善，因此移动商务需要腾飞还要有待时日。但是，不少分析家们坚持认为，尽管无线上网存在缺憾，但移动商务并非要覆盖所有传统电子商务的领域，而是将在一些占有明显优势的领域大行其道，包括书籍、音像制品、软件和各类门票的销售，以及旅游服务和网上证券交易等领域，未来移动商务的发展大致将经历下面三个阶段：

（一）无线网站内容的开发

针对现阶段网速慢、分辨率低和屏幕小的限制，无线网站到底应该提供哪些方面的内容才能取悦用户，从而激发客户的购买欲望呢？根据调查表明，时效性、位置感强的信息和个性化、本土化的简短信息将是无线用户非常感兴趣的。例如时效性强的股票和金融信息是可供参考的内容之一，由于无线互联网不受地域的限制，因此人们可在任何时候和任何地点观看股市行情的需要得到了满足。同时，本土化的生活信息也不失为一条出路，如购物、娱乐等查询，当前的网站并不缺乏这一内容，但问题在于，如果信息不适合用户的要求或是不够全面。用户想要查询的内容不能找到，那么全部内容设置将毫无意义，从而失去用户。

当前，中国的无线网站存在着"不患多而患均"的现状，也就是说，网站并非过多，只是内容过于重复。因此，每个网站都应有自己特殊的定位以吸引特殊消费群体，实现个性化。

（二）完善卫星定位功能

由于人们从来没有接触过移动商务，因此要想让人们改变传统商务观念，必须能建立起一套信息定位系统，来确定用户所在的地点，并随时提醒用户进行需要的商务活动，这样移动商务才能在人们的头脑中扎根。例如，假设你走在一家商场门口时，你手中的手机可能就会自动通知你，这家商场有你自己需要的商品，同时你的手机屏幕上会出现你需要商品的具体价格或者产品介绍信息。当然这个功能的实现，需要由全球卫星定位系统来完成，目前这方面的功能正在不断完善之中。

（三）完善通信手段

移动商务是以无线设备上网购买服务或者产品，它最大的特点就是，上网的时间和地点不受限制。例如用户既可以在国外来购买国内的商品，也能在出租车上，通过手机来和客户洽谈生意，当然，还能在上班途中，进行股票交易等。这就要求通信手段更加齐全、通信方式更加灵活。

展望未来，不论是金融业、制造业、流通业，还是其他众多服务业，都在积极涉足移动商务。移动商务有可能成为 IT 行业新的创富模式。可以预期，更多的"创富神话"可能涌现于移动商务时代，预示了移动商务发展的美好前景。

三、未来市场发展预测

（一）全球移动商务发展预测

随着移动商务技术的发展和社会需求的不断融合，全球范围内的移动商务显示出不可逆转的发展趋势。

（1）移动商务的开展已不是遥不可及的梦幻。在移动电话技术领先的欧洲、在网络信息化发达的美国都已开始展望移动商务的无限风光。

（2）从全球来讲，企业移动数据市场是一个快速增长的领域。庞大的移动用户和移动终端都将成为未来企业和公众数据服务的基础。

（3）移动商务因其快捷方便、无所不在的特点已经成为电子商务发展的新方向。

当然，移动商务市场的成熟还需要一定的时间，需要整个产业链整体的成熟。如运营商的网络与技术的成熟、终端技术的发展与普及、解决方案的成熟、用户的认可等，这些都是决定未来移动商务市场走向的关键。

（二）中国移动商务发展预测

近年来，移动通信在全球范围内迅猛发展，数字化和网络化已成为不可逆转的趋势。中国移动通信业务经过多年的发展，在网络基础设施、用户规模和移动通信服务等方面都保持了快速发展势头。同时，3G 的发展将会进一步促进移动通信产业链资源的丰富与整合，催生出各种可行的移动商务模式。

中国的移动商务前景十分广阔。具体地说，移动商务的发展趋势体现在如下六个方面：

（1）移动运营商和通信设备制造商将加大宣传力度。移动运营商和通信设备制造商已经在数据通信设备和运营许可证上投入了巨额资金。移动运营商和通信设备制造商将围绕着移动互联网进行大肆宣传，倾尽全力唤醒用户的意识，并且使他们接纳这一通信方式。

（2）企业应用将成为移动商务领域的中心和热点。无线客户关系管理、销售管理和其他企业应用将使得企业用户在收入式办公效率方面都获益匪浅。企业通过移动商务平台，可以充分实现企业的管理流程和工作流程，加快信息的搜集处理，大大缩短产品开发、生产周期，提高生产效率，开拓许多新的商业

257

机会。

（3）消费者使用移动设备主要是获取信息而不是事务处理。对消费者来说，他们主要使用手机获取信息如电子邮件、股票行情、天气、旅行路线和航班信息等。不过尽管这些服务并不代表直接的商业机会，但是在电子商务的引导下，这些业务有助于构建客户关系，并且能够创造间接商业机会。

（4）移动通信设备将多种功能集于一身，但依然将继续保持多种设备共存的局面。PDA厂商会将电话功能加入到它们的设备中，使PDA越来越像移动电话，而移动电话厂商则努力使得它们的设备更像PDA。移动电话中将集成嵌入式条形码阅读器，这项新功能将在传统商业和网络商业之间架起桥梁，嵌入条形码阅读器解决了数据输入的问题，而这是移动商务迈上了一个新的台阶，该功能对于那些移动商务专业人士特别有用。手持设备的显示屏将有所改善，但是表格输入和原始数据收入依然成问题，狭小的显示屏和烦琐的数据收入方法依然是限制移动互联网易用性和功能性的主要障碍。

（5）移动安全将成为一个热点问题。随着人们开始逐渐接受并采用移动设备接入互联网，同时也开始日益关注安全性问题。当采用移动通信设备进行数据共享以及移动设备功能的不断增加时，这种安全性顾虑更加突出。尽管目前全球使用的具有数据传输能力的移动设备达到了数百万之众，但是这些设备几乎没有什么安全机制。安全性是影响移动商务发展的关键问题。

（6）无线通信设备上的广告将继续增加，并且成为一种时尚。虽然无线通信设备上的广告不会成为运营商的重要收入来源，但是它为广告客户提供了一个新的宣传媒介。无线广告的精髓在于它能让消费者随时随地接受商业信息，刺激他们的购买欲，其方法就是配合装有GPS的手机，考虑到消费者的兴趣和所处的地点，提供特定的广告。比如，当用户经过药房时，手机就会收到传真：现在药房的某产品在打折。

虽然中国移动商务发展整体上还处于起步阶段，但是随着用户认识的逐渐提高，移动商务的巨大潜力开始逐步显现。2005年8月12日，计世资讯在移动商务趋势论坛上发布的报告为业界展示了移动商务巨大市场机会的到来。该报告显示，2004年中国企业移动商务应用市场规模为78.2亿元人民币。2011年1月18日，中国电子商务研究中心发布了《2010年度中国电子商务市场数据监测报告》。报告显示，2010年中国电子商务市场交易额已达4.5万亿元，同比增长22%。其中，B2B市场交易额达到3.8万亿元，网上零售市场交易规模达5131亿元。

本章案例

手机支付下的移动商务发展

2010年，手机支付迎来井喷式发展。世博会上三大运营商将自己的手机支付产品集中亮相，昭示着手机支付时代的来临。手机支付也称为移动支付（Mobile Payment），简而言之，就是允许移动用户使用其移动终端（通常是手机）对所消费的商品或服务进行账务支付的一种服务方式。而今，3G的大规模商用、物联网技术以及手机实名制推行步伐的加快，使得手机支付向着非接触、高智能、兼容性强的方向发展，成为移动商务发展强大的驱动力和最牢固的基石。

艾瑞咨询发布的《2008~2009年中国移动商务行业发展报告》数据表明，2008年中国移动电子商务市场交易规模为2.1亿元。2009年，随着3G商用时代的到来以及无线与传统电子商务企业的纷纷试水，交易规模达6.4亿元，比2008年增长约205%。艾瑞预计2012年移动商务交易规模将达到108亿元，发展潜力巨大。在此基础上，2010年，我国手机支付市场规模达到28.45亿元，手机支付用户总数突破1.5亿。巨大的商机，引来无数商家争相分一杯羹。移动通信运营商、各大银行、银联、传统第三方支付平台、手机制造商都竞相行动。混战之中，由中国移动、中国银联和以支付宝为代表的传统第三方支付或自立阵地，或招兵买马，或寻求盟友，初步形成了三足鼎立的移动商务领域的"新三国"。

一、中国移动主动出击

2010年3月10日，中国移动宣布以398.01亿元人民币收购上海浦东发展银行增发的逾22亿股新股。交易完成后，中国移动将通过子公司广东移动持有浦发银行（600000）20%的股权。早在世博之前，三大运营商已经就手机支付开展了一场明争暗斗的比拼。以世博为支点，中国移动、中国电信与中国联通（600050）已经在上海签约了众多商家开展手机支付业务。与其他两家不同的是，中国移动斥巨资主动出击收购浦发银行股份，彰显了中国移动欲延续2G神话，继续做产业链"领头羊"的愿景。实际上，中国移动早已推出手机钱包业务，但只能停留在小额支付上，一定程度上限制了手机支付以及移动商务的发展。中国移动入股浦发银行与当年NTT DoCoMo入股三井住友和瑞穗银行异曲同工。战略注资浦发银行，中国移动便获得成熟的金融支付结算平台经验和大额支付牌照，更将大幅加快手机钱包的推广速度；浦发借助中国移动在集团客户和个人用户的强大资源，发展公司银行和个人银行业务。

二、银联发出邀请函

中国银联近日联合商业银行、移动通信运营商、手机制造商等，共同成立移动支付产业联盟。中国银联方面称，移动支付产业联盟的成立，将打通支付、通信、芯片、智能卡、电子等不同行业间的壁垒。联盟各方将联合推广基于金融账户、采用 ISO 有关非接触通信的国际标准的智能卡手机支付业务。该产业联盟又是银行和移动通信运营商共建的基础服务平台。不难发现，运营商中独缺中国移动。此前有媒体报道称，中国移动和中国银联正围绕手机支付展开一场主导权争夺战。报道称，目前有关部门正在推动移动支付标准体系和相关标准制定，中国移动和中国银联均拥有自己的标准。可见，在入股浦发银行拿到金融牌照以后，中国移动坚定的执行类似 NTT DoCoMo 的规划之路以确认自己的主导地位。两大阵营对阵初步确立，老对手新对手齐聚一堂，火药味十足。

三、传统第三方支付瞄准手机支付

2010 年 1 月 14 日，关于腾讯旗下第三方支付平台财付通大举布局手机支付的消息不胫而走。消息称，手机支付肯定是财付通未来的核心战略之一，财付通即将在手机客户端、WAP 网站、SMS 短信和语音支付等方面完成全面布局。早在 2009 年年末，淘宝网正式宣布，推出三款淘宝定制手机，嵌入三款手机的客户端包括移动购物、移动支付等在内的一揽子淘宝移动应用服务。而"淘宝手机"的背后则是移动支付宝的频频发力。未来，移动商务的潜力将大大超乎我们的想象，第三方支付正是瞄准了移动商务这一超大的产业蛋糕。"我们的强项不是做手机，而是电子商务。"淘宝网副总裁路鹏所强调的大产业链生态的理念和思路，可谓一语中的，是对所有第三方支付涉足手机支付的最好诠释。

至此，移动商务领域新三国初步形成了鼎立格局，移动支付下的移动商务在竞合中前行。

资料来源：物联网在线，http://www.autoid-china.com.cn，2010-08-26.

➡ **问题讨论：**

1. 手机支付的基本运作特点是什么？
2. 手机支付这种运作模式可以采取哪些措施进行优化？

本章小结

全球范围内，移动商务正迅速以各种各样的形式发展着。手机等移动终端

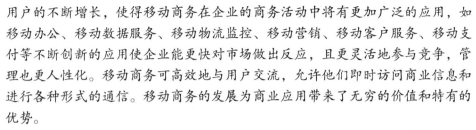

用户的不断增长，使得移动商务在企业的商务活动中将有更加广泛的应用，如移动办公、移动数据服务、移动物流监控、移动营销、移动客户服务、移动支付等不断创新的应用使企业能更快对市场做出反应，且更灵活地参与竞争，管理也更人性化。移动商务可高效地与用户交流，允许他们即时访问商业信息和进行各种形式的通信。移动商务的发展为商业应用带来了无穷的价值和特有的优势。

移动商务的内涵在于为移动用户提供自由和价值，彻底改变消费者的生活结构。移动商务的发展并不是一个简单的过程，而是涉及与之相关的各个方面。要真正取得移动商务革命的成功，还必须重视和了解移动商务发展的推动因素。

移动商务是 21 世纪的主要生存方式，它不仅是企业竞争的利器，更是直接关系到国家生产力与贸易竞争力的重要因素。移动商务不仅是一场科技战，也是一场商战，是一场不见硝烟的争夺经济持续发展制高点的综合战。但是，移动商务在为企业和社会带来新的机遇的同时，也面临着巨大的挑战。

目前，移动商务的发展还存在各种各样的困难。但是，不可否认的是，移动商务的开展是不可逆转的趋势。因此，在推动移动商务发展的过程中，针对移动商务发展中可能存在的问题，要采取相应的对策，促进移动商务的全面发展。

移动商务的发展主要取决于移动 Internet 的用户数。当然移动终端的性能、价格以及移动商务提供的应用质量也将会很大程度影响移动商务的使用程度。因此，在推动移动商务发展的时候，要注意各方面因素的融合。

本章复习题

1. 请你谈谈目前中国移动商务的发展现状。
2. 目前，移动商务发展面临的问题有哪些？
3. 移动商务的优势主要体现在哪几个方面？
4. 请你对移动商务的价值链进行分析。
5. 影响移动商务发展的基础因素有哪些？请你谈谈相关的认识。
6. 移动商务市场有几类？各有什么特点？
7. 移动商务未来发展的阶段有哪些？
8. 请你谈谈移动商务在中国发展应采取的相关发展策略。
9. 为什么说移动商务是未来商务的必由之路？

参考文献

［1］中华人民共和国消费者权益保护法［M］.北京：中国法制出版社，2010.

［2］BEA 公司.中国移动技术白皮书［M］.2010.

［3］Guo Weidong. Research on mobile commerce based on RFID［J］. Proceedings of 2008 IEEE International Conference on Service Operations and Logistics，and Informatics，IEEE/SOLI［C］. 2008：853–857.

［4］Karygiannis，Athanasios; Antonakakis，Emmanouil. Security and privacy issues in agent–Based location–Aware mobile commerce［J］. Lecture Notes in Computer Science（including subseries Lecture Notes in Artificial Intelligence and Lecture Notes in Bioinformatics），v4324 LNAI，Safety and Security in Multiagent Systems–Research Results from 2004–2006［C］. 2009：308–329.

［5］Min，Qingfei; Li，Yuping; Ji，Shaobo. The effects of individual–level culture on mobile commerce adoption：An empirical study［J］. 2009 8th International Conference on Mobile Business［C］. 2009：305–312.

［6］Sia，Choon Ling; Tan，Chuan Hoo; Yang，Jinbi; Shi，Yani; Wei，Jie; Wang，Nan. Leveraging social grouping for organizational endorsement in mobile commerce across cultures：Transforming outgroups into ingroups［J］. ICMB and GMR 2010–2010 9th International Conference on Mobile Business/2010 9th Global Mobility Roundtable［C］. 2010：487–492.

［7］Wan Zheng. Personalized tourism information system in mobile commerce［J］. 2009 International Conference on Management of e–Commerce and e–Government，ICMeCG 2009［C］. 2009：387–391.

［8］Zheng Yingfei. Meng Xianghui. An inventory management model in mobile commerce［J］. Proceedings–2010 International Conference of Information Science and Management Engineering，ISME 2010，v2［C］. 2010：11–14.

[9] 陈潇. 移动博客——全新的手机娱乐 [J]. 互联网天地, 2006 (2): 20.

[10] (英)埃利奥特, 菲利普斯. 移动商务与无线计算系统 [M]. 陈宗斌译. 北京: 高等教育出版社, 2006.

[11] 董月红. 浅析我国移动电子商务发展现状与问题 [J]. 商场现代化, 2006 (8): 108-110.

[12] 杜小慧, 周玲强, 断健平. 移动电子商务在旅游中的应用模式与营销创新 [J]. 商业经济与管理, 2006 (7): 49-52.

[13] 傅铅生. 电子商务教程 [M]. 北京: 国防工业出版社, 2006.

[14] 高怡新. 电子商务网站建设 [M]. 北京: 人民邮电出版社, 2008.

[15] 巩曜平. 移动商务市场, 蓄势待发 [J]. 中国科技投资, 2006 (11): 63-65.

[16] 郭丽丽, 徐建国, 王轩慧, 高敏. 基于移动 Agent 电子商务交易过程的安全机制研究 [J]. 计算机工程与设计, 2008 (23): 5950-6015.

[17] 黄伟. 论移动商务应用 [J]. 重庆邮电大学学报 (社会科学版), 2007 (1): 29-32.

[18] 贾新政. 现代市场营销学 [M]. 长春: 吉林大学出版社, 2005.

[19] 李琪. 电子商务概论 [M]. 北京: 高等教育出版社, 2009.

[20] 刘军. 电子商务系统的规划与设计 [M]. 北京: 人民邮电出版社, 2001.

[21] 刘志远, 杨植超. Ad hoc 网络及其安全性分析 [J]. 计算机技术与发展, 2006 (1): 231-232.

[22] 瑞威·克拉克特、玛西娅·罗宾逊. 移动商务——移动经济时代的竞争法则 [M]. 吕廷杰, 郭晓岩, 钱琼等译. 北京: 中国社会科学出版社, 2003.

[23] 吕欣. 移动商务的安全和隐私问题 [J]. 计算机安全, 2005 (9): 36-38.

[24] 彭连刚. 移动商务经营模式创新研究 [J]. 中国流通经济, 2011 (3): 100-103.

[25] 祁明. 电子商务安全与保密 [M]. 北京: 高等教育出版社, 2001.

[26] 祁明. 电子商务实用教程 [M]. 北京: 高等教育出版社, 2000.

[27] 齐华宁, 李姝. XML 技术和电子商务的发展 [J]. 辽宁大学学报 (哲学社会科学版), 2001, 9 (5): 105-108.

[28] 秦成德, 王汝林. 移动电子商务 [M]. 北京: 人民邮电出版社, 2009.

[29] 邵兵家. 电子商务概论学习与实验指导 [M]. 北京: 高等教育出版社, 2006.

[30] 申红艳，胡斌. 基于前景理论的移动商务价值链决策行为模拟 [J]. 工业工程与管理，2011（1）：97–107.

[31] 沈明刚. 移动支付业务现状及发展初探 [J]. 当代通信，2006，13（14）：46–48.

[32] 石滨. 移动商务的价值链及赢利模式分析 [J]. 商场现代化，2005（1）：48–49.

[33] 宋刚，李明升. 移动政务推动公共管理与服务创新 [J]. 办公自动化，2006（9）：10–13.

[34] 隋清江，张艳萍，张进宝. 移动教育：国内外实践研究综述 [J]. 教育探索，2004（8）：66–67.

[35] 王汝林. 移动商务理论与实务 [M]. 北京：清华大学出版社，2008.

[36] 王汝林，崔路，王静. 移动商务理论与实务 [M]. 北京：清华大学出版社，2010.

[37] 王涛. Sybase 同步技术的移动商务解决方案——上海光明乳业移动商务应用 [D]. 武汉：武汉理工大学，2005.

[38] 王有为，胥正川，杨庆. 移动商务原理与应用 [M]. 北京：清华大学出版社，2006.

[39] 谢艳梅，于凌云. 移动教育的发展现状与实现模式 [J]. 教育技术导刊，2006（1）：6–8.

[40] 辛伟. 浅析移动视频业务 [J]. 移动通信，2005，29（6）：29–31.

[41] 杨兴丽，刘冰，李保升. 移动商务理论与应用 [M]. 北京：北京邮电大学出版社，2010.

[42] 袁雨飞，王有为，胥正川等. 移动商务 [M]. 北京：清华大学出版社，2006.

[43] Kapil Raina, Anurag Harsh. 移动商务安全实用指南 [M]. 战晓苏，苏忠译. 北京：清华大学出版社，2006.

[44] 张润彤. 电子商务概论 [M]. 北京：电子工业出版社，2003.

[45] 张润彤. 电子商务概论 [M]. 北京：中国人民大学出版社，2010.

[46] 张润彤，樊宁. 网格就是商务 [M]. 北京：清华大学出版社，北京交通大学出版社，2006.

[47] 张润彤，周建勤. 电子商务物流管理 [M]. 大连：东北财经大学出版社，2007.

[48] 张润彤，朱晓敏. 移动商务概论 [M]. 北京：北京大学出版社，2008.

[49] 张润彤，朱晓敏. 知识管理学 [M]. 北京：中国铁道出版社，2002.

[50] 赵干辅.我国移动电子商务的价值链研究 [M].北京邮电大学硕士学位论文，2006.

[51] 赵文晶，李传莉.移动政务构筑新一代电子政务 [J].办公自动化，2005（12）：22-23.

[52] 赵铮，杜宏伟.移动游戏市场综述 [J].世界电信，2004，17（7）：38-40.

[53] 钟肖英，高进锋.浅析移动电子商务 [J].中国经贸，2011（6）：19.

[54] 周朝民，石峰.移动商务的模式架构和发展对策 [J].上海管理科学，2003（6）：42-44.

[55] Cvyrus Peikari，Seth Fog.无线网络安全 [M].周靖译.北京：电子工业出版社，2004.

[56] H. M. Deitel.无线因特网和移动商务编程金典 [M].周靖译.北京：清华大学出版社，2003.

[57] 周潇，杨春玲，余英林.移动视频业务综述 [J].移动通信，2004，28（10）：83-86.

[58] 周忠海.电子商务法导论 [M].北京：北京邮电大学出版社，2000.

[59] 綦朝辉.现代移动通信技术 [M].北京：国防工业出版社，2006.

参考文献